헌법 전문 주해

강경선 지음

에피스테메

헌법 전문 주해(註解)

초판 1쇄 펴낸날 ┆ 2017년 11월 20일

초판 2쇄 펴낸날 ┆ 2018년 6월 20일

지은이 ┆ 강경선

펴낸이 ┆ 김외숙

펴낸곳 ┆ 한국방송통신대학교출판문화원

　　　　주소 서울특별시 종로구 이화장길 54 (우-03088)

　　　　대표전화 (02) 3668-4764

　　　　팩스 (02) 741-4570

　　　　홈페이지 http://press.knou.ac.kr

　　　　출판등록 1982. 6. 7. 제1-491호

출판문화원장 ┆ 장종수

편집 ┆ 이현구 · 이민

본문 디자인 ┆ 토틀컴

표지 디자인 ┆ 최원혁

© 강경선, 2017

ISBN 978-89-20-02872-4 93360

사랑하는

단·민 엄마

김승미에게

머리말

　살아가는 동안에 겪게 되는 모든 것이 그렇듯이 학문과 연구에도 운(運) 혹은 복(福)이 따르는 것 같다. 필자가 헌법의 전문에 관한 책을 쓸 것이라고는 일찍이 생각조차 한 적이 없다. 강의를 할 때도 헌법 전문은 공리와도 같이 너무나 당연한 취지의 문장으로 되어 있어서 그저 훑듯이 언급한 채 다음 주제로 넘어가곤 한 부분이었다. 이런 현상은 비단 필자에게만 국한된 것이 아닌 것 같다. 대부분의 법률가들에게(헌법학 교수들까지도 포함해서) 헌법 전문을 제시하고 처음부터 읽어 보라고 하면 십중팔구 "유구한 역사와 전통에 빛나는 대한민국은 …"으로 읽는다. 한마디로 전문을 정독한 적이 없는 것이다. 필자도 오랫동안 그랬었고, 언젠가 '대한민국'이 아니라 '대한국민'임을 발견하고 당황한 적이 있었다. 지금은 이처럼 중요한 문구, 즉 헌법제정 주체로서의 '대한국민(We, the People of Korea)'을 어떻게 모를 수 있느냐 싶지만, 여기까지 이르는 데는 헌법학 교수가 된 후에도 많은 시간이 필요했다. 그만큼 지난날의 교과서나 강의에서도 헌법 전문에 관해서는 강조됨이 없이 지극히 피상적으로 취급되던 것이 사실이다.

　2011년 초여름 어느 날 역사비평사에서 원고청탁을 받았다. 헌법 전문에 관한 글을 원한다는 것이었다. 어느 정도 원숙한 헌법학자라서 부탁드리게 되었다는 것이 청탁의 이유였다. 들어 보니 거절하기도 어려웠고, 내

가 해야 할 몫이라는 생각이 들었다. 이렇게 해서 전문을 정독할 기회가 생겼다. 내가 가진 헌법교과서와 주변 참고문헌만을 보고 그때까지의 내 실력과 생각을 담아 논문을 마쳤다. 논문을 마치고 나니 당연히 이전보다 한층 안목이 높아졌다. 높아진 관심과 인식수준으로 되돌아보니 그동안 인문·사회과학 분야에서 헌법 전문과 유관한 연구가 상당한 정도 축적되었음을 알게 되었다. 그와 같은 저간에 진행된 지식이나 문헌을 너무 모른 채 글을 마친 것을 깨닫고는 아쉬움과 낭패감이 컸다. 그렇지만 논문을 쓰는 과정에서 배우고 익힌 바가 컸다는 것만으로 위안을 삼았다. 헌법 공부의 새로운 길이 열린 것이다. 우리나라가 걸어온 자취와 현재와 미래의 길을 보게 된 것이다.

전문은 초입부에서 우리 헌법이 3·1운동에 뿌리를 두고 있다는 것을 확고부동하게 표현하고 있다. 그전까지의 막연하고 습관적인 사고를 벗어나 이제는 본격적으로 왜 3·1운동이 우리 헌법의 뿌리가 되어야 하는가라는 당위에 대한 질문이 시작된 것이다. 동학혁명이나 갑오경장, 홍범14조, 대한제국이 아니고 왜 특별히 3·1운동인가라는 그 이유를 명확히 알아야만 했다. 이와 함께, 3·1운동을 기점으로 해서 대한민국이 비로소 처음 성립되었다는 것을 '새롭게' 알게 되었다. 3·1운동은 조선왕조에 종언을 고하면서 공화국 시대의 문을 열었던 역사의 분수령이었던 것이다. 그렇다면 3·1운동은 우리나라에서의 시민혁명에 해당한다. 군주제에서 공화국으로의 전환점을 마련한 사건이기 때문이다. 그래서 3·1혁명이라 부를 만하다. 1948년 제헌국회에서 많은 의원들은 3·1혁명이라 호칭하고 있었고, 유진오의 헌법초안도 '3·1혁명'으로 되어 있었다. 그것을 축조심의하면서 공식문서로서의 헌법에서 용어의 적합성 여부에 관한 논의 끝에 3·1운동으로 결정을 보았고, 그 후 어언 70년을 사용하다 보니 지금은 오히려 3·1혁명이 생소하게 느껴지게 된 것이다. 2019년 백주년을 맞이하면서 3·1운

동이 과연 3·1혁명으로 자리 잡게 될지 기대된다.

이와 같은 새로운 발견 외에도 조선말의 역사적 진실에 대한 의문은 계속되었다. 국민주권과 공화국 사상이 싹트고 확대된 과정을 소상히 알고 싶었다. 민(民)의 전면적 등장은 곧 왕권의 몰락을 뜻한다. 민의 자유가 극도로 억제되었던 조선에서 민의 출현은 자발적인 것이었다기보다 부패한 왕권으로 인한 민에 대한 지독한 경제적 수탈과 피폐화의 결과였다. 그래서 왕권은 쇠약할 대로 쇠약해졌고 민은 주권자로서의 충분한 준비도 갖추어지지 않은 채 폭발의 형태로 정치적 전환기에 들어섰다. 나라의 구심력은 사라지고 정치권력의 공백기 가운데 쉽사리 나라를 빼앗기게 되었다. 3·1운동이 공화국 혁명이었다면, 당시에 조선왕조로의 복귀를 주장한 사람은 없었는가라는 의문도 들었다. 1919년은 을사늑약부터 계산해도 불과 14년이요 합방 이후부터는 9년에 지나지 않았다. 조선의 마지막 군주였던 순종이 버젓이 존재했음에도 불구하고 왕조로의 복귀주장 대신, 공화국으로의 독립이 대세를 이루었다는 것은 대단한 일이었다. 이를 이해하기 위해서는 많은 설명을 요한다. 이 책에서는 나름대로 이를 해명하기 위해 노력을 기울였다.

민족사의 입장에서 본다면 조선이 외세에게 강점당한 것은 가슴 아픈 일이 틀림없지만 그 후 의외로 빨리 공화국으로 발돋움했다는 점에서 상당 부분 만회가 되고 보상감을 느낄 수 있다. 만약 한말에 고종의 정치력이 뛰어났더라면 일제의 식민지는 면했을 것이다. 하지만 그렇게 해서 현재와 같은 공화국이 되지 않고 입헌군주국으로 남아 있다고 가정한다면 철저한 민주공화주의자인 필자로서는 말할 수 없이 답답했을 것이라는 상상도 해 본다. 그래서 역사에서는 과거의 잘못이나 결함이 오히려 더 큰 발전의 계기가 될 수도 있다는 생각도 든다. 영국사를 읽다 보면 존(John) 왕이 못난 덕분에 일찍이 마그나 카르타 사건을 초래했고, 그래서 영국이

민주주의의 선구자가 되었다는 역설적 평가가 있었던 것이 생각난다. 이와 같은 역설적 평가가 독자에게 거슬리지 않고 흔쾌히 받아들여지기 위해서는 현재 자신의 위치에 대한 자신감과 자부심이 있어야 한다. 과거의 훌륭했던 일과 잘못된 일 모두가 함께 오늘의 나를 이루었다는 안도와 감사의 마음이 개재되지 않으면 그와 같은 역설적 평가는 수용되기 힘들 것이다. 필자는 우리나라와 국민은 많은 성공을 거두었기 때문에 지금쯤은 자긍심과 존재감을 갖고 과거의 잘잘못을 포함한 모든 것에 대해 감사하는 마음이 필요하다고 생각한다.

우리가 과거의 역사를 다시 반추해 보는 이유는 오늘에 과거의 잘못을 답습하지 않고자 하는 데 있을 것이다. 그런 점에서 조선의 몰락과 국권상실은 다시는 우리 역사에서 반복해서는 안 될 헌법적 교훈임에 틀림없다. 국권상실은 이 땅에 사는 민들이 외부세력에 대해 주권을 상실하고 예속상태에 놓임을 의미한다. 노예에게는 자유와 평등이 주어지지 않는다. 그래서 우리는 국가와 국민의 주권을 수호해야 한다. 이것이 헌법의 제1과제이다. 지금 우리가 겪고 있는 상황은 100년 전과 많이 흡사하게 돌아가고 있다. 필자 외에도 많은 학자들이 그렇게 진단하고 있다. 국내외적인 형세는 달라졌지만 우리에게 닥치는 위험은 비슷하다는 것이다. 당시는 중국이 쇠락하고 일본이 떠오른 반면, 지금은 일본이 상대적으로 침체하고 중국이 부상하는 형세이다. 그 가운데 우리는 어떠한가? 조선말에는 자주권으로서의 주권이 전무했지만 지금 우리는 매우 커진 주권국가가 되었다. 국력은 커진 반면 오늘날 우리의 한반도는 분단된 상태이다. 이렇게 양상은 달라졌지만 세계열강이 한반도 주변에 몰려 있고, 일본과 중국이 각축전을 벌이고 있다는 점에서 유사하다. 우리 국력이 과거에 비해 월등히 커졌다고는 하나 미국, 중국과 일본, 러시아 등이 초강국이라서 이들 세력이 자아내는 소용돌이에 휘말릴 수 있는 위험이 도사리고 있다. 양자

혹은 다자의 각축 관계 속에서 우리의 자결권, 즉 자주적 결정권을 상실할 가능성이 매우 높은 것이다. 이것이 현재의 주권과 관련한 필자의 문제의식이다. 필자는 헌법학자로서 헌법의 제1과제인 주권이 어떻게 하면 이 험난한 파고 속을 뚫고 항해를 할 수 있을 것인지를 고민하고 길을 찾고 싶은 것이다.

조선이 망한 이유는 과연 무엇이었을까를 찾는 일은 현재 우리 상황에 대처하기 위해서 꼭 필요한 일이었다. 마침 같은 대학의 일본학과 강상규 교수가 일찍이 그런 문제의식 속에서 집필한 『조선정치사의 발견』을 비롯하여 많은 저서와 논문들은 좋은 안내서가 되었다. 그렇게 해서 과문한 필자는 조선 후기의 역사와 국제상황을 집중적으로 탐구하게 되었다. 그리고 이제는 나름대로 조선의 패망 원인을 설명할 수 있게 되었다. 많은 이유가 있지만 강조하고 싶은 단 하나의 이유는 '공권력의 사유화'였다. 정조 사후에 이어진 세도정치는 공권력 부재시대를 지속적으로 심화시켰다. 외척중심의 세도정치는 흔히 어린 왕을 세우고, 가능한 한 왕을 무능하게 만들었다. 공권력이 허세가 되고 사권력이 실세가 되니 자연스레 실세권력 중심의 인맥이 형성되었다. 사권력이 인사권을 행사하게 되니 이에 따라 사권력에 줄을 대는 것이 상례화되었다. 결국 부정부패의 끈이 만들어지고, 부정부패는 깊고 깊어 결국 민초들의 등골을 휘게 만들었다. 마침내 민란이 촉발될 수밖에 없었다. 그것이 조선의 말기 증세였다. 공권력을 다시 복원해 보고자 했던 대원군의 노력도 힘이 달렸다. 100년 지속된 사권력의 횡행이 500년 유지된 조선의 골수를 말려 버린 것이다. 이로써 튼튼한 우리나라가 되기 위해서는 공화국 시민으로서의 덕성이 가장 필요하다는 교훈을 얻었다. 공화국 시민은 시민으로서 자신의 행복을 추구할 뿐만 아니라, 동시에 공적 의무를 다할 수 있는 의지와 능력을 갖춘 사람이다.

다음은 집필의 형식과 체계에 대해서 언급하고자 한다. 이 책은 하나의 문장으로 된 헌법 전문에 관한 긴 해설이다. 그런데 단순한 해설서가 아니라 정독한 결과물이다. 그래서 『헌법 전문 주해(註解)』라는 제목을 달았다. 그리고 헌법 전문의 중요한 문구를 주석하고 주해하는 방식으로 서술하였다. 그런데 헌법 전문은 헌법의 이념과 정신의 역사적 형성과정과 미래를 담은 문서이다. 그래서 자연스레 이 책은 우리 헌법의 역사철학과 법철학을 포함하고 있다. 이 책은 궁극적으로 일반시민에게 다가가야 한다. 그런데 이 책은 대중적이기보다는 학술적으로 집필되었다. 그것은 이 책의 내용이 일차적으로 학문적으로 평가받는 것이 필요하다고 생각되었기 때문이다. 학문적 평가와 검증이 끝난다면 이 내용을 훨씬 쉽고 다양하게 변형시켜 대중화시키는 것도 좋을 것이다.

  헌법 전문에 대한 주해로 끝내지 않고 부록으로 헌법의 원리를 첨가하였다. 이 부분은 좀 더 깊이 있는 심화학습을 원하는 독자들을 위한 것이다. 헌법원리의 중요성은 아무리 강조해도 지나치지 않다. 논리적으로 보면, 전문이 헌법정신이라면 헌법정신을 구체화한 것이 헌법원리이고, 헌법원리를 다시 구체화시킨 것이 개별 헌법조문이라고 할 수 있다. 따라서 헌법정신과 헌법원리까지 헌법 전문의 내용으로 포함시키는 것은 체계적으로도 충분히 납득할 만하다고 생각한다. 모든 헌법교과서들은 헌법원리를 설명한다. 우리나라의 경우 국민주권 원리, 자유민주주의 원리, 법치주의 원리, 사회국가 원리, 평화국가 원리, 문화국가 원리 등을 포함한다. 통치기구와 관련해서는 대의제 원리, 권력분립 원리, 책임정치 원리 등이 추가되며, 기본권과 관련해서는 죄형법정주의, 과잉금지원칙, 법 앞에 평등과 같은 원칙들이 정리되어 있다. 헌법정신과 마찬가지로 헌법원리도 헌법전의 개별 조문보다는 상위의 가치요 이념이다. 비록 조문으로 표현되지는 않았다 하더라도 이들 보이지 않는(invisible) 헌법원리들에 대한 이해와 지도 없이는 헌법조문의 적용과 해석은 종종 길을 찾지 못하고 헤맬

수가 있는 것이다. 이 책에서 헌법의 기본원리에 관해 서술한 내용은 기존에 출판된 방송대 교과서 『헌법의 기초』(2017)나, 최근 공간된 『사회복지국가 헌법의 기초』(2017)의 해당 부분과 크게 다르지 않음을 밝힌다.

다음에 언급해야 할 사항은 용어에 관한 것이다. 1948년 제정된 헌법을 무엇이라 불러야 할지는 고민거리이다. 이 책에서 필자는 '건국헌법'이라고 쓰고 있다. '건국헌법'이란 용어는 그간 약 30년간 헌법학도들 사이에 가장 많이 사용된 호칭이라고 생각한다. 그런데 이것이 최근 들어 건국절 논쟁과 더불어 오해를 불러일으키고 있다. '건국헌법'이라 부르면 1948년 8월 15일을 건국절로 보는 입장과 동일시되는 느낌을 준다는 것이다. 하지만 다른 용어를 생각해 보아도 마땅치 않다. 그래서 이 책에서도 '건국헌법'이라는 용어를 철회할 필요를 느끼지는 않았다. 이와 관련해서 건국절에 관한 필자의 입장을 밝히기로 한다. 이미 2016년 8월 16일에 허핑턴 포스트 코리아에 기고한 글이 있기 때문에 그것으로 대신한다.

「8·15와 '건국'에 대하여」

1948년 헌법을 무어라고 부르는가? 요즘은 '제헌헌법'이라고 많이 지칭하는 것 같다. 그런데 1980년대부터 약 30년 동안은 '건국헌법'이라는 호칭이 더 많이 쓰였다. 그것은 당시 가장 유명했던 두 분의 헌법학자 김철수 교수와 권영성 교수가 각각 서로 다른 용어를 사용한 데서 비롯되었다. 일찍이 김 교수는 '제헌헌법'이라 했는데, 권 교수의 경우에는 제헌헌법의 어법을 문제 삼았다. 다시 말해 '헌법을 제정하는 헌법'이라는 '제헌헌법'의 용례가 잘못되었음을 지적하고, '건국헌법'이라는 명칭을 사용했던 것이다. 그래서 많은 법학도와 수험생들이 약 30년 동안 '건국헌법'이라는 용어에 익숙해졌다.

그런데 요즘은 다시 건국헌법보다는 제헌헌법이 일상화된 것을 보게 된다. 이렇게 된 것은 이명박 정부 시절에 8·15 기념식을 '건국절' 행사로 치르겠다고 해서 야당의원들이 일제히 경축식 참석을 거부하는 소동이 벌어지면서 시작되었다. 이후 건국절을 어떻게 보느냐 하는 것이 진보와 보수의 시금석처럼 되어 버렸다. 보수적 인사는 1948년 8월 15일 정부수립일부터 대한민국이 출범했으니, 그날을 건국절을 보자는 입장이고, 진보 입장은 그날은 이승만을 중심으로 한 집단이 미국의 비호 아래 남한 단독정부를 수립한 날이기 때문에 도저히 동의할 수 없다고 한다. 대신에 1919년 3·1운동이나 상해임시정부 수립일이 진정한 건국일이라고 한다. 양편의 주장은 모두 헌법 전문을 근거로 삼고 있다.

1948년의 헌법 전문을 보자. "유구한 역사와 전통에 빛나는 우리들 대한국민은 기미 삼일운동으로 대한민국을 건립하여 세계에 선포한 위대한 독립정신을 계승하여 이제 민주독립국가를 재건함에 있어서 …"가 보여 주는 바와 같이 3·1운동이 대한민국의 건립, 즉 건국으로 명시되었고, 이후 (1948년의 대한민국은) 민주독립국가를 재건하였다는 것이다. 한편 1987년의 현행 헌법 전문은 표현이 약간 달라져, "3·1운동으로 건립된 대한민국임시정부의 법통과 … 계승하고"로 되었다. 대한민국임시정부가 강조되었지만 법통을 계승한다는 표현으로 대치되었다.

그런데 1919년을 건국의 기산점으로 하는 것은 일상용례와는 거리가 멀다. 우리가 헌정 68년으로 하지, 헌정 97년으로 하지는 않는다. 그래서 분명 1919년은 우리 헌정사에서 대단히 의미 있는 해인 것은 분명하지만, 그때부터 국가의 시작이라고 보는 것은 무리가 따른다. 그리고 1948년 헌법의 전문을 정독해 보면, "… 이제 민주독립국가를 재건함에 있어서 …"처럼 '재건'이라고 표현하고 있으며, 또한 "… 우리들의 정당 또 자유로히 선거된 대표로써 구성된 국회에서 단기 4281년 7월 12일 이 헌법을 제정한다."고 맺는다. 즉, 과거 임시정부 헌법을 개정하는 형태가 아니라 새로운 헌법의 제정을 명시한 것이다. 또한 8·15 독립 이후에 여운형 선생은 '조선건국준비위원회'를 조직했고, 조소앙 선생은 1941년 '건국강령'을 제시해 독립 이후의 국가체제에 대한 구상을 하고 있었다. 두 분 모두 임시정부의 핵심인물이었던 것을 감안하면, 이분들도 이전의 임시정부와 새로이 구성될 국가는 성격이 다른 것임을 전제로 한 건국 작업이었다고 보인다. 물론 이분들은 독립 이후 새로운 국가는 분단국가가 아닌, 전 국민이 한 덩어리가 되는 그런 국가를 염두에 둔 건국을 꿈꾸었을 것이다.

이렇게 볼 때, 건국절 논의는 쉽게 결정할 문제는 아니다. 현재의 8·15는 광복절과 정부수립일로 남기고, 건국절이라는 새로운 국경일을 추가하는 것은 별도의 논의를 거쳐야 한다. 국경일이 되기 위해서는 국민들 모두가 흔쾌하게 동의할 수 있어야 한다. 그런데 건국절은 아니더라도 공문서나 역사서, 교과서 등을 위해서도 건국의 시점은 명확히 잡아야 한다. 이때 반드시 짚어야 할 대목이 헌법이다. 한 국가의 성립은 헌법의 제정과 그 발효로 시작된다. 그렇다면 우리에게 1948년 7월 12일에 국회(당시는 헌법제정회의)를 통과하고, 7월 17일에 공포되었다는 점을 중시해야 한다. 1948년에 제정된 헌법은 국민의 보통선거를 거쳐 제정에 이른 헌법의 주권적 권위와 가치를 보유한다. 그래서 일단 헌법의 발효일은 법적 건국일이다. 그런데 우리는 헌법이 공포된 이후에 다시 약 1개월간의 미군정 존속 후 8월 15일에 대한민국 정부수립을 선포함으로써 헌법효력의

공백기를 인정하는 꼴이 되었다. 그렇게 되면, 미군정에 의한 헌법 침해 논란의 여지가 생기고, 또 제헌 초기부터 대통령의 헌법에 대한 우위의 자세가 있었던 것을 문제 삼지 않을 수 없다. 그래서 정부 수립일은 대외용이라 해야 온당하고, 제헌절이 존중되었어야 한다. 생각해 보면 제헌절은 그때도 경시되었고, 요즘도 경시되고 있는 국경일로 남아 있다.

이렇듯 국가출범일은 헌법발효와 잘 연결시켜야 한다. 헌법과 국가출범과의 바람직한 관계는 인도의 예에서 찾아볼 수 있다. 인도는 사실상 수백 년 동안 영국의 식민지를 경험한 후에, 제2차 세계대전이 끝나고 2년 후인 1947년 8월 15일(우연의 일치로 우리와 같다)에 독립했다. 독립이 늦어진 것은 인도와 파키스탄의 분리라는 문제가 얽혔기 때문이다. 인도의 국민회의는 독립이 임박한 시점에 헌법제정회의를 구성하고(1946년), 그 후 3년 동안 헌법제정회의를 운영한 끝에 1949년 11월 말에 제정회의를 통과한다. 그리고 1950년 1월 26일 전 국민이 헌법을 채택하는 기념식을 통해서 헌법을 공포하였다. 이날이 인도에서 가장 큰 국경일인 '공화국의 날(Republic Day)'이다. 그런데 이 날은 일찍이 1930년 식민지 치하에서 독립운동단체였던 국민회의 스스로가 선포했던 '완전독립의 날(Purana Swaraj Day)'을 기념한 날이기도 했다. 우리나라로 말하자면 헌법 공포일을 3월 1일로 잡아 국민의 헌법으로 승화시키는 절차를 잡은 것이라 할 수 있다.

우리나라는 모든 것이 다른 나라와 같지는 않다. 하지만 논리적으로 중요한 지점까지 간과해서는 사개가 어긋나 혼란이 일어날 수밖에 없다. 마침 내년은 제헌 70주년이고, 내후년은 3·1운동 100주년이다. 역사를 바로잡아 나갈 좋은 시점들이라 생각한다. 함께 생각해 보자.

　개인적 생각을 말하자면 다음과 같다. 일단 대통령들이 공식석상에서 건국절을 쉽사리 언급하는 것은 경솔한 일이다. 법률이 정하지도 않은 국경일을 자의적으로 만드는 격이기 때문이다. 물론 논의는 가능하다. 전문 연구자들의 견해에 따르면 건국절은 대부분의 국민들이 가장 많이 기억하고 기뻐하면서 기념할 수 있는 날이 되어야 한다고 한다. 1919년 임시정부에서도 건국절을 제정했었다. 그때는 개천절을 건국절로 삼았다. 10월 3일 개천절은 우리 역사의 시작으로 생각하는 날이기 때문에 누가 반대할 리가 없는 날일 것이다. 그런데 개천절은 지금 우리가 건국절을 논하는 것과는 거리가 있다. 그렇다면 건국절을 제정한다면 어느 날이 적합할까? 역사적 의미도 있고 국민들의 여론도 갖춘 날을 찾아야 한다. 후보군에는 3·1절, 임시정부수립일, 제헌절, 광복절이 있다. 제헌절은 형식상의 건국일이다. 이 날이 경시되어서는 안 된다. 하지만 국경일로서의 건국절이 되기 위해서는 국민들의 공감대가 광범위하게 형성된 날이어야 한다. 그런 점에서 3·1절이 가장 적합한 날이 아닌가 한다. 미국의 경우에도 1787년의 연방정부 출범일이나 연방헌법 제정일보다도 1776년의 독립기념일을 가장 큰 국경일로 기념하고 있다. 만약 국민의 여론이 모아지지 않으면 건국절을 구태여 제정할 필요가 없다. 어느 날인가 통일이 이루어지면 그때가 또다시 가장 큰 기념일이 될 가능성이 크기 때문이다.

　건국절 논쟁이 지속되는 것은 결국 독립운동을 하신 분들이 1948년 정부수립부터 불참하거나 소외되었기 때문에 그것을 복구해야 한다는 운동적 측면이 강하다. 현실 역사에서 불필요하게 부각된 인물을 낮추고, 소외된 인물을 높여야 한다는 점은 수긍할 만하다. 그렇다고 해서 엄연히 진행되어 온 역사과정을 무시해서는 안 된다. 1948년은 현재의 대한민국이 출발한 해이다. 비록 혼란스러운 상태라 하더라도 제헌국회가 구성되었고, 헌법이 제정되었고, 그 후 정부가 수립된 것이다. 김구 선생을 비롯해서

상해임시정부의 주요인물들이 정부수립과 운영에서 빠진 것은 사실이지만 그렇게 대한민국은 시작된 것이다. 불참하거나 소외되었다고 해서 그분들이 대한민국의 정부수립에 기여하지 않은 것이 아니다. 왜냐하면 건국의 물줄기는 1919년 3·1운동과 임시정부에서 비롯되기 때문이다. 독립운동을 한 분들은 현재 대한민국의 건국의 아버지들(Founding Fathers)이다. 다만 미국이나 인도 등과 비교해 볼 때 독립운동을 하신 분들이 건국 이후의 정부수립과정에서 많이 소외되었다는 점이 우리 헌정사의 특징이다. 건국의 아버지들을 존경하고 그분들의 뜻을 계승하는 것은 당연히 헌법의 이념이자 과제이다. 그러나 이와 달리 1948년 정부를 외면하거나 삭제하려 든다면 그것은 바람직한 해법이 될 수 없고 무수한 문제를 야기할 뿐이다. 1948년 정부수립과정에서 행했던 국민들의 선거와 제헌국회에 당선되었던 다수의 독립운동가들의 역할을 지나치게 폄훼하게 되는 것이다. '제헌절'이라는 이름도 내려야 한다. 1919년의 3·1운동과 대한민국 임시헌장제정, 임시정부수립은 우리 헌정사에서 건국의 원천이다. 그 원천이 1948년의 정부로 귀결되었다. 1948년의 대한민국이 이후 어떤 모습으로 통일된 국가로 갈 것인지는 향후의 과제로 남아 있다. 우리는 헌법과 관련해서 임시헌장과 임시정부의 헌법을 제정하는 데 주역을 담당했던 조소앙 선생과 1948년의 헌법기초자였던 유진오선생 모두를 기억해야 한다. 두 분은 똑같이 우리 헌정사에서 기억되어야 할 훌륭한 분들이다.

이제 감사의 말을 전할 차례다. 이 책은 모처럼 필자의 역저가 되었다. 수필 쓰듯 가벼운 마음으로 시작했지만 점점 중후하고 방대한 집필작업으로 귀결되었다. 여기까지 오는 데 주변의 도움이 정말 컸다. 시간을 내어서 많은 이야기를 나누고, 그런 과정에서 많은 책들을 알게 되고, 또 읽고 난 다음에 다시 이야기를 함께 나누어 준 주변의 많은 사람들에게 감사를 드려야 한다. 먼저 40년 동안 사회적으로 동고동락한 72학번 대학친구들

에게 감사한다. 또한 30년간 법운동을 함께 해 온 민주주의법학연구회의 동지들에게도 감사한다. 항상 가까이서 도와주는 방송대 법학과 동료 교수들과 튜터, 조교 선생님들께도 감사를 드린다. 머릿속으로는 한 사람, 한 사람 얼굴과 이름이 스쳐 지나가지만 여기에 글로써는 일일이 거명할 수 없었음에 넓은 이해와 양해를 구한다.

이 책을 마무리하면서 우연히도 제주도에서 의미 있는 5박6일을 보내게 되었다. 전반 2박3일은 법학과 동문회와 함께 했고, 후반 2박3일은 대학 친구들과 함께 했다. 한 번은 서쪽에서, 한 번은 동쪽에서 보내면서 제주도의 새로운 유적지와 관광지를 돌아보았다. 그렇게 자주 왔건만 이번에 본 제주도 경치는 종전과는 판이한 것들뿐이었다. 모든 것들이 아름다움을 향해 변화무쌍한 길 위에 서 있다는 것은 참으로 희망적이다. 난해했던 한라산의 뜻도 이번에 처음 알게 되었다. 은하수(漢)를 붙잡는(拏) 높고 깨끗한 산이라 한다. 별은 우리에게 꿈이다.

끝으로, 이 책을 출간하는 데 기꺼이 동의와 지원을 해 주신 방송대 출판문화원과 직원분들께 감사를 드린다. 특별히 책의 편집과 교정작업을 맡아 주신 이현구 선생님께 감사의 말씀을 드린다.

2017년 8월
한라산에서
강 경 선

차례

대한민국헌법 전문

유구한 역사와 전통에 빛나는 우리 대한국민은 3·1운동으로 건립된 대한민국임시정부의 법통과 불의에 항거한 4·19민주이념을 계승하고, 조국의 민주개혁과 평화적 통일의 사명에 입각하여 정의·인도와 동포애로써 민족의 단결을 공고히 하고, 모든 사회적 폐습과 불의를 타파하며, 자율과 조화를 바탕으로 자유민주적 기본질서를 더욱 확고히 하여 정치·경제·사회·문화의 모든 영역에 있어서 각인의 기회를 균등히 하고, 능력을 최고도로 발휘하게 하며, 자유와 권리에 따르는 책임과 의무를 완수하게 하여, 안으로는 국민생활의 균등한 향상을 기하고 밖으로는 항구적인 세계평화와 인류공영에 이바지함으로써 우리들과 우리들의 자손의 안전과 자유와 행복을 영원히 확보할 것을 다짐하면서 1948년 7월 12일에 제정되고 8차에 걸쳐 개정된 헌법을 이제 국회의 의결을 거쳐 국민투표에 의하여 개정한다.

대한민국헌법

1. 대한민국

우리나라 헌법의 공식 명칭은 「대한민국헌법」이다. 여기에는 국호가 표기되어 있다. 그러면 국호 대한민국은 언제부터 사용된 것인가? 1948년 제헌의회 회의록에 따르면 제헌국회에서 국호가 논의되었다. 당시 30명으로 구성된 헌법기초위원회에서 표결 결과 대한민국 17표, 고려공화국 7표, 조선공화국 2표, 한국 1표로 대한민국이 국호로 결정된 상태였다. 대한민국은 이청천과 독립촉성국민회의 의원들이 주로 지지했고, 고려공화국은 주로 한민당 의원들이 찬성했다.[1] 그리고 7월 1일 축조적으로 법안을 확정짓는 제2독회가 시작되면서 가장 먼저 의결해야 할 사항은 전문이었다. 그런데 전문 앞에는 대한민국헌법이라는 제호가 붙어 있었기 때문에 이 국호에 대한 의결이 우선적으로 필요했다. 그래서 헌법안 제1장 총강 제1조 "대한민국은 민주공화국이다"와 함께 국호가 심의되었다. 국호에 대한 의견이 분분함에 따라 의결이 지체되는 듯하자 국회의장 이승만은 의원들을 재촉하여 표결을 서두르게 하였다. 표결은 대한민국으로 기울었다. 재석의원 188인, 찬성 163, 반대 2, 절대다수로 가결

---

1) 이영록, 『우리 헌법의 탄생』, 서해문집, 2006, 138쪽.

되었다.

6월 26일에 열린 헌법안 제1독회에서 서상일 위원장은 기초위원회의 결정 이유를 다음과 같이 설명하였다.

> ●여러분은 아시다시피 우리나라는 청일전쟁 중에 대한(大韓)이라고 하는 말을 마관(馬關)조약(=하관조약, 시모노세키조약)에 썼던 것을 여러분이 역사적으로 잘 아실 것입니다. … 또 그 후에 3·1혁명 이후에 우리나라에서도 해외에 가서 임시정부를 조직해서 그때도 대한이라고 이름을 붙여 내려온 것입니다. 또 이 국회가 처음 열릴 때에 의장 선생님으로부터 여러분에게 식사(式辭)를 말씀하시는 끝에도 대한민국 36년이라는 연호를 쓴 관계로서 이 헌법 초안에도 아주 누가 이렇게 국호를 정해라 저렇게 해라 정할 수가 없어서 대한이라고 그대로 인용해서 실용한 것으로 생각하는 바입니다. 그만한 정도로 답변해 드립니다. 그 다음에 제1조에 대한이라는 대(大)자를 관사로 사용하면 군주국(君主國)의 기분이 있지 않을까, 그 말은 저희들도 그렇게 생각합니다. '대'자라고 하는 말은 크다는 말입니다. 대영제국이나 과거에 있어서 대일본제국주의니 해서 그 '대'자로 말할 것 같으면 유전적 그 대명사라고 해서 관사로 볼 수 있는 글입니다. 또 그 의원께서 물으신 바와 같이 저 개인에 있어서도 오늘에 있어서 '대'자라고 하는 것은 비민주적이라고 하는 것이 표시가 되어 있지 않을까 합니다.
>
> 국회도서관, 『헌법제정회의록』, 헌정사자료 제1집, 1967, 123쪽.

'대한민국'이란 국호가 공식 헌법에 사용된 최초의 문서는 상해임시정부 임시헌장이었다. 3·1운동 이후 임시정부 수립을 위해 상해에서 독립임시사무소를 설치하고 4월 9일부터 정부수립을 위한 회의를 진행했다. 이들은 4월 11일 먼저 각 지방의 대표들로 의회를 구성하기로 하고 그 이름을 '임시의정원'이라 정했다. 1898년 독립협회 운동기에 시작된 의회수립운동이 처음 맺은 결실이었다. 임시의

정원은 11일 회의에서 '대한민국'이라는 국호와 '민국'이라는 연호를 제정했다. 국호로 '대한민국', '조선공화국', '고려공화국' 등 여러 안이 나왔는데, 결국 '대한민국'으로 결정되었다. 이를 제기한 사람들은 '대한'은 일본에게 빼앗긴 나라(대한제국)를 되찾는다는 의미가 있으며, '민국'은 중국처럼 공화제 국가임을 분명히 보여 주는 의미가 있다고 주장했다. 같은 날 대한민국임시정부의 관제(정부조직)와 국무원에 관한 문제도 토의하여 국무총리를 수반으로 하는 국무원을 두기로 했다. 임시의정원은 같은 날 '대한민국임시헌장'을 선포했다. 서두에 전문 형식의 선포문이 들어가고, 이어서 10개 조항의 규정으로 구성된 임시헌장은 제1조에서 "대한민국은 민주공화국제로 함"이라고 선언했다. 대한민국이라는 국호는 '대한제국을 계승하는 민국'이라는 표현이고, 또 당시 중국의 '중화민국'이라는 국호로부터 영향을 받은 것이 분명하다.

2. 헌법

1) 헌법의 의미

(1) 일반적 의미

헌법에 해당하는 constitution(영어)이나 Verfassung(독일어)의 어의는 조직, 신체, 구성물을 뜻한다. 사람이든 사물이든 간에 하나의 독립적인 개체로 인정받기 위해서는 물리적 실체와 정신적 규범의 결합이 반드시 필요하다. 즉, 존재(Sein)뿐만 아니라 당위(Sollen)까지 갖추어야 비로소 일정한 이름을 가질 수 있는 것이다. 사람도 신체 외에 정신과 영혼이 합쳐져 하나의 인격체가 된다. 그런데 중요한 것은 신체, 정신, 영혼 중에서 어느 하나만 파괴되어도 전체의 붕괴를 가져온다는 점이다. 헌법의 파괴는 곧 조직의 소멸이라고 말할 수 있다.

(2) 법학적 의미

모든 조직체는 사실적으로 존재하면서 동시에 조직의 목적과 운영방식까지 갖추어야만 완성된다는 점에서 헌법은 '사실적 의미로서의 헌법'과 '규범적 의미로서의 헌법'을 동시에 포함하고 있다. 하나의 국가가 국가로 불리기 위해서는 사실상의 요소(국민과 영토)와 규범으로서의 요소(국가목적, 주권, 통치기구)를 모두 갖추어야 한다. 그런데 우리가 일상 헌법이라고 부를 때는 헌법을 '국가의 최고법이자 근본적 규범'으로 생각하고 말한다. 대한민국헌법은 우리나라의 국호가 대한민국이며, 정치체제가 민주공화국이고, 주권은 국민에게 있다는 것과 모든 국민은 기본권을 보장받는다는 내용을 담고 있다. 이와 같이 가장 근본적인 내용을 담고 있기에 헌법은 근본규범(basic or fundamental law)인 것이다. 그리고 헌법은 이러한 근본적 내용을 수행하기 위한 국가 주요 통치기구의 조직과 권한과 책임을 규정하고 있다. 또한 헌법의 위반 혹은 침해를 사전에 예방하고 사후에 처벌하기 위한 보호장치도 마련하고 있다. 헌법재판소의 위헌법률심판, 탄핵심판, 권한쟁의심판, 정당해산심판, 헌법소원과 같은 제도들이 그 예라 할 수 있다.

2) 용어의 유래

서양에서도 근대 시민국가가 성립하기 전에는 헌법은 통치구조와 같은 의미였다. 지금도 헌법이라고 하면 '국가의 통치와 작용에 관한 근본법'이라는 관념이 있다. 우리 헌법 역시 다른 많은 문물들처럼 서양문화를 수용한 것이다. 문화 수용에서는 먼저 그것과 유사한 국내의 문화와 제도를 찾아서 최대한 비슷한 용어로 번역하게 된다. 중국, 일본, 한국 모두가 19세기 말 당시 헌법의 적절한 번역어를 찾기 위해 노력하였다. 조선 말인 1887년 주미전권공사로서 미국에 간 박정양은 미국 헌법을 '국헌'으로 소개하였고, 1895년 유길준도 『서유견문』에서 국헌이라는 용어를 사용했다. 대한제국에서는 1899년 헌법이라고 할 수 있는 「국제(國制)」가 공포되었고, 그 후에는 일본의 영향을 받아 헌법이라는 용어가 자주 쓰였다. 1919년 대한민국임시정부가 '헌장'이라는 용어도 썼지만 이때부터 헌법이라는 용어는 거의 정착되고 있었다. 일본의 경우 근대 문명을 접한 이후 헌법을 가리킬 때 율례, 국헌, 정전(政典), 국제, 국강 등의 명칭을 사용하였으나 명치헌법을 제정할 때부터 '헌법'이라는 용어로 귀착되었고, 지금은 동양 3국이 모두 같이 사용하고 있다.[2]

3) 시대변화와 헌법

(1) 근대 시민국가 헌법

근대 시민국가 헌법은 시민혁명을 통하여 봉건시대와 결별하고 시민이 주역이 되었던 새로운 국가의 헌법을 의미한다. 근대는 곧 반(反)봉건이다. 봉건시대가 신분제, 농촌경제, 군주주권의 시대였다면, 근대는 평등한 시민의 시대, 도시 중심의 상공업과 산업의 자

---

2) 김효전, 『헌법』, 한국개념사총서 3, 소화, 2010.

본주의 시대요, 국민주권의 시대라 할 수 있다.

근대국가는 의회의 시대이기도 하다. 영국은 일찍이 청교도혁명과 권리장전(1689)으로 의회주권 시대를 열었다. 근대 헌법의 시작은 보통 1215년의 마그나 카르타(대헌장)로 본다. 대헌장은 군주라 할지라도 반드시 지켜야 할 내용들을 규정화했고, 그것을 위반했을 때에는 국왕에게 책임을 추궁할 수 있다는 약속을 받았다. 최고권력자인 군주의 권한을 제한하는 합의문서였다는 점에서 대헌장은 근대 헌법의 효시로 분류된다(권력제한규범으로서의 헌법). 군주의 권한에 대한 제한이라는 영국 헌법의 전통은 1628년의 권리청원, 1679년의 인신보호법, 1689년의 권리장전으로 발전하였다.

시민국가 헌법에 대한 설명에서 미국을 빼놓을 수 없다. 1776년 미국은 영국의 식민지에서 독립하였고, 새로운 입헌주의 국가를 건설하였다. 1787년 제정된 미국 헌법은 최초의 공화국, 로크에 입각한 의회주의, 몽테스키외의 삼권분립, 연방제, 대통령제를 포함, 이후에 권리장전의 규정과 사법심사제(위헌법률심사제) 등 새로운 입헌주의 제도를 모범적으로 보여 주었다.

미국 독립이 도화선이 되어 1789년 프랑스혁명이 발발했다. 프랑스혁명은 유럽 전역을 구체제에서 근대로 거듭나게 했다는 점에서 세계사적 의미를 지닌다. 즉, 프랑스혁명은 구체제의 상징이었던 군주를 처형하고 새로운 근대 정치체제를 수립했다는 점에서 말 그대로 혁명성을 가졌던 것이다. 바로 그 점에서 합리주의의 한계를 노정하기도 했지만 프랑스혁명 이후 급진전된 국민주권원리, 군주제의 폐지와 공화국 출범, 권력분립원리와 의회제, 천부인권, 민법전의 편찬 등이 유럽 전역에 확산되는 계기가 되었다. 이 시기의 가장 큰 특징은 국민의 일부만이 참정권(선거권과 피선거권)을 보유했다는 점이다. 즉, 시민은 부르주아라는 계급적 의미에 머물러 있었다. 근대 시민국가 헌법의 특징을 요약하면 다음과 같다.

① 국민주권원리의 선언
② 자유권 중심의 기본권 보장
③ 법치주의의 시작(형식적 법치주의)
④ 대의제원리의 도입
⑤ 권력분립원리의 중시
⑥ 성문헌법주의

(2) 현대 사회복지국가 헌법

자유주의의 수정은 자본주의의 규모 확대와 노동자 인구비율이 커진 것과 상관이 있다. 이제 시민은 계급적 한계를 벗어나 전체 국민으로 확대되었다. 제한선거 시대가 끝나고 보통선거 시대로 접어든 것이다. 서양 역사에서 1848년은 주목할 만한 해이다. 당시는 대체로 유럽 자본주의가 본격적인 발달기에 접어든 시기였는데, 이 해에 프랑스의 2월혁명과 독일(프러시아)의 3월혁명, 공산당선언 등이 있었다. 그리고 바로 직전인 1846년에는 영국에서 곡물법(Corn Law)이 폐지되었다. 이미 1802년의 도제법(아동노동보호법)이나 1833년의 공장법(Factory Law)과 같이 산업사회의 징후를 알리는 법들이 제정된 바 있지만 곡물법의 폐지가 갖는 의미는 보다 확연하였다. 곡물법 폐지의 이면에는 농촌 대지주와 산업 자본가의 이익 대립이 존재하고 있었다. 이 대립은 곡물법 유지를 주장하는 지주 편의 맬서스(Thomas Malthus)와 폐지를 주장하는 자본가 편의 자유무역이론가 리카도(David Ricardo) 두 경제학자 간의 대리전이 의회에서 격돌하는 데까지 이르렀다. 결국 리카도의 승리로 끝났는데, 논쟁의 승패는 이론에 앞서 변화된 시대가 결정지었다고 할 수 있다. 이처럼 1848년경에 이르러 유럽 대부분의 국가는 본격적인 산업자본주의 궤도에 들어섰던 것이다.

자본주의가 성숙해질수록 자본주의에 대한 비판과 수정 요구 역시 거세졌다. 자본주의에 정면으로 대립한 입장은 사회주의였다. 많은 유파의 사회주의가 있었지만, 조직적이고 광범위했던 것은 마르크스-레닌의 사회주의혁명이론이었다. 자본주의를 전복하고 공적 소유에 기반을 둔 계급 없는 사회를 꿈꾸는 사회주의가 유럽에 광범위하게 유포되면서 자본주의 체제를 수호하려는 움직임 또한 강해졌다. 사회주의에 대한 강력한 탄압이 행해짐과 동시에 회유책도 나왔다. 독일의 비스마르크는 노동자들을 달래기 위해 실업보험과 사회보험 같은 초기 사회보장제를 만들었다. 그리고 1871년에는 노동조합법에 의한 노동자 단결의 합법화도 이루어졌다.

한편 사회주의 이념을 직접적인 혁명에 의한 방식 대신 의회를 통해 점진적으로 이행한다는 전략을 택한 영국의 페이비언 소사이어티(Fabian Society) 같은 정치단체도 출현하였다. 즉, 선거제를 통한 점진적 이행을 모색하는 사회민주주의 정당(사민당)이 대거 출현한 것이다. 러시아에서는 사회주의혁명과 레닌 헌법이 제정되었지만, 유럽 대부분의 국가에서는 사민당, 노동당의 이름으로 중도좌파 정당이 출현하기에 이르렀다. 이들 정당이 추구하던 이념이 사회국가였고 복지국가였다. 근대 시민국가 헌법과 현대 사회복지국가 헌법 사이에는 질적 변화가 있었다. 양자 간에 연속성은 있지만 논리상 변화가 있었음에 주의해야 한다. 이 시기 헌법의 핵심 내용을 요약하면 다음과 같다.

① 국민주권원리와 인민주권원리의 대립(냉전체제)과 공존

② 실질적·절차적 법치주의의 발달

③ 자유권의 실질적 보장과 사회권(노동기본권, 사회보장)의 강조

④ 행정국가, 적극국가의 요청

⑤ 헌법재판제도의 발달과 사법국가화 경향

⑥ 정당제도의 발달

⑦ 국제평화주의의 모색

(3) 21세기 세계화, 정보화, 기후변화, 통일시대의 헌법

초기 복지국가는 세계대전을 치르면서 크게 변화하였다. 동시에 20세기 후반에는 소비에트 사회주의 국가가 붕괴하였다. 그리고 발달된 과학문명을 배경으로 세계화와 신자유주의가 전 지구촌으로 확산되었다. 이렇게 변화된 시대 배경 아래 현대 사회복지국가 헌법은 각국마다 새로운 모델을 찾고 있는 중이다.

오늘날 우리는 국가 간의 장벽이 전례 없이 낮아진 지구촌 시대를 맞이하여 환경과 생태 중시, 기후변화, 정보화 사회와 소셜미디어 발달, 인공지능(AI) 개발, 양성평등의 전면화 등 격변의 시대를 살고 있다. 12시에 종말을 맞는 세계 환경위기 시각이 평균 오후 9시 31분이라는 경고도 나왔다.

근대가 상정했던 전제, 즉 국가단위의 세계, 개인주의, 이성(理性) 중심, 남성 본위, 가부장사회를 대체하는 포스트모던 시대가 도래하였으며, 더 나아가 인류사 전체를 뒤바꿀 만한 문명사적 대변환기의 징후마저 느껴질 정도이다. 국제연합(유엔)을 넘어 유럽연합과 같은 지역공동체의 성립은 동북아 지역의 공동체는 물론 향후 세계정부를 구상할 수 있는 단초를 제공해 주었으며, 정보화 사회는 그 끝을

알 수 없을 정도의 빠른 속도로 변화를 거듭하고 있다. 그 와중에 한반도 주변은 전 세계 초강대국이 집결되어 팍스 아메리카나 시대 이후 팍스 시니카 시대가 예고된 가운데 국제적 긴장도가 높아지고 있다.

● 기후변화를 야기하는 온실가스의 대부분은 그동안 선진산업국들이 배출했다. 그런데도 세계의 가장 빈곤한 지역에서 사는 사람들이 그 영향을 가장 심각하게 받았다. 기본적인 사회정의의 입장에서만 생각하더라도 우리는 그런 악영향이 최소화되도록 도울 의무가 있다. 하지만 부유한 나라들이 가난한 나라들을 도와야만 하는 더 이기적인 이유도 있다. 극단적인 빈곤은 실제로 세계의 안전을 해치는 매우 위험한 요소일 수 있다. 그런 빈곤이 부유한 나라들과 지역들에 미치는 리스크의 수준은 설령 지구 온난화가 아니더라도 대단히 심각하다. 다른 여러 유해한 요인들도 있지만 빈곤은 인구 성장의 주요한 요인 중 하나이다. 인구 압박은 그 나라의 경제가 나아져야 줄어든다. … 아직 적어도 10억의 인구―전 세계 약 60개국에 흩어져 있는―가 그런 경제성장의 혜택을 보지 못하고 있다. 이런 나라의 대부분은 아주 작아서 그 인구를 모두 합쳐도 중국이나 인도 한 나라의 인구에도 미치지 못한다. 이 밑바닥 10억 명은 콜리어가 말했듯이 "낙오된 사람들이며 격리된 상태에 있다." 그들의 경제사정은 전혀 나아지지 못하고 있으며 수입은 오히려 감소하고 있다. … 지난 30여 년 동안 그들의 경제성장은 연간 1퍼센트에 머물렀고, 그 정도로는 자신들의 운명을 조금이라도 바꿔 놓을 수 없었다. 그들은 가난뿐만 아니라 질병과 무지, 절망 속에서 살아간다. 이들 사회는 나머지 다른 세계에 뒤떨어져 있는데, 콜리어는 그들이 네 가지 '덫'에 걸려 있다고 말한다. 내전, 천연자원, 나쁜 이웃에 포위된 내륙국, 나쁜 거버넌스를 가지는 나라들이다.
앤서니 기든스, 홍욱희 옮김, 『기후변화의 정치학』, 에코리브르, 2009, 307~312쪽.

(4) 인류 문화유산으로서의 헌법

유네스코에서 관리하는 세계유산이 있다. 유형과 무형의 문화유산이 그 대상이 된다. 그러나 생각해 보면 법이야말로 인류의 문화유산이라 하지 않을 수 없다. 법이 좋은 기능과 나쁜 기능을 동시에 해 온 것은 사실이지만, 법의 발전사를 보면 결국 법으로 인하여 사람들의 자유와 평등과 행복과 안전, 평화의 안전판이 마련되었다는 것을 부인할 수 없다.

특히 우리나라를 생각해 보면 법의 혜택이 한두 가지가 아니다. 첫째는 정치적 자유이다. 우리 헌법을 제정하기 위해 실시한 1948년의 제헌국회 소집을 위한 총선거가 보통선거로 실시되었고, 그 후에도 우리에게 보통선거는 당연한 제도로 주어졌다. 그러나 민주주의의 역사만큼이나 선거권 확대운동의 역사는 길고 길었다. 세계 역사에서 볼 때 제2차 세계대전 이후에야 남녀 보통선거가 실시되었다는 사실을 알아야 한다.

둘째는 평화이다. 1953년 6·25전쟁 휴전(사실상의 종전) 이후 현재까지 65년 동안 평화가 지속되고 있다. 간간이 남북 간의 트러블이 없지 않았지만, 본격적인 전쟁 없이 장기간의 평화가 유지되었다. 또한 최근의 동북아 국가들의 세력 확장을 보면 만약 19세기 말이나 20세기 초반이었더라면 서구 열강들은 신흥개발국가의 발흥을 사전 억제하기 위해 전쟁을 불사하면서 어떤 트집을 만들어서라도 침략해 왔을 것이다. 그러나 지금은 사정이 많이 달라졌다. 중국이나 한국 등 신흥국가들이 유럽 시장을 잠식하는 것을 빤히 바라보면서도 적어도 무력에 의한 사전봉쇄 같은 방법을 사용하지 못하는 시대이다. 자신들이 만들어 놓은 국제법규를 위반하기가 힘들기 때문이다. 이렇듯 지금은 인류사에서 보기 드문 행운의 시대이다. 물론 지금도 세계 일각 특히 아프가니스탄이나 이라크 등의 지역에서는 전쟁이 끊이지 않고 있지만, 한반도에 사는 우리 국민들에게 법의 혜택은 부인할 수 없는 것이다.

셋째는 인권의 향상이다. 인종차별만 하더라도 지금은 많이 개선되었다. 100년쯤 전만 해도 동양인들이 유럽 여행을 다니면서 많은 차별을 받았던 것을 우리는 알고 있다. 그런데 지금은 확연히 달라졌다. 꾸준한 인권교육을 통하여 인권수준이 향상된 덕택이다. 이렇게 긴 시간 (주로 유럽의) 수많은 사람의 피와 땀의 결실로 얻어진 법의 혜택을 우리 동양인들, 한국인들은 무임승차를 하여 누리게 된 것이다. 서양의 불평등한 법에 의해 피해를 입은 바도 크지만, 혜택을 받은 것이 더욱 클 것이라고 생각된다. 반면 서양의 헌법문화에 무임승차를 한 대가도 우리는 톡톡히 치렀다. 지난 헌정사에서 헌법을 우리 것으로 체화시키기 위해 오랜 고통의 시간을 보낸 것이 바로 그 예이다.

20세기 이후에 전면적으로 등장한 헌법의 공로가 특별히 크다. 제2차 세계대전 이후 전 세계에는 헌법 시대가 도래하였다. 이 배경에는 무엇보다도 유엔의 세계인권선언과 국제인권규약이 비교적 실효성을 가지고 국제적으로 통용되었다는 점이 있다. 아직 세계정부에는 못 미치지만 전쟁과 반인륜적 범죄의 억제를 위한 국제적 협력기구가 활동한다는 것만으로도 인류에게는 큰 희망이 된 것이다. 우리의 법체계와 밀접한 관계를 가진 독일의 경우 나치스 범죄의 역사적 오점을 씻어내려는 노력 속에서 제2차 세계대전 이후 본(Bonn) 기본법(Grundgesetz) 시대를 열었다. 기본법은 제1조가 국민의 기본권조항으로 제1항이 "인간의 존엄은 불가침이다. 이를 존중하고 보호하는 것은 모든 국가권력의 의무이다"로 시작된다. 같은 조 제3항은 "이하의 기본권은 직접 효력을 갖는 법으로서 입법, 집행 및 사법을 구속한다"고 하여 기본권의 효력이 바이마르 시대와 같이 추상적 혹은 프로그램적 성격에 머무르지 않고 직접적 효력을 가진다는 것과, 국가권력에 대한 기본권의 우위를 분명히 규정하였다. 그리고 시대의 흐름에 따라 기본권의 효력은 더욱 강화되었다. 헌법과 기본권의 우위로부터 기본권의 전 사회에 대한 방사적 효력(radiating effect)을 인정하였고, 그에 따라 기본권은 국가권력에 대해서만이 아니라 일반 사적 영역에까지 효력을 미친다는 이론이 수면 위로 떠올랐다. 처음에 제3자적 효력이라는 이름으로 조심스럽게 출발한 이 이론은 오늘날에 와서는 더욱 확대되어 지금은 기본권의 사인 간 효력 혹은 수평적 효력으로 자리 잡았다. 그러나 노동기본권이 여실히 보여 주는 바와 같이 회사의 사적 자치원리와 기본권의 수평적 효력은 그 갈등이 심한 상황에 있다.

오늘날 비대해진 경제권력에 대한 일정한 통제는 조심스럽지만 당연한 것으로 되어 있다. 우리 헌법재판에서도 아직은 헌법소원의 대상을 공권력의 행사 혹은 불행사에 의한 기본권 침해로 한정짓고 있다. 하지만 국가권력에 못지않게 기업과 사회 제 단체의 권력에 의해 피해받는 국민을 보호하기 위해서는 헌법이 그 최고법의 성격을 발휘하지 않을 수 없다. 우리 헌법은 제9장 경제의 장에서 이를 다루고 있다. 과거에는 '사회정의'의 관점에서, 지금은 '경제의 민주화'의 관점에서 비대해진 경제권력에 대한 헌법 통제의 길을 열어 놓고 있다.

우르 우카키나법전, 우르 남무법전, 함무라비법전 같은 고대 법전의 시대부터 로마법을 거쳐 프랑스 민법전 시대, 그리고 헌법의 시대까지 오면서 법은 인류의 자유를 지키는 보루가 되었다고 해도 좋을 것이다. 법이 상당 기간 동안 통치자의 지배수단으로 사용된 것은 사실이지만, 인류는 법이 통치자 위에 있는 보편성을 가진 것이 되어야 함을 알게 되었다. 그것이 법의 지배(rule of law)이며 법치국가요, 입헌주의이다. 그런 의미에서 헌법은 인류의 문화유산이라고 말하고 싶다. 그 유산은 완성된 것이 아니고 지금도 형성 중인 건축물이다. 우리도 그 축조에 참여해서 한 층의 벽돌이라도 쌓아올리는 나라가 될 것을 소망한다.

4) 헌법의 우위성

(1) 권력제한 규범성

헌법은 국가 최고권력기관에 대한 권력제한을 할 수 있어야 한다. 만약 헌법의 제약을 받지 않는 권력을 가진 집단이나 조직이 있다면 그 사회는 이미 헌법이 작동하지 않는 것임을 의미한다. 영국에서 법의 지배(rule of law) 원리가 군주도 '법 아래에' 있다는 것을 분명히 하는 데에서 출발했던 것처럼 오늘날의 입헌주의 역시 그 어떤 권력자도 '헌법 아래에' 있어야 한다는 원리임을 확실히 인식해야 하는 것이다. 우리 헌정사에서도 헌법전은 있었지만 헌법이 부재했던 시기를 보냈다. 그것은 군부정권 시기에 헌법이 최고권력자의 권력을 제한하지 못했기 때문이다. 지금도 이 부분은 여전히 미흡한 실정에 있다. 국가의 최고권력을 제한하지 못하는 한 헌법과 법의 권위는 설 자리가 없다. 법과 법관이 국민으로부터 존경을 받기 위해서는 부당한 권력행사를 하는 최고권력자에 대한 통제력을 확보해야 할 것이다.

(2) 최고규범성

헌법은 한 나라의 최고규범이다. 따라서 다른 법규범보다 우월한 효력이 인정된다. 미국 헌법, 독일 기본법, 일본 헌법, 남아프리카공화국 헌법에서 이를 명시하고 있는 것과 달리,[3] 우리 헌법에는 헌법의 최고규범성을 명시한 규정은 없다. 헌법이 최고규범이 되는 이유는 무엇보다 법 중에서 헌법만은 국민이 직접 제정한다는 데에서 비롯한다. 법률이나 기타 법령들이 국회에서 혹은 정부나 지방자치단체 그리고 수많은 공적·사적 단체에서 만들어지지만, 헌법만큼은 국민투표에 의해서 최종 결정된다.

헌법을 법률과 구별하여 최고로 높이는 까닭은 헌법이 국가의 근본규범이 되기 때문이다. 즉, 헌법은 국민주권과 민주공화국과 기본권 보장을 규정한다. 이렇게 근본이 되는 내용을 규정하고 있기 때문에 헌법은 근본규범이 된다. 더구나 헌법의 개방적 구조는 헌법의 샘을 더 높이 근원적인 데까지 소급시킨다.

그래서 헌법은 국내의 그 어느 법령보다도 높은(supreme) 위치에 있고, 효력에서도 최고의 지위를 가진다. 이 원칙에서 헌법은 국가권력에 대해서뿐만 아니라 사인 간에서도 직접적으로 효력을 가지게 된다. 헌법상 모든 국가권력 특히 헌법재판제도는 헌법의 최고규범성을 수호하는 기능을 한다.

5) 헌법은 이 시대의 '민법'

이상에서 헌법의 어원과 근대 입헌주의 헌법 이후의 발달과정을 살펴보았다. 여기서 느낄 수 있는 것은 '헌법'이라는 용어가 본래적 의미, 즉 '국가의 통치기구와 작용에 관한 기본법'이라는 어감을 준

---

3) 미국 헌법 제6조 제2항, 독일 기본법 제20조 제3항, 일본 헌법 제98조, 남아프리카공화국 헌법(1996) 제2조.

다는 것이다. 반면 현대적 의미의 헌법, 즉 주권자로서의 국민의 생활 속에 관통되는 행위규범으로서의 성격은 전면에 드러나지 않는다. 그래서 향후에 우리가 헌법이라는 용어를 보통명사로서 여전히 사용한다고 해도, 적어도 「대한민국헌법」이라는 법명만큼은 「대한민국 국민의 법」 혹은 「대한국민의 법」으로 바꿀 것을 제안한다. 약칭은 「국민법」으로 하면 좋을 것이다. 이렇게 제안하는 데에는 다음과 같은 이유가 있다.

첫째, 헌법은 이 시대의 '민법'이라는 것이다. 우리가 알고 있는 '민법'은 영어로는 civil law, 독일어로는 Bürgerliches Gesetz, 프랑스어로는 code civil이다. 모두 '시민의 법'이라는 뜻을 담고 있다. 즉, 이들은 근대 시민사회를 대표하는 법인 것이다. 봉건시대를 청산하고 새로운 시민사회가 도래하였을 때 시민시대를 상징하는 법이 민법이었다. 재산권의 신성불가침, 계약자유의 원칙, 과실책임의 원칙 등 봉건시대에는 일반시민으로서 향유할 수 없었던 원칙을 높이 천명할 수 있게 되었다. 개인주의와 자기책임의 원칙에 충실했던 민법은 이후 자유주의 자본주의 발전에 크게 기여하였다. 동시에 민법을 관통하고 있는 개인주의적 정신은 다른 법에서도 그대로 관통하고 있었다. 형법도 종래의 연대책임과 연좌제적 책임제도가 폐지되어야 했고, 전적으로 개인책임 중심의 형벌체계로 바뀌었다. 그런데 민법은 기득권 보호의 법이 되는 측면이 존재하였다. 그것은 곧 민법의 약점이자 민법을 기조로 하는 사회의 문제점으로 노출되었다. 예컨대 민법은 성년제도를 두고 있는데, 성년이라야 민법상 행위능력이 인정된다. 성년부터 독립하여 자신의 의사에 따라 자유롭게 거래하고 계약할 수 있는 자유인이 된다는 긍정적 측면에도 불구하고, 성년이 되었을 때 각자가 서 있는 경제적 능력(그것은 곧 부모의 양육과 상속에 기인하는 바가 크다)의 크기를 불문하고 자유로운 경쟁에 맡기게 되는 부정적 측면이 동시에 잠복하고 있다. 그래서 각자의 능력에 따라 계약조건에서 유·불리의 차이가 크게 나타난다. 출발점이 각각 다른 위치에 정해져 있기 때문에 사회에서의 공정한 경쟁이라는 것이 처음부터 말이 안 되는 측면이 있다. 민법은 물론 이런 점에 대해서 눈을 감는다. 민법이 눈을 감고 있을 때 새로운 법이 등장하여 민법의 사각지대를 다스린다. 이러한 법을 사회법이라고 부른다. 민법이 주류를 이룬 시대를 시민법원리가 지배했다면, 이제 사회법원리가 출현한 것이다. 두 개의 원리는 병존하면서 각자의 법영역을 발달시켜 왔다. 그렇지만 자유주의 자본주의 국가에서는 시민법원리가 강세였고, 사회법원리는 보충적이며 항상 열세적 위치에서, 그렇지만 꾸준히 발전해 왔다. 시민법원리가 개인주의, 자유, 평균적 정의를 강조한다면, 사회법원리는 공동체주의, 평등, 배분적 정의를 특징으로 한다. 전자와 관련되는 인권이 자유권이라면, 후자에는 사회권이 관련된다. 자유권과 사회권은 둘 다 중요하면서도 현실에서는 서로 충돌하고 모순을 일으키기 일쑤이다. 대표적으로 (신)자유주의와 복지국가 사이의 갈등도 마찬가지이다.

시민법원리와 사회법원리는 각자 자신의 존재 이유를 가진다. 이때 이 두 가지 원리를 조화시키고 통일을 추구하고자 하는 법이 바로 헌법이다. 그래서 헌법은 최고의 법인 것이다. 이 시대의 국민에게는 시민법원리도 필요하고 사회법원리 또한 필요하다. 합쳐서 말하면 헌법이 필요한 것이다. 그래서 헌법은 바로 국민주권의 시대를 대표하는 법이며, 이 시대의 민법이라 할 수 있다.[4] 종래의 민법은

---

4) 강경선, 「헌법사항에 관한 소고」, 『한국방송통신대학교 논문집』, 1986.

이제 사법(private law)으로 돌아가면 된다.

둘째, 헌법이라는 용어는 국가 통치기구의 최고법이란 어감을 준다. 하지만 헌법은 오늘날 체제의 기본법일 뿐만 아니라 국민의 기본권을 보장하는 법이고 국민생활의 기본법이라는 점이 부각될 필요가 있다. 그런 점에서 국민법이란 호칭이 훨씬 친(親)생활적이라고 생각된다. 헌법은 민주주의 법이고, 민주시민생활의 기본법이라는 점이 와 닿아야 한다. 다만, 헌법이 보통명사로서 사용되는 것은 무방하다. 왜냐하면 우리나라뿐만 아니라 일본과 중국에서 모두 헌법이라는 용어가 통용되고 있기 때문이다.

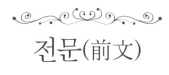

전문(前文)

1. 헌법 전문의 개념과 법적 성격

1) 헌법 전문의 개념

'전문(前文)'은 헌법에 꼭 필요한 부분은 아니다. 하지만 많은 나라들이 헌법에 전문을 두고 있다. 전문(preamble)은 헌법의 본문 앞에 위치한 문장으로서 헌법제정의 역사적 의미와 제정과정, 헌법제정의 목적과 제정권자, 헌법의 지도이념과 가치질서 등을 담고 있다. 일찍이 마그나 카르타에서부터 전문을 도입하는 전통이 생겼으며, 근대 성문헌법의 시작이라고 할 수 있는 미국 연방헌법에도 전문을 두고 있다. 미국 헌법 전문은 주어가 "우리 미국 국민은(We the People of the United States)"으로 시작된다. 이렇듯 헌법 전문은 헌법제정권력자의 소재를 밝힌다는 점에서 중요하다. 우리 헌법 전문도 "유구한 역사와 전통에 빛나는 우리 대한국민은"이라고 하여 헌법제정권력자가 국민임을 명확히 하고 있다. 헌법제정권력이 주권과 동일한 개념이기 때문에 이 부분은 곧 국민주권을 선언한 것이기도 하다. 국호가 확정되기 전의 여러 헌법초안을 보면 "우리들 조선인민은"(유진오 최초의 초안 초고), "우리 한국인민은"(유진오가 행정연구회 멤버들과 토의한 후 국회 헌법기초위원회에 제출한 안)과 같이 다르게 표기되었다.

2) 헌법 전문의 법적 성격

헌법 전문이 다분히 선언적 의미를 내포한 까닭에 전문이 과연 헌법으로서의 효력을 가지는지가 의문일 수 있다. 현재는 이에 대해 헌법학자들과 헌법재판소 모두 헌법으로서의 효력을 인정하고 있다. 즉, 헌법 전문은 대한민국 법질서에서의 최고규범이다. 실질적으로는 헌법 본문을 비롯한 모든 법령의 내용을 한정하고 그것이 타당성을 가지는 근거가 되며, 형식적으로는 헌법 본문을 비롯한 모든 법령을 상회하는 효력을 가진다. 따라서 헌법 전문은 법해석의 기준이 되며, 헌법개정 시 개정금지 대상이 된다. 헌법재판소는 헌법 전문이 모든 국가기관과 국민이 존중하고 지켜 가야 하는 최고의 가치규범일 뿐만 아니라 구체적 분쟁에 있어서 재판규범으로서의 성격도 지닌다고 본다.

【국회의원선거법 제33조, 제34조의 위헌사건(헌재 1989.9.8. 88헌가6)】
　　우리 헌법의 전문과 본문의 전체에 담겨 있는 최고 이념은 국민주권주의와 자유민주주의에 입각한 입헌민주헌법의 본질적 기본원리에 기초하고 있다. 기타 헌법상의 제 원칙도 여기에서 연유되는 것이므로 이는 헌법전을 비롯한 모든 법령해석의 기준이 되고, 입법형성권 행사의 한계와 정책결정의 방향을 제시하며, 나아가 모든 국가기관과 국민이 존중하고 지켜 가야 하는 최고의 가치규범이다.

【서훈 추천부작위 등 위헌사건(헌재 2005.6.30. 2004헌마859)】
　　헌법은 국가유공자 인정에 관하여 명문 규정을 두고 있지 않으나 전문(前文)에서 "3·1운동으로 건립된 대한민국임시정부의 법통을 계승"한다고 선언하고 있다. 이는 대한민국이 일제에 항거한 독립운동가의 공헌과 희생을 바탕으로 이룩된 것임을 선언한 것이고, 그렇다면 국가는 일제로부터 조국의 자주독립을 위하여 공헌한 독립유공자와 그 유족에 대하여는 응분의 예우를 하여야 할 헌법적 의무를 지닌다.

우리 헌법의 전문에는 국민주권의 원리와 헌법제정권력을 명시하고, 건국이념과 대한민국의 정통성에 관한 내용을 수록하면서, 헌법이 지향하는 이념으로 자유민주적 기본질서, 정의로운 사회국가, 평화통일과 국제평화주의 등을 설정하고, 현행 헌법이 제9차 헌법개정이란 것을 밝히고 있다.

2. 헌법 전문의 제정

1) 경위

해방 이후 좌우 진영의 대립으로 통일정부 수립이 어려워지자, 1948년 2월 국제연합 소총회에서 남한만의 단독정부 수립을 결정하였다. 이에 따라 제헌의회를 구성하기 위한 남한지역만의 총선거를 치르게 된다. 미군정 하지 사령관은 이 해 3월 1일 「조선인민대표의 선거에 관한 포고」를 발표하고 국회선거위원회를 발족시켰다. 그리고 3월 17일에는 「국회의원선거법」을 공포하였다. 선거는 5월 10일에 치러졌는데, 총 유권자(나이 21세 이상) 중 96.4%가 선거인 등록을 마쳤고, 그중 95.5%가 투표에 참여하였다. 입후보자도 북한지역을 위해 남겨 둔 100석을 제외하고 총 200석의 정원에 902명이 입후보하였으며(4.7 대 1의 경쟁률), 북제주군 2개 선거구를 제외한 198개 선거구에서 당선자가 배출되었다.

• 제헌의회에서 김병회 의원의 대체토론 중에 5·10총선거 당시의 인구와 유권자에 관한 통계가 나온다.

"우리 남조선은 인구 1,900만, 그중에서 우리 국회의원 198명의 득표수를 조사하여 보면 유권자 8,132,517명 중 겨우 3,362,862명에 불과하고 낙선입후보자에게 대한 투표, 즉 사표가 4,769,655명의 다수이나 국회의원이 대통령을 선거한다는 것은 결국 소수의 의사로 다수의 의사를 제어하는 결과가 되며 남한의 전 인구 19,190,877명에 비한다면 더욱 말할 수 없는 비민주적 현실이라고 아니할 수 없는 것입니다."

국회도서관, 『헌법제정회의록』, 헌정사자료 제1집, 1967, 269쪽.

정당별 당선자 분포는 무소속 85명, 독립촉성국민회 54명, 한민당 29명, 대동청년당 12명, 기타 정당 및 사회단체 18명이었다. 아직 정당이 생소할 무렵이어서 무소속 당선자가 많은 것이 특징이었다. 이들 무소속 의원 중에는 개인적으로 출마한 한민당 당원도 있었기 때문에, 한민당 의원의 수는 공식적으로 29명에 불과했지만 실제로는 70~80명에 이르렀다. 따라서 당시 국회의 제1당은 한민당이었다고 할 수 있다.[1]

당시 「국회의원선거법」에서는 5·10선거에 의해 선출된 국회의원의 임기를 2년으로 규정하고 있었다. 이것은 헌법을 제정한 후 헌법에 따라 정부를 수립한 후에도 일반 국회로 존속할 것을 예정한 규정이었다. 당시 헌법제정회의에 해당하는 제헌국회를 제헌과 동시에 해산하고 다시 헌법이 정한 국회를 구성할 시간이 없었던 것은 사실이다.[2] 그러나 바로 이 점에서 제헌국회에 참여한 인사들이 정파적 이해득실의 계산에 빠질 위험성이 크게 작용한 것도 사실이다. 모든

---

1) 이승만계 총 55석, 한민당계 총 80석, 임정계 총 57석이었다.
2) 이영록, 『우리 헌법의 탄생』, 서해문집, 2006, 38~51쪽.

것을 새롭게 시작하는 헌법의 제정은 무지의 베일(veil of ignorance) 속에서 자신의 이익보다는 공익과 사회정의의 관점에서 원칙을 설계할 것이 요구되는 시점이었다.

2) 헌법기초위원회

헌법 전문(前文)을 보면 "1948년 7월 12일에 제정되고"라고 쓰여 있다. 정확히 말해서 7월 17일 제헌절은 국회에서 제정된 헌법을 '공포'한 날이다. 이미 8월 15일을 정부수립일로 못 박아 둔 상태에서 5월 10일 총선을 실시했으므로 국회에서의 헌법제정은 촉박한 가운데 진행되었다. 5월 31일 서울 중앙청에서 국회가 개원하였고, 6월 2일에 30명의 헌법기초위원을 추천하였다. 기초위원회 위원장은 한민당의 서상일 의원, 부위원장은 독립촉성국민회의 이윤영 의원이었다. 그리고 기초위원회를 돕는 전문위원 10명을 선임하였다. 전문위원은 다음과 같다.

● 유진오, 권승렬, 임문환, 한근조, 노진설, 노용호, 차윤홍, 김용근, 윤길중, 고병국

본회의는 기초위원회에 닷새 반의 말미를 주고 6월 7일까지 기초안을 제출하라고 했다. 이 기한이 촉박했던 까닭에 세 번이나 연기한 끝에 6월 22일에 가서야 안을 확정지었다. 기초위원회는 유진오 안을 원안으로, 권승렬안을 참고안으로 하여 진행하였다. 기초위원회의 회의록이 남아 있지 않은데, 이것은 초창기의 미숙성을 반영하고 있다. 6월 23일 헌법안이 제17차 국회본회의에 상정되었다. 기초

위원회안의 보고와 질의응답과 대체토론을 하는 제1독회가 시작되었다. 7월 1일부터는 법안을 하나하나 확정짓는 제2독회에 들어갔다. 제3독회에서는 문체를 다듬었다. 그리고 7월 12일에 헌법안이 최종 통과되었다. 전문 및 본문 총 103개조로 이루어진 헌법이었다. 헌법기초위원회가 구성된 지 40일, 본회의에 상정된 지 20일 만에 헌법이 통과된 것이다. 물론 헌법안이 제헌국회를 기점으로 처음 준비된 것은 아니다. 이미 해방 이후 미군정과 많은 정치·사회단체들이 건국을 대비하여 헌법안을 마련하고 있었다. 더 나아가 3·1운동 이후 임시정부의 헌법 제·개정 작업과 논의까지 포함시킨다면 헌법에 대한 논의기간은 좀 더 길게 소급될 수도 있다. 하지만 국가의 최고규범을 마련하는 헌법제정회의라는 관점에서 본다면 숙고하기에는 너무나 짧은 시간이었다고 하지 않을 수 없다.[3] 정상적이라면 제헌국회의 토론이 국민들에게 전달되어 국민들이 이를 숙지하고, 또 국민의 여론을 청취하는 기간이 필요했을 것이다. 당시 상황은 이런 숙고의 시간을 허락하지 않았다.

7월 17일 헌법이 공포되었고, 7월 20일에 국회에서 대통령선거가 있었다. 대통령에 이승만, 부통령에 이시영이 선출되었고 7월 24일

---

3) 서상일 기초위원회 위원장이 제1독회에 들어가면서 한 당부의 말만큼은 숙의민주주의를 지향하고 있었다. "우리 헌법위원 중에서 한 분이 나와서 이것을 제1독회를 축조해서 전체를 일독하겠습니다. 여러분이 혹 여기에 착오된 바 있으면 원문을 고치고 이렇게 해야겠습니다. … 그동안에 질의가 끝난 다음에 만일 의원의 신청이 있어 여러분의 소신에 의지하여 대체토론을 개시하겠습니다. 이것은 200명이 다 하여도 좋고 한 시간도 좋고 30분도 좋고 자기의 소신대로 헌법토대에 관한 원칙문제를 기탄없이 또 200명 국회의원은 물론이요, 3천만 일반민중이 충분히 이 문제에 대한 인식을 깊게 하기 위하여 많은 의견을 토론하시는 것이 좋을 것 같습니다. 그것이 끝남으로 말미암아 제1독회가 끝나는 것입니다."(6.23. 제1독회 시작에 즈음해서) 국회도서관, 『헌법제정회의록』, 헌정사자료 제1집, 1967.

에는 대통령 취임식이 있었다. 그리고 8월 15일 예정대로 정부수립 기념식을 가졌다.

당시에는 이렇게 신속한 헌법제정에 오히려 자부심을 느낀 것 같은 분위기이다. 1948년 7월 17일 헌법 공포식에서 전규홍 국회사무총장이 개회사를 통해 제헌과정에 관한 경과보고를 하면서 "6월 23일 헌법안이 본회의에 상정하게 된 후 의원각위의 20일간의 열성 있는 토의로 말미암아 드디어 세계에 자랑할 만한 민주주의 헌법을 7월 12일 최단기간 내에 만장일치로 결의 통과하게 되었습니다"라고 했듯이 '최단기간 내의' 제헌을 자랑하는 것을 볼 수 있다. 또한 이승만 의장도 처음에는 우리나라 사람들이 헌법제정을 할 수 있을까 하는 의구심을 갖고 임했다가 작업이 끝나는 것을 보고 다음과 같이 소회를 피력하면서 제헌국회를 마감하였다. "그동안 많이 노력하시고 의견이 서로 같지 않은 것도 다 희생들 하시고서 오늘 이 성적이 있게 한 것은 여러분이 많이 노력해서 하신 것으로 대단히 의장으로 앉아서 감사히 생각합니다. 특히 의도가 같지 않은 것도 다 희생들 하시고 큰 목적을 위해서 이만치 한 것을 대단히 여러분에게 감사하고 치하를 올리는 바입니다. 또 따라서 특히 기초위원들이 자율적으로 생각해서 한인들의 의사로 한인들의 법률을 이만치 만들었다고 외국사람들이 더욱이 미국사람들이 충분하게 다 되었다고 이야기하는 것을 들었습니다."[4]

• 제헌보다는 정부수립에 급급했던 사고구조, 즉 헌법보다 정치, 의회보다는 정부를 우선시하는 법 경시 풍조가 처음부터 드러난 측면을

---

4) 국회도서관, 앞의 책, 708~710쪽; 유진오, 『헌법기초회고록』, 일조각, 1980; 이영록, 앞의 책; 서희경, 『대한민국 헌법의 탄생』, 창비, 2012; 신우철, 『비교헌법사론』, 법문사, 2013.

볼 수 있다. 만약 헌법을 중시하였다면 헌법공포일에 정부수립을 맞출 수는 없었을까? 이때의 정부수립은 광의의 정부수립, 즉 대한민국의 수립일을 뜻하였을 것이다. 그렇다면 헌법공포일을 대한민국의 출범으로 보는 것이 보다 맞다. 그리고 협의의 정부수립은 헌법에 따라 선출된 대통령의 취임식을 거행하면 된다. 대통령 취임이 정부수립을 상징하던 당시 정치 상황을 감안해도 당시의 바른 지도자들이라면 국민을 더 위하는 생각을 가졌어야 한다. 비록 국민투표에 의해서 헌법을 최종 확정짓지는 않았더라도 국민이 선출한 제헌국회의원들이 제정한 헌법이었다. 이승만은 국회의장으로서 헌법제정 공포 후에 헌법의 정함에 따라 7월 20일 국회에서 간접선거로 대통령이 되었다. 부통령은 이시영이었다. 내각제이든 대통령제이든 대통령이 될 수 있었던 이승만이 헌법공포일을 내외에 대한민국 정부수립일로 선포해야 한다는 안목이 필요했던 것이다. 독립협회 때부터 공화국의 선각자요 지도자였던 그가 본인보다도 국민과 국회의 지위를 높임으로써 민주주의의 초석을 다지는 출발을 보였으면 그 이후의 헌정사가 훨씬 순탄했을 것이라는 생각이 든다. 그 시절에는 국민이나 국회 혹은 헌법이 대통령보다 더 중요하다고 생각하지 않았을 수 있다. 그렇지만 바로 이런 정치적 카리스마로서의 자세 때문에 이승만의 정치적 말로는 좋지 않았다. 훌륭한 지도자는 국민의 판단이 좀 모자라도 그에 앞서 모범을 보일 수 있어야 한다. 만약 헌법공포일을 정부수립일로 잡고 내외에 선포 기념식을 가졌더라면 오늘날의 건국절 시비도 없었을 것으로 본다.

행정부 구성 이후의 정부수립을 위하여 헌법공포일을 7월 17일로 잡게 되는데, 이후 8월 15일까지 미군정이 계속되는 볼썽사나운 일이 생긴다. 국민의 헌법제정권력이 침해된 기간이라 할 수 있다. 제헌국회에서 이에 관한 약간의 염려를 한 장면이 발견되어 그나마 위안을 느낀다. 장홍염 의원이 질문하고 권승렬 전문위원이 간단히 답하는 대목이다.[5]

비슷한 시기에 영국에서 독립하고 3년간 헌법제정에 들어갔던 인도는 1950년 1월 26일 헌법을 공포하였다. 인도에서 최대 국경일인

---

5) 국회도서관, 앞의 책, 228쪽.

'공화국의 날(Republic Day)'이다. 그런데 이 날짜를 잡은 것은 일찍이 1930년 식민지 치하 때의 '완전 독립의 날(Purana Swaraj Day)'을 기념한 것이었다. 우리나라로 말하자면 헌법공포일을 3월 1일로 잡아 국민의 헌법으로 승화시킨 격이었는데 우리와는 대비된다.

건국 초기부터 보여 준 이와 같은 속전속결 방식은 이후 우리나라의 캐릭터가 되었다. 바로 '빨리빨리'이다. '빨리빨리'는 삼풍백화점과 성수대교의 붕괴가 상징하듯 많은 부실공사의 원인도 되었지만, 한국이 선진국 대열에 조기 합류하는 데 일등공신 역할을 한 것도 사실이다. 서구가 200년 이상에 걸쳐 발전시켜 온 정치와 경제, 과학기술을 50여 년 만에 압축적으로 달성함으로써 한국은 세계 여러 나라의 주목을 받기에 충분하였다. 강대국의 식민지에서 독립한 국가 중 '산업화와 민주화' 모두에서 성공한 대표적 국가로 꼽히게 되었다. '압축성장'으로 집약되는 대한민국의 변화발전은 이제 마지막 관문을 남겨 놓고 있다. 즉, 서구가 이미 걸었던 사회복지국가 시대의 민주주의를 실현시킬 수 있는가이다. 그 지점까지 나아갈 수만 있다면 대한민국은 명실공히 성공한 국가로 자부할 수 있을 것이다. 동시에 선진국으로서 세계사에도 일정한 기여를 하는 국가가 될 것이다. 사회복지국가는 실질과 내실을 기하는 국가이기에 그저 빠른 걸음으로만 될 일은 아니다. 하지만 압축성장의 경험을 살린다면 내실과 내용 면에서도 압축시키는 것이 무망하지는 않을 것이다.

3. 헌법 전문의 특징

이 글은 우리 헌법의 현실과 이상을 밝히고자 하는 데 목적이 있다. 헌법의 본문이 아닌 전문에 표현된 문구(텍스트)를 중심으로 대한민국의 과거 행적을 살피는 동시에 향후 방향을 가늠해 보고자 한다.

1) 독창헌법으로서의 전문

카를 뢰벤슈타인(Karl Löwenstein)은 독창적 헌법과 모방적 헌법을 구별하였다. 전자는 외국의 헌법을 모방하지 아니한 독창적 내용을 가진 헌법이고, 후자는 외국의 기존 헌법을 그 국가의 정치적 현실에 적합하도록 재구성한 헌법이라고 한다.[6] 대부분의 헌법과 헌법제도는 기존의 다른 나라 것을 모델로 해서 제정되기 때문에 모방헌법의 성격을 띤다. 1948년의 우리 헌법도 모방헌법임은 물론이다. 기본틀은 1919년 바이마르공화국 헌법을 따랐고, 중국·일본·미국 등 여러 국가의 헌법과 임시정부헌법과 논의들을 반영한 것이라 할 수 있다. 모방적 헌법이라고 해서 열등감이나 비하감을 가질 필요는 없다. 대부분의 나라는 다른 나라의 예를 답습하기 때문이다. 처음에는 모방으로 시작한 국가라 하더라도 자신들의 고유한 역사적 환경 속에서 주어진 헌법적 문제를 고민하다 보면 다른 나라와는 차별되는 주제와 씨름을 하게 되고, 그 결과가 헌법에 반영되어 점차 고유하고 독창적인 헌법으로 변모해 가는 것이다. 우리의 경우도 지금은 우리의 고민이 담긴 규정들을 많이 발견할 수 있다.

> • 우리 헌정사에 나타난 독창적 내용은 분단의 고민에서 표출된 제 4조의 통일조항이다. "대한민국은 통일을 지향하며, 자유민주적 기본질서

---

6) 독창적 헌법으로는 1787년 미국 연방헌법, 1793년 프랑스 헌법의 국민공회정부제, 1918년 레닌 헌법의 노동자·농민·병사의 평의회제, 1919년 바이마르공화국 헌법 등이 속한다.

에 입각한 평화적 통일정책을 수립하고 이를 추진한다.”(1988년 헌법 신설) 또한 군부정권의 암울한 경험을 되살려 이것을 방지하기 위한 헌법 제5조의 ‘국군의 정치적 중립성 준수’ 조항(1988년 신설)도 그러하다. 제7조 제2항의 ‘공무원의 정치적 중립성’은 이승만 독재시절 공무원 선거동원의 부작용을 막는다는 취지에서 나온 조문이다. 헌법 제31조 제5항의 “국가는 평생교육을 진흥하여야 한다”는 조항도 세계인권선언 당시에는 알지 못했던 새로운 평생교육 개념이 일찍부터 헌법에 반영된 예이다(1980년 헌법 신설). 그 외에도 크고 작은 시대적 과제와 고민들이 헌법에 반영되어 있음을 알게 된다.

헌법의 다른 조문들에 비하면 전문은 제헌 당시부터 독창적인 내용이라고 말할 수 있다. 우리의 역사를 돌아보고 미래에 대한 비전을 담아 새로 쓴 문서였기 때문이다. 대부분의 국가들이 헌법 전문에는 독창성이 짙은 내용을 담는다. 전문에는 건국이념, 민족의 역사와 자부심, 헌법의 정신과 원리가 집약되는 경우가 많다. 그런 점에서 전문은 ‘헌법 중의 헌법’이라고 불린다. 결론적으로 헌법 전문이야말로 우리가 자부할 수 있는 독창적 헌법인 것이다.

2) ‘진화(evolution)’로서의 헌법

헌법 전문을 보면 우리나라의 역사가 함축되어 있음을 발견할 수 있다. “유구한 역사와 전통에 빛나는”이라는 말에는 반만년의 역사가 담겨 있다. 이 짧은 말 한마디 속에서 우리는 수천 년을 이어 이 땅을 살고 간 선조들의 숨소리와 발자취를 느낄 수 있다. 그리고 그 긴 기간을 거쳐 마침내 우리는 근대에 도달했다. 우리 헌법이 그 연원으로 삼는 역사적 사건은 3·1운동이다.

3·1운동은 봉건시대의 신분계급을 넘어 자유와 평등으로 일체화

된 민족의 시대를 불러왔다. 3·1운동의 영향으로 임시정부가 수립되었고 이후 본격적인 자주독립운동이 전개되었다. 그런 가운데 우리는 해방을 맞이하였고, 대한민국정부가 수립되었다. 그러나 분단정부인 이승만정부는 부패와 독재를 자행하였고, 결국 이에 항거하는 4·19혁명이 일어나 민주주의 정부가 탄생하였다. 이 민주주의 정부의 이념을 계승하여 정의·인도와 동포애의 정신을 바탕으로 한 민주개혁과 평화통일을 완수할 것이 우리에게 사명으로 주어졌다. 민주개혁을 위해서는 봉건사회의 잔재와 반인간적인 사회적 폐습, 군사독재 같은 불의를 타파하고, 사회 전 분야에서 각인의 기회를 균등히 하며 능력을 최고도로 발휘하게 함으로써 자율과 조화를 기반으로 한 사회복지국가를 이룩하여야 한다. 그리하여 안으로는 국민생활의 균등한 향상을 성취하고, 밖으로는 항구적인 세계평화와 인류공영에 이바지할 것을 헌법 전문은 다짐하고 있다. 모든 국민이 자유권과 사회권을 가지며, 자유사회와 사회복지국가가 실현되고 나아가 세계평화에 이바지하는 대한민국의 미래가 비전으로 제시되어 있다.

강물처럼 도도히 흐르는 그 긴 역사에는 합리와 불합리, 정의와 불의, 정합과 모순이 혼재되어 있다. 그래서 평온과 안정도 있지만 분쟁과 혁명의 격랑도 일고 있다. 그러나 큰 역사의 강물을 보면 요란했던 혁명마저도 다시 역사의 도도한 물결에 합류해 잠잠해진다. 그러나 역사는 단순히 동일한 것의 순환과 반복만은 아니다. 단기간에는 눈에 띄지 않지만, 오랜 시간이 지나고 나면 과거와의 현저한 격차가 발견된다. 헌법이 진화한다는 것은 부인할 수 없는 사실이다. 진화의 방향은 군주주권에서 국민주권으로, 구속에서 자유로, 반민주에서 민주로, 부패에서 정직으로, 차별에서 평등으로, 억압에서 해방으로, 불의에서 정의로, 분단에서 통일로, 전쟁에서 평화로 전진한다. 이러한 진화적 역사관이 헌법 전문을 관류하는 주요 관점이다. 마치 헤겔(W. G. Hegel)이 말한 것처럼 "역사는 자유의 확대과정"과 같은 진보적인 역사관에 기초하고 있다. 전체적으로는 점진적 진화과정이지만, 그 진화의 내부에는 3·1운동, 4·19혁명, 민주개혁과 평화통일, 사회적 폐습과 불의의 타파, 항구적인 세계평화와 인류공영 같은 분출하는 혁명과 창조적 진통이 매개되어 있음을 암시하고 있다.

3) 건국헌법과 현행 헌법의 전문 비교

• 건국헌법 전문

유구한 역사와 전통에 빛나는 우리들 대한국민은 기미 삼일운동으로 대한민국을 건립하여 세계에 선포한 위대한 독립정신을 계승하여 이제 민주독립국가를 재건함에 있어서 정의인도와 동포애로써 민족의 단결을 공고히 하며 모든 사회적 폐습을 타파하고 민주주의 제 제도를 수립하여 정치, 경제, 사회, 문화의 모든 영역에 있어서 각인의 기회를 균등히 하고 능력을 최고도로 발휘케 하며 각인의 책임과 의무를 완수케 하여 안으로는 국민생활의 균등한 향상을 기하고 밖으로는 항구적인 국제평화의 유지에 노력하여 우리들과 우리들의 자손의 안전과 자유와 행복을 영원히 확보할 것을 결의하고 우리들의 정당 또 자유로이 선거된 대표로서 구성된 국회에서 단기 4281년 7월 12일 이 헌법을 제정한다.

• 현행 헌법 전문

"유구한 역사와 전통에 빛나는 우리 대한국민은 3·1운동으로 건립된 대한민국임시정부의 법통과 불의에 항거한 4·19민주이념을 계승하고, 조국의 민주개혁과 평화적 통일의 사명에 입각하여 정의·인도와 동포애로써 민족의 단결을 공고히 하고, 모든 사회적 폐습과 불의를 타파하며, 자율과 조화를 바탕으로 자유민주적 기본질서를 더욱 확고히 하여 정치·경제·사회·문화의 모든 영역에 있어서 각인의 기회를 균등히 하고, 능력을 최고도로 발휘하게 하며, 자유와 권리에 따르는 책임과 의무를 완수하게 하여, 안으로는 국민생활의 균등한 향상을 기하고 밖으로는 항구적인 세계평화와 인류공영에 이바지함으로써 우리들과 우리들의 자손의 안전과 자유와 행복을 영원히 확보할 것을 다짐하면서 1948년 7월 12일에 제정되고 8차에 걸쳐 개정된 헌법을 이제 국회의 의결을 거쳐 국민투표에 의하여 개정한다.

이상과 같이 제헌 당시의 전문과 현행 헌법은 기본적 형식과 내용이 같다는 것이 확인된다. 그러나 지난 개헌의 역사에서 전문의 변천을 보다 자세히 들여다보면 일정한 내용이 추가되거나 삭제된 사실을 알 수 있다. 비록 작은 변화 같지만 그 시대의 정치적 상황이 반영된 결과이다. 이런 과정이 9차례의 개헌 중 4차례에서 일어났다. 이렇듯 헌법 전문은 지난 약 70년의 풍상을 견뎌 내면서 오늘에 이른 비문과도 같은 것이라 할 수 있다. 전문에 변화가 있었던 1962년과 1972년, 1980년의 헌법은 모두 정변이 발생한 시대 배경을 가지고 있다. 그리고 마지막으로 현행 헌법에서 전문이 변화하였다.

1962년 헌법은 전문(全文)개정의 형식을 취하면서 전문(前文)도 개정하였다. 바뀐 것은 헌법개정이 국민투표를 통해 이루어졌음을 확인하는 내용, 그리고 제헌 당시와 달리 "4·19의거와 5·16혁명의 이념에 입각하여 새로운 민주공화국을 건설"한다는 선언을 통해 제3공화국의 정당성을 확보하고자 했다. 1972년 제4공화국헌법(유신헌법)의 전문에서는 "조국의 평화적 통일의 역사적 사명에 입각하여 자유민주적 기본질서를 더욱 공고히 하는"이라는 문구가 추가되었다. 10월 정변의 정당성 논리를 전문에 삽입한 것이다. 1979년 유신체제 붕괴에서 이어진 1980년의 제5공화국도 전문을 개정하였다. 국민으로부터 비난받은 유신체제와의 거리두기를 보이기 위해서 4·19의거 및 5·16혁명을 동시에 삭제하고 3·1운동만을 남겼다. 이러한 헌법 전문의 변화과정을 볼 때 한국 헌정사에서의 최저점은 유신헌법시대였다고 말할 수 있다.

1948년의 헌법은 바이마르공화국 헌법(1919)과 일본국 헌법(1946), 중화민국 헌법(1947), 중화민국 헌법초안(五五憲草, 1936) 등과 조선임시약헌(1947), 조선인민의 권리에 관한 포고(1948), 대한민국 건국강령(1941), 대한민국임시헌장(1944), 조선민주주의인민공화국 헌법안, The Constitution of Korea(과도정부 사법부 미국인 고문 우드월 헌법안), 각 정당의 강령과 정책이 참고된 것으로 알려졌다.[7] 우리의 법체계가 기본적으로 성문법형 대륙법을 취한 까닭에 미국 헌법의 영향은 상대적으로 덜 받았다. 그러나 기본권과 통치기구, 경제 모든 면에서 미국 정치체제는 항시 고려되었고, 결과적으로 대통령제나 열거되지 아니한 기본권에 대한 중시, 사법심사제 등의 내용이 헌법에 들어왔다.

바이마르공화국은 기반이 취약한 국가였지만, 그 헌법만큼은 역

---

7) 김영수, 『대한민국 임시정부헌법론』, 삼영사, 1980, 203쪽.

사상 기본권 보장에서 가장 화려한 것으로 평가받고 있다. 동시에 그 헌법은 서구 국가에서는 최초의 현대헌법이라고 불리고 있다.[8] 다시 말해 종전의 자유주의를 기조로 하던 근대 시민국가 헌법을 탈피한 현대 사회복지국가 헌법의 효시라고 평가받는 것이다.[9] 따라서 우리의 헌법도 매우 화려한—자유권은 물론 사회권까지 포함하는—기본권 보장과 사민주의적 경제헌법의 내용을 포함하였다. 1948년 헌법이 발달된 현대헌법이었기 때문에 헌법규범과 헌법현실의 불일치는 명약관화한 일이었다. 낙후된 경제, 국가운영의 비전문성, 민주주의의 경험 부족을 감안해 볼 때 당시 상황에서 헌법의 규범력은 기대할 여지가 없었다. 그 시대에 헌법을 더욱 위축시킨 것은 반공이데올로기였고, 이를 배경으로 「국가보안법」이 모든 것을 지배하였다. 분단을 이유로 1948년에 제정된 「국가보안법」은 사실상 헌법의 특별법으로 기능하게 된다. 특히 1950년의 6·25전쟁은 「국가보안법」의 적용공간을 한없이 넓혀 놓았다. 전쟁으로 인한 정신적 외상은 국민의 이성적 헌법판단을 마비시켰다. 군부정권은 이런 현상을 더욱 조장하고 정치에 이용하였다. 그 결과 헌법은 1987년 이전까지 '도덕적 헌장' 정도의 상징성만 가졌을 뿐이다. 사법고시 등 각종 공무원시험에서 헌법은 필수과목이었으나, 법조인 양성을 위한 사법연수원에서도 헌법강의는 없었고, 판결에서도 헌법이

---

8) 최초의 현대헌법은 자본주의 헌법과 단절하고 사회주의에 입각한 1918년 러시아의 레닌 헌법이다. 하지만 우리나라의 헌법학은 서구의 자유민주주의와 사회주의를 절충한 바이마르 헌법을 최초의 현대헌법이라고 한다.

9) 현대 사회복지국가 헌법의 특징을 보면 근대헌법과 달리 국민주권의 실질화, 실질적·절차적 법치주의, 사회적 기본권, 사회적 시장경제질서, 적극국가와 복지국가, 헌법재판의 시작, 정당제도 발달, 국제평화주의의 추구를 특징으로 한다.

인용되는 경우가 거의 없었다.[10] 헌법재판소가 활성화된 1988년 이후부터 비로소 헌법이 법규범으로서 인식되기에 이른다.[11] 다시 말해서 헌법부재의 시대가 약 40년간 계속되었던 것이다. 김영삼 대통령의 문민정부에 이르러 비로소 민주정부가 시작되었다. 이때부터 '법치주의' 혹은 '입헌주의'를 언급할 수 있게 되었다.[12] 그 전까지는 헌법장애의 시대라고 말할 수 있다.

문민정부라고 해도 법치주의의 기초라 할 수 있는 형식적 법치주의 단계 이상으로 나아가지는 못했다. 기본권에서는 신체의 자유, 표현의 자유와 같은 자유권이 대폭 신장되었다. 폭력적 국가권력기구가 쇠퇴하는 한편, 국민의 대표기관인 국회의 비중과 활약이 커졌으며, 지방자치제가 본격적으로 시행되었다. 박종철 고문사건과 이한열 사망이 기폭제가 된 1987년 6월항쟁의 결과로 얻어진 현행 헌법에서는 국가의 물리적 폭력이 현저히 감소하였다. 이런 경향은 김대중·노무현정부까지 계속되었다. 예컨대 민주화 운동에 의한 피해자에 대한 명예회복과 국가보상의 실시를 비롯해 과거사 청산, 사형제도의 경우에도 김대중 대통령 국민정부 이후 우리나라는 국제사

---

10) 물론 전혀 없었던 것은 아니다. 헌법재판이 행해진 약간의 예에 관한 내용은 이인복, 「헌법재판제도의 연혁과 전개」, 『헌법재판제도의 이해』, 법원도서관, 재판자료 제92집, 2001 참조.

11) 헌법재판소는 규범으로서의 헌법을 정착시키는 데 크게 기여했다. 하지만 헌법재판소는 1987년 헌법의 배경이 된 자유민주주의적 주제에 대해서는 적극적이었으나, 공안사건, 사회권, 노동권 분야에서는 매우 보수적인 판단에 머무르고 있다. 결국 헌법의 발전은 헌법재판소의 몫이 아니라 주권자인 국민의 몫이라는 것을 실감케 한다. 헌법재판소 결정의 특징과 그 문제점 지적에 관해서는 김종서, 「헌법재판과 민주법학」, 『민주법학』 제46호, 민주주의법학연구회, 2011. 7, 333쪽 이하 참조.

12) 김영삼 대통령의 문민정부는 군부정권 청산에서 과감한 태도를 보였다. 이후 법치주의의 도로가 갈리기 시작했다고 볼 수 있다.

면위원회가 인정하는 실질적 사형폐지국가로 분류되었다. 이렇게 형식적 민주주의와 형식적 법치주의는 많이 다져지게 되었다.

이명박정부와 박근혜정부는 시기적으로 볼 때 사회복지국가로 헌법단계를 상승시켰어야 했다. 이 시기는 실질적 민주주의와 실질적 법치주의를 훈련시키고, 자유국가에서 복지국가로의 질적 변화를 통해 선진국 대열에 깊숙이 들어갔어야 할 골든타임이었다. 그러나 선진국으로의 진행은 지체되었고, 안타깝게도 오히려 역류와 퇴행의 모습까지 보였다. 국가적 차원의 안전체계 확립과 관료주의에 따른 지휘체계 상실, 부정부패로 인한 국가감독권 부실이 드러나면서 적폐를 청산할 수 있는 국가개조 차원의 대개혁이 요구되었다. 하지만 대립된 정쟁구도로 인하여 실제로 진행된 것은 전무하였다. 이것은 조만간 '최순실게이트'로 이어지고 급기야 대통령에 대한 탄핵으로 치달았다. 세월호 침몰 사건은 국가의 질적 전환을 촉구하는 시대적 경종이었다.

4) 우리나라의 항해도

이상에서 본 바와 같이 헌법 전문은 지난 69년 동안 9차례의 개헌에도 불구하고 내용이 크게 바뀌지 않았고, 또 헌법개정의 대상으로 논란이 된 적이 없었다. 그렇다면 전문에 대한 국민적 동의와 공감대가 매우 큰 것으로 추정된다. 우리 국민들의 국가에 대한 공통 염원을 담은 합의문서의 성격을 강하게 띠고 있다는 것이다. 여기서 사회계약으로서의 전문을 생각하게 된다. 헌법은 본래 사회계약문서이지만, 그 전문은 우리 국민들에 의해서 직접 집필된 헌법이라는 점에서 특별한 가치와 의미가 있다. 전문은 이외에 다른 어떤 국민의 합의문서도 찾을 수 없다는 점에서 유일한 합의문서이기도 하다. 그래서 비록 추상적으로 표현된 문장이라서 해독하기는 어렵지만 자세히 정독하면 국민들이 희구하는 길이 어디에 있는지를 추적할 수 있는 유일한 항해도(chart)라고 할 만하다. 전문은 우리나라의 과거와 현재와 미래가 요약된 문서이다. 요컨대 전문은 '한 문장으로 축약된 대한민국의 헌법전'이라고 부를 수 있다.

그렇다면 향후 진행할 항로를 살피기에 앞서 현재 우리나라가 위치해 있는 헌법적 좌표부터 확인해야 할 것 같다. 대체로 우리는 현재 헌법의 3분의 2 고지까지 올랐다고 보인다. 초반 3분의 1은 헌법의 기초체험, 즉 주권자로서의 의식을 체득하는 일이었고 이것은 대략 건국 이후 1987년까지 진행되었다고 본다. 이 시기는 헌법부재 시기라 불러야 하지만, 그렇다고 완전히 헛된 시간을 보낸 것만은 아니었다. 마치 중상주의의 군주시대처럼 국가는 비약적인 경제성장으로 이후의 민주주의의 토대를 마련했고, 그 반면 군주의 전제에 맞선 시민들처럼 경찰독재와 군부독재의 억압 가운데서도 새로운 시대를 고대하면서 국민주권의식과 기본권의 중요성을 직접 체험한 귀중한 시기였다. 많은 시대적 차이가 있음에도 불구하고 과감하게 비유하자면, 우리나라의 초기 40년을 영국의 튜더왕조에서 권리장전(1689)에 이르는 시기로 보면 어떨까 하는 생각이 든다.[13]

다음 3분의 1은 특히 문민정부 이후 약 20년 동안 형식적 민주주의, 형식적 법치주의, 자유권 보장 등에 관한 부분에서 약진한 시기이다. 여전히 미흡하지만 그런대로 잘되었다고 볼 수 있다.『이코노

---

13) 박정희 시대를 중상주의에 비유하는 것은 김기원 교수의 책에서도 언급되었다. 김기원,『한국의 진보를 비판한다』, 창비, 2012.

미스트』지가 매년 시행하는 민주주의지수 평가에서 20위권 내외까지 이른 정도는 되었다. 청렴지수가 40위 밖으로 밀려나 있고, 노인 자살률이 세계 1위라는 부끄러운 것도 있지만, 전자제품, 반도체, 조선, 자동차, 건설토목 등 세계 정상의 기업을 배출하였고, 인터넷보급률, 지하철, 창구직원의 사무처리능력, 쓰레기 분리수거, 한류문화 등 시민생활에서도 세계 최정상 수준에 도달한 것이 많다. 그리고 스포츠와 올림픽에서도 후진국형 금메달이 아니라 선진국형 금메달이 많아졌다는 것도 크게 변화된 모습이다.

그렇다면 나머지 3분의 1은 무엇인가? 바로 사회복지국가 부분이다. 제헌 69년이 되도록 이제까지 우리가 본격적으로 착수해 보지 않았던 사회복지국가 헌법 부분의 실행이 우리의 남은 과제이다. 사회복지국가 과제란 간단히 말하면 선진국형 정치 · 경제 · 사회 · 문화를 실현하는 일이다. 사회복지국가는 제헌 당시부터 헌법적 '당위(Sollen)'로 주어진 것이었고, 지금도 여전히 그러하다. 다만, 앞에서 보았듯이 지체되고 있을 뿐이다. 그런데 우리가 지체하고 있는 동안 중국이 너무 크게 변화하면서 동북아 정세 자체가 완전히 달라져 버렸다. 그래서 헌법은 우리에게 사회복지국가의 실현을 그저 '당위' 차원에서만 요구할 수 없게 되었다. 우리가 처한 역사적 상황에서 엄정히 바라보면 사회복지국가는 필연(Müssen)으로 다가와 있음을 알게 된다. 당위는 '마땅히 해야 하지만 행위에 대한 결정은 우리의 선택에 달려 있는 상황'에 해당한다.

헌법적 당위를 지체함으로써 우리나라는 정체했고, 정체는 퇴보를 뜻한다. 그리고 주변 국가들이 변화 발전함으로써 정체되어 있는 우리는 주변 국가들에게 밀리게 된 것이다. 그것은 강국들에 의해 무시당하는 결과를 가져온다. 존경은커녕 우리의 존재감마저 빛을 잃는다면 그것은 국권상실과 다르지 않다. 주권이란 자기결정권, 즉 자결권이다. 우리의 결정이 주변 국가들에게 하등의 영향을 미치지 못하게 될 때 우리는 자기결정권을 상실할 것이고, 그것은 곧 주권상실을 의미한다. 이 상황이 되면 우리는 다시 100년 전의 상황, 즉 주변 강대국의 변방국 처지로 떨어진다. 변방국은 사실상의 주권부재 국가이자 반(半)노예국가이다.

우리나라가 헌법 고지 3분의 2 지점까지 오자 풍요와 자유를 동시에 만끽하게 되었다. 그동안의 수고를 생각할 때 안식은 당연히 필요하다. 충분히 즐기고 쉬어도 좋다. 문제는 더 가겠다는 각오가 없다는 데 있다. 이쯤에서 만족하고 주저앉고자 한다는 것이다. 목표도 상실한 듯하다. 그러나 우리가 가야 할 목표를 잊어서는 안 된다. 이렇게 말해도 너무 풍요로움을 느껴서인지 안주하려는 경향이 농후하다. 그래서 지금은 당위만 가지고는 안 된다. 이미 약효가 많이 떨어진 상태이다. 당위보다 고단위 처방을 써야 한다. 그것이 필연이다. 필연으로 위협을 가하고 압박해야 할 때이다. 필연은 '우리가 하지 않으면 안 되는 그런 상황'을 말한다. 필연은 절박성에서 당위를 초월한다. 지금 이 시기가 매우 급하다. 이동하지 않으면 우리의 국권이 유지될 수 없을 정도로 급박한 상황이다. 그렇다면 이제 우리에게는 선택지가 없다. 당위까지는 선택이 우리에게 주어졌지만, 필연에 오면 선택의 자유란 없다. 필연을 거부하는 이에게는 배제와 도태와 파탄만이 기다린다. 이제 마지막 배는 목적지를 향해 떠날 것이다. 우리가 그 배를 타든 안 타든 마지막 배는 무심히 떠나간다. 우리가 하지 않으면 안 될 '필연'으로서의 사회복지국가를 순리적으로 받아들이는 자세와 그에 대한 실천적 지혜가 필요한 때이다.

이와 같은 필연적 과제에 대한 해법을 고민하는 것이 정치이다.

헌법은 당연히 민주정치를 요구한다. 사회복지국가에서의 정치는 국민 개개인의 인격을 살리는 정치가 되어야 한다. 개별 국민이 능력을 최고도로 발휘하게 하며, 책임과 의무를 완수하게 하는 정치가 필요하다. 그런 점에서 직접민주주의와 대의제민주주의의 조화, 형식적 민주주의를 넘어 실질적 민주주의를 요한다. 실질적 민주주의는 경제민주주의와 실질적 법치주의를 구성요소로 할 것이고, 이 흐름은 국가와 사회 각 단위와 국민들을 자율화시키는 쪽으로 진행할 것이다. 이것이 현재의 구체적인 정치과제이다.

유구한 역사와 전통에 빛나는

"유구한 역사와 전통에 빛나는"에 대한 별도의 의미 부여는 할 필요가 없을 것 같다. 다분히 형식적인 도입의 글이라고 생각한다. 그래도 그 의미를 곰곰이 새겨 보기로 하자. 당초 헌법초안을 작성한 유진오의 초안 초고를 살펴보면 처음에 "반만년의 광휘(光輝) 있는 문화적 전통에 빛나는"으로 썼다가, "장구한 역사와 전통에 빛나는"으로 바꾸었고, 그 후 "유구한 역사와 전통에 빛나는"으로 수정한 것을 볼 수 있다. 비슷한 표현을 1944년 4월 22일의 대한민국임시헌장(1919년 4월 11일 임시헌장의 제5차 개헌) 전문에서 볼 수 있다. "우리 민족은 우수한 전통을 가지고 스스로 개척한 강토에서 유구한 역사를 통하여 국가 생활을 하면서 인류의 문명과 진보에 위대한 공헌을 하여 왔다"는 표현이 서두에 나온다.

초안 기초자는 반만년의 긴 역사, 그리고 문화적 전통을 염두에 두고 전문의 도입부를 쓴 것으로 생각된다. 그런데 헌법 전문의 개정사를 보면 이 부분에 특별히 손을 댄 적이 있음을 알 수 있다. 바로 1980년 헌법이다. 이 헌법 전문에서는 "유구한 민족사, 빛나는 문화, 그리고 평화애호의 전통을 자랑하는"으로 고쳤다. 당시 개헌작업에 참여한 사람들이 '평화애호'의 전통을 특기한 것인데, 평화애호도 우리 민족의 특징으로 공감할 만하다. 그러나 이 용어는 다음 개정 때 사라졌다.

누구든지 자신의 역사와 문화와 전통에 대한 자부심을 가져야 한다. 그런데 특별히 세계를 향하여 우리의 것을 '빛나는' 역사와 전통이라 할 만한 것은 무엇인지를 생각해 보아야 하는 대목이다. 우선 유네스코에 등재된 우리 유산을 살펴보자. 유네스코는 별도의 협약을 만들어 세계유산(자연·문화·복합), 인류무형문화유산, 세계기록유산을 보존·관리하고 있다. 문화재청의 기록을 보면 우리나라 것으로는 2017년 현재 세계유산 12건, 인류무형문화유산 대표목록 19건, 세계기록유산 13건이 등재된 상태이고, 현재도 더 많은 것들을 등재시키기 위한 노력을 계속하고 있다.

1995년 석굴암·불국사, 해인사 장경판전, 종묘 등재를 시작으로 창덕궁, 화성, 경주역사유적지구, 고창·화순·강화 고인돌 유적, 조선왕릉, 하회마을과 양동마을, 남한산성, 백제역사유적지구가 문화유적으로, 제주화산섬과 용암동굴이 자연유산으로 등재되었다. 한편 인류무형문화유산으로서는 2001년 종묘제례 및 제례악을 시작으로, 판소리, 강릉단오제, 강강술래, 아리랑 등이 포함되었다. 한편 세계기록유산에는 1997년 훈민정음, 조선왕조실록을 시작으로, 직지심체요절, 동의보감, 난중일기 등이 등재되었다. 이렇게 보면 우리의 유산 하나하나가 정말 자랑스럽고, 아름답고, 귀중한 가치를 담고 있다고 느껴진다.

그런데도 여전히 아쉬운 점이 있다면 우리의 유산들 중에서 국내차원을 넘어 세계적 명물(world masterpiece)로 각인된 것이 별로 없다는 것이다. 보편적 가치를 담고 있는 유적과 유물들이 세계화되지 않는 것은 안타까운 일이다. 이렇게 된 데에는 우리나라가 세계에 기여한 바가 작았다는 것이 큰 이유가 된다. 동아시아의 은자의 나라로 지내다 보니 외국과의 교류도 없고, 고립된 채로 우리의 문화만을 갈고닦은 셈이 되었다. 결과적으로 폐쇄적이고 왜소한 국가로 전락했기 때문에 우리 문화는 세계화의 기회를 잃었다.

따라서 우리나라의 국력과 국격이 강해지고 높아져야만 더 많은 우리의 역사유물들이 세계의 이목을 집중시키게 될 것이라고 본다. 결국 우리나라도 활동과 관심 영역을 지역적인 한계를 벗어나 인류애와 지구적 가치를 향하여 확장시킴으로써 그 결과 세계사에 기여할 것이 필요하다. 그리하여 한민족의 보편적 가치와 우수성이 인정받게 될 때 그 원동력이 되었던 우리의 역사와 유물들도 함께 높은 평가를 받을 수 있을 것이다.

참고로 이라크 헌법 전문을 보도록 하자. 많은 점에서 우리의 헌법과 대비된다. 비록 지금은 내외의 전화(戰禍)로 참혹한 상황에 처해 있지만, 그들이 과거 세계사에 미쳤던 창의적인 업적과 찬란한 역사를 보면 부러움을 느끼지 않을 수 없다.

• 2005년 제정된 이라크 헌법의 경우 전문이 유려하고 장문이다. 민족적 역사에 대한 자부심이 가득함을 느낄 수 있다. 그 초반만 소개하면 다음과 같다. "가장 자비롭고 가장 큰 은혜를 베푸시는 신의 이름으로 우리는 아담의 자손을 존경하여 왔다. 우리는 메소포타미아인으로서 사도와 예언자들의 조국이며, 덕망 높은 지도자들의 안식처이자 문명의 선구자이며, 서체의 창안자이자 숫자의 요람에 사는 국민이다. 우리 땅에서 인간이 만든 최초의 법률이 통과되었고, 고국의 정책을 위해 가장 유서 깊고 공정한 계약이 새겨졌으며, 우리 땅에서 예언자의 동반자와 성인들이 기도하였고, 철학자와 과학자들이 이론을 세웠으며, 작가와 시인들이 뛰어난 솜씨를 발휘하였다." (이하 생략)

서울 용산구 이촌동에 있는 국립중앙박물관에는 우리나라의 역사 유물이 전시되어 있다. 전시품을 보면 선사시대와 역사시대를 아우른다. 선사시대는 구석기, 신석기시대이다. 우리나라 전역에 걸쳐 구석기, 신석기시대의 유적이 발굴되고 있음을 알 수 있다. 역사시대의 시작은 고조선이고 그 기원은 기원전 2333년이다. 그러므로 우리가 헌법 전문을 접하면서 처음 만나는 "유구한 역사와 전통에 빛나는"이라는 12자의 글자를 읽는 짧은 시간에 4,350년이라는 긴 시간이 뇌리를 스쳐 지나가는 것이다. 고조선, 부여, 옥저, 동예, 삼한, 고구려, 백제, 신라, 고려, 조선이라는 나라들의 이름과 함께 그 땅에 살았던 수많은 한인들이 스쳐 지나가는 것이다. 여기에는 나를 낳은 부모와 할아버지 할머니, 그 위의 할아버지 할머니 같은 가계보를 형성하는 조상도 있지만, 나의 출생과는 무관한 수많은 사람들이 포함된다. 그 사람들의 행적 모두가 우리의 가치평가를 초월해서 현재의 나를 있게 한 것이다. 그 지점에서 우리는 그 모든 사람과 관계를 맺으며, 선조들에 대해서 숙연한 마음을 갖게 된다. 숙연한 마음은 존경심을 포함한다. 동시대에서 보면 행위의 잘잘못을 따지고 있지만 긴 시간이 지나고 나면 잘함과 잘못함 모두가 오늘의 이 자리를 만들었다는 점에서 감사함을 느끼게 된다. 현재의 대한민국은 이 땅에 살다간 모든 사람의 행위의 융합과 합류라고 평가하는 것이 가장 옳을 것이다.

또한 전통에도 좋은 것과 나쁜 것이 있다. 헌법 제9조에 "국가는 전통문화의 계승·발전과 민족문화의 창달에 노력하여야 한다"고 규정되어 있는데, 헌법이 규정하듯 우리가 계승·발전시킬 전통문화는 긍정적인 전통, 즉 사회적 폐습과 불의에 해당하지 않는 것이라야 한다. 종교와 법률에서 전통(tradition)이라는 단어의 어근인 'tradere'는 '성스러운 보관물'을 건네주는 것을 의미했다. 법사상에서 특별히 전통을 존중하는 입장이 있다. 에드먼드 버크(E. Burke)와 사비니

(C. F. Savigny)가 그들이다. 이들은 사상적으로는 역사주의 학파요, 정치적으로는 보수주의자로 분류된다. 역사주의는 합리주의와 대비되는 낭만파적 입장이다. 버크는 "자신들의 조상을 되돌아보지 않는 사람들은 결코 후대를 전망하지 않는다"고 하였다. 국가의 정통성이란 전적으로 묵시적인 동의나 루소(J. J. Rousseau)가 주장했던 부단한 사회계약의 갱신에 의존한다는 것은 사실이 아니다. 정통성은 어떤 단일 세대의 재능을 훨씬 초월하는 장구한 역사와 전통의 산물인 것이다. 물론 버크는 훌륭한 정치가이자 사회의 진보를 추구한 사람이었다. 다만, 그가 생각한 진보와 개선은 합리주의자가 생각하는 연역적·추상적 사고에 의존하는 합리적 이성이 아니라 도덕적 훈련과 종교적 신앙심에 의해 획득된다는 점에서 근대의 계몽사상가와 달랐다.[1] 이성주의자 헤겔은 이런 부류의 역사주의적 사고를 비판한 인물로 유명하다. 역사는 합리성과 비합리성 양자의 측면이 모두 존재한다는 것을 부인할 수 없다. 그래서 전통은 전적으로 묵수(墨守)할 것만은 아니다. 전문의 다음 부분에 기록된 '사회적 폐습'과 더불어 헌법과 민주주의의 검색대를 통과해야 될 내용이다.

 • 관습법과 법률의 차이는 관습법이 다만 주관적·우연적인 방법으로 인식되고, 따라서 그 자체로서는 관습법 쪽이 무규정적이고 사상의 보편성이 모호한 데다가 이 법에 대한 지식도 이러저러한 개개의 측면이나 전반적인 면에서도 소수자의 우연한 소유물이라는 점에 있다.
 관습법에는 관습으로 존재한다는 형식 그대로 생활 속에 젖어들어 있다는 장점이 있다고도 하지만, 아무튼 요즘 사람들은 아무런 생명력도 없는 소재나 가장 무기력한 사상에 관여하는 것을 두고 생명이나 생활 속에 가

---

1) R. 니스벳·C. B. 맥퍼슨, 강정인·김상우 옮김, 『에드먼드 버크와 보수주의』, 문학과지성사, 1997.

장 깊숙이 젖어들어 있다는 말들을 하는데 이것은 기만이다. 왜냐하면 어떤 국민에게 적용되는 현행 법률은 그것이 성문화하고 수집된 것이라고 해서 더 이상 그 국민의 관습이 아니라고 할 수는 없기 때문이다. 관습법이 수집되어 편찬되기에 이른다는 것은 어느 정도의 문화수준에 다다른 국민에게서라면 반드시 행해지는 일로, 이렇게 수집된 것이 바로 법전이다. 이렇듯 법으로 존재하고 효력이 있는 것으로 인정받는 것이 바로 법률이다.

G. W. F. 헤겔, 임석진 옮김, 『법철학』, 한길사, 2014, 388~389쪽.

대한민국의 헌법제정과 정부수립은 1948년의 일이었지만 그 이전의 역사 또한 고스란히 대한민국의 것이 된다. 대한민국의 영역의 지표와 상하 공간을 채우고 있는 모든 것과 이 자리를 채우고 있는 유형·무형의 문화까지 대한민국의 것이다. 대인고권과 영토고권이 있듯이 문화고권도 존재하는 것이다. 과거의 것과 현재의 것, 그리고 미래의 것까지도 대한민국의 것이다. 과거의 좋은 유산을 흔쾌히 물려받는 것처럼 잘못된 유산이라고 하여 외면할 수만은 없다. 좋은 유산은 널리 상찬하고 잘 보존하며 계승시켜야 하지만 잘못된 유산에 대해서는 반성과 시정, 경우에 따라서는 피해자에 대한 보상으로 임해야 한다.

여기서 역사의 연속성을 생각해 본다. 역사에서 단절은 없다. 혁명에 의한 새로운 국가가 출발해도 과거의 완전한 부정은 불가능하다. 붙어 오는 것은 습관과 관습뿐만이 아니다. 과거 국가라고 해서 전면적인 부패와 불의만 있는 것이 아니기 때문이다. 부패정권이라 해도 100% 부패와 부정일 수는 없다. 또한 정권과 별개로 일부 국가기관과 민간사회에서의 진보와 발전은 계속되는 것이다. 그것이 인류 역사의 모습이었다.

• 서양에서 법의 '전통'을 말하는 것은 두 가지 중요한 역사적 사실에 주의를 돌리는 것이다. 첫째, 11세기 후반에서 12세기까지 계속해서 혁명적 변화의 시기를 제외하고는 서양의 법제도는 세대와 세기를 넘어 지속적으로 발전되어 왔다. 각 세대는 이전 세대의 업적 위에 의식적으로 지속적 발전을 축적함으로써 이루어졌다. 둘째, 의식적이고 지속적인 발전의 절차가 기계적 변화발전이 아닌 유기적 성장의 형태를 띤다는 것이다. 심지어 과거의 가장 큰 국가혁명들, 예를 들면 루터의 종교혁명, 영국의 청교도혁명, 미국 독립혁명, 프랑스혁명, 러시아혁명조차도 혁명의 지도자들이 파괴하려고 작심하였던 이전의 법전통과 점차로 화평하게 되었다는 것이다.

해롤드 버만, 김철 옮김, 『법과 혁명 I』, 한국학술정보, 2013, 프롤로그.

1948년 헌법은 제100조에서 "현행 법령은 이 헌법에 저촉되지 아니하는 한 효력을 가진다"고 함으로써 미군정 시기의 법령을 인정하였고, 미군정의 법명령도 일제시대의 악법 7개를 폐지한(법령 제11호, 1945. 10. 9.) 것 외에는 일체의 총독부 법률의 존속을 명하였다(법령 제21호, 1945. 11. 2.).[2] 또한 우리의 민법과 형법도 새로 제정되기 전에는 과거의 법을 존속시키지 않을 수 없었다.

• 제100조의 헌법안에 대한 황호현 의원의 질문에 대해서 유진오의 답변은 다음과 같았다. "현행 법령이라고 하는 것은 군정법령만이 아닙니다. 지금 우리나라에서 시행되고 있는 법령으로 말하면 일제시대에 내놓은 법령도 있을 것이고 또 극소수입니다마는 구한국시대부터 내려오는 법령도 있을 것입니다. 어떤 것을 물론하고 지금 우리 조선에서 우리나라에서 시행되고 있는 법령은 이 헌법에 의해서 앞으로 이 헌법에 저촉되는 것은 물론 무효가 될 것이고 헌법에 저촉되지 않은 것은 앞으로 우리

---

2) 안진, 『미군정과 한국의 민주주의』, 한울아카데미, 2005, 226~227쪽.

새 법령이 나와 가지고 그것에 대신 대치될 때까지 효력이 있겠다 그 말씀입니다."

국회도서관, 「헌법제정회의록」, 헌정사자료 제1집, 1967, 231쪽.

역사의 연속성에 착안할 때 우리는 현재의 대한민국정부가 과거의 일제시대 혹은 구한국시대의 잘못에 대해서 완전 외면할 수 없다는 것을 알게 된다. 예를 들면 지금까지 계속되는 식민지시대의 위안부나 징용자 등 피해자에 대해서 우리 정부는 심심한 사과를 해야 한다는 것이다. 민족의 주권상실로 인한 피해자들이고 또한 현재까지 계속되는 국민들의 문제이기에 우리 정부가 과거의 무능함에 대해 반성과 피해보상과 향후 동일한 반복을 되풀이하지 않겠다는 다짐을 하는 과거청산이 선행되어야 한다는 것이다. 물론 가해자 일본에 대해서도 군국주의 시대의 대외침략과 야만적 약탈행위에 대해 책임을 물어야 한다. 그러나 한국이 먼저 바로 서야 한다. 그래야 일본에게도 모범이 된다. 이것은 영국이나 미국이 수백 년 전의 노예제 운영에 대해서 반성과 책임을 져야 하는 것과 마찬가지이다. 그래서 헌법 전문과 제9조의 취지에 따라 향후 헌법개정 시에는 제9조에 추가로 '과거사위원회'를 설치하여 역사의 진실을 지속적으로 정리하여 편찬하는 한편, 발굴된 피해자에게는 명예회복과 일정한 보상을 행하도록 하는 것이 우리나라에서는 꼭 필요하다고 본다. 그리하여 한(恨) 많은 한민족을 청산하고, 무한한 희망과 기쁨을 갖는 한민족을 만들어야 한다.

아름다운 강산을 바라보면 우리나라 전체가 하나의 문화유적이 될 수는 없을까 하는 생각이 든다. 우리가 가진 유구한 역사와 전통을 자부하기 위해서 미래를 잘 살아야 한다. 미래가 찬란하게 되면 과거도 함께 찬란해지는 법이다. 헌법 전문은 유구한 역사와 전통에 빛나는 대한국민이 어떻게 살아야 할 것인가를 말해 주고 있다. 그 방향으로 나아갈 때 파묻혀 잠자던 과거의 모든 것이 부활하여 영광의 잔치에 참여하게 될 것이다.

• 한국은 하나의 중요한 역할을 할 수 있을 것으로 보인다. 고유한 전통문화를 되살려 예컨대 민속적인 예술을 내보내어서 세계문화를 더 풍부하게 해 줄 수도 있다. 그러나 그보다 더 본질적인 공헌을 할 수 있을 것이니 그것은 어떤 원리를 받아들였을 적에 끝까지 추구하고 철저하게 준수하는 끈질긴 기질을 통해서라고 할 수 있다. 신라 · 고려 시대의 불교 신앙에서나 또 고대 이래로 기층 사회에서 뿌리 깊었던 무속신앙 같은 것도 그렇겠지마는, 조선 시대의 유교 존숭에 있어서는 끈질긴 이론 추구와 철저한 생활 문화 준수에 있어서 근원국인 중국을 훨씬 넘어서는 철저성을 보였다. 현재의 기독교 신앙에서도 철저성을 아마도 유럽 제국보다 덜하지 않을 것이며, 대립하는 남 · 북한에서 각기 자유민주와 공산주의를 추구하는 철저성이 각기 사상의 본원지보다 오히려 더하다고 할 수 있다.

이러한 원칙론적 철저성의 전통과 기질로써 현대 세계의 산업 문화를 추구하면서 재생된 전통 윤리의 바탕 위에서 한 새로운 문화 전통을 구성해 나간다면 세계문화에 대한 하나의 본질적인 공헌을 할 수도 있는 것이다.

고병익, 『동아시아사의 전통과 변용』, 문학과 지성사, 1996, 49∼50쪽.

우리 대한국민은

•

전문은 하나의 문장으로 되어 있다. "우리 대한국민은"이 문장의
주어이다. 전체 내용을 보면, 대한국민이 해야 할 일을 아홉 가지 절
로 표현한 다음 이를 다짐하면서 국민투표에 의하여 9차로 개정한다
는 사실을 밝히고 있다. 가장 중요한 의미는 대한국민이 바로 헌법
제정권력자라는 것이다. 미국 헌법 등 대부분의 국가들이 '우리 국
민은(We, the People)'이란 표현으로 헌법 전문의 서두를 장식하고
있다. 헌법제정권력은 주권자가 보유하는 권력이므로 이를 다른 말
로 표현하면 대한국민이 대한민국의 주권자임을 분명히 선언한 것
이라 할 수 있다. 주권에서 통치권이 나온다. 통치권은 국가권력이
고 입법권, 집행권, 사법권으로 3분되는데, 국민은 바로 이 통치권의
주인이다. 국민은 직접 혹은 대표자를 통하여 국가권력을 운영한다.

제헌 당시 헌법 기초에 참여한 사람들은 '국민'보다는 '인민'이라
는 용어를 더 선호하였다. 유진오의 경우에도 '조선인민', '인민의
권리와 의무' 등 전문과 기본권 전반에 걸쳐 인민이라는 용어를 사
용하였다. 그러나 이것이 조문을 확정짓는 제2독회에 들어가면서 난
상토론으로 전개되었다. 발언한 의원들의 대체적 견해는 인민이든
국민이든 하나로 통일해서 쓰면 별 문제가 없을 것이라고 보았다.
하지만 결정적으로 윤치영 의원이 "북조선인민위원회 운운만 하더
라도 지긋지긋하게 들리기 때문에 인민이라는 용어를 절대 반대한

다. 국민으로 통일하자"는 직설적 표현을 함으로써 이에 대한 토론을 하고 표결에 들어갔다. 제헌국회에서 국민과 인민의 차이점에 대해 많은 토의가 된 것이 흥미롭다.[1] 유진오는 사회주의로 인하여 '인민'이라는 좋은 말을 잃게 되어 아쉽다는 표현을 남겼다.

오랜 왕조를 거친 우리나라의 경우 언제부터 백성이 국민으로서의 자각을 하기 시작했을까를 생각해 본다. 그 한 지점을 소설가 김동인은 다음과 같이 썼다. 조선 말 삼도 민란에서 시작하여 동학혁명에 이르기까지 백성들의 주인의식이 서서히 각성되기 시작했다는 설명이다.

• 주인의식이 없던 시절에는 정권의 교체에 대해서도 백성은 관심이 없었다. 중종반정이나 인조반정에 대해서도 백성이 간여한 바가 없다. 머리가 어지럽도록 왕위가 변동될 동안도 이 나라의 백성은 아주 무관심히 이를 보았다. 윗사람은 윗사람, 우리는 우리. 참견이나 간섭할 생각을 가지지 않았다. 다만 유유복종, 이것이 이 백성의 유일한 신조였다. 이 순하고 근하고 직하고 온화한 국민은 몸이 비록 역경에 있을지라도 모든 것을 단지 팔자로 돌려 버리고 윗사람에 대하여서는 절대 복종으로 종시하였다. … 그러나 온순함에도 한도가 있는 것이다. 참을 수 없게까지 곤란이 심해질 때는 드디어 들고 일어서는 것이었다(예: 군포의 문란). 임술년 2월에는 진주에서 민요(民擾)가 일어났다. 백성들은 모두 몽치와 대창을 가지고 읍으로 달려 들어가서, 진주 이방을 박살하고 병사 백낙신을 잡아내려고 돌아다녔다. … 익산, 함흥, 제주도 등 일 년이 못 되는 짧은 기간 안에 여섯 번의 사건이 생겨난 것이었다.

김동인, 『운현궁의 봄』, 학원출판공사, 1988, 162~164쪽.

1) 국회도서관, 『헌법제정회의록』, 헌정사자료 제1집, 1967, 380~391쪽.

3·1운동으로 건립된

1. 근대화와 시민혁명

> **· 1919, 조선민족 대표 33인, 〈기미독립선언서〉**
>
> 우리는 이에 우리 조선이 독립국임과 조선인이 자주민임을 선언하노라. 이로써 세계만방에 알리어 인류평등이라는 큰 뜻을 분명히 하는 바이며, 이로써 자손만대에 깨우쳐 일러 민족의 독자적 생존이라는 정당한 권리를 영원히 누려 가지게 하는 바이다. 반만년 역사의 권위에 의지하여 이를 선언하는 것이며, 2천만 민중의 성충을 합하여 이를 두루 펴서 밝히는 것이며, 영원히 한결같은 민족의 자유발전을 위하여 이를 주장하는 것이며, 인류적 양심의 발로에 기인한 세계개조의 큰 기화와 시운에 순응하여 함께 나아가기 위하여 이 문제를 제기하는 것이니 이는 하늘의 지시이며, 시대의 대세이며, 전 인류 공동 생존권의 정당한 발동이다. 그러기에 천하의 어떤 것이라도 이를 저지하거나 억제하지 못할지니라.
>
> (중략)
>
> 병자수호조약 이래 때때로 굳게 맺은 약속을 배반하였다 하여 일본의 신의 없음을 단죄하려는 것이 아니다. 그들의 학자는 강단에서, 정치가는 실제에서 우리의 왕조가 대대로 쌓아 온 업적

을 식민지의 것으로 보고 우리 문화민족을 야만족같이 대우하며 한갓 정복자의 쾌락을 탐할 뿐이요 우리의 오랜 사회기초와 뛰어난 민족심리를 무시한다 해서 일본의 의리 없음을 꾸짖으려는 것도 아니다. 스스로를 채찍질하고 격려하기에 급한 우리는 남을 원망할 겨를이 없노라. 현재를 수습하여 아물리기에 급한 우리는 묵은 옛일을 응징하고 잘못을 가릴 겨를이 없노라. 오늘 우리에게 주어진 임무는 다만 자기 건설에 있을 뿐이요, 결코 남을 파괴하는 데 있지 않노라. 엄숙한 양심의 명령으로써 자기의 새 운명을 개척하려는 것이요, 결코 묵은 원한과 일시적 감정으로 남을 질투하여 내쫓고 배척하려는 것이 아니로다.

(중략)

또 원한과 분노가 쌓인 2천만 민족을 위력으로 구속하는 것은 다만 동양의 영구한 평화를 보장하는 길이 아닐 뿐만 아니라 이로 인하여 동양의 안전과 위태함을 가르는 주된 축인 4억 중국 사람들이 일본을 두려워하고 질시하는 마음을 갈수록 농후하게 만들어 그 결과로 동양 전체가 함께 넘어져서 망하는 비운을 불러올 것이 분명하다. 그러니 오늘날 우리 조선의 독립은 조선인으로 하여금 정당한 생존과 번영을 이루게 하는 것인 동시에 일본으로 하여금 그릇된 길에서 벗어나 동양을 지탱하는 나라로서의 중대한 책임을 온전하게 수행하게 하는 것이고, 중국으로 하여금 꿈에도 잊지 못하는 불안과 공포에서 벗어나게 하는 길이며, 또한 동양평화를 중요한 일부로 하는 세계평화와 인류행복에 필요한 계단을 놓으려는 것이다. 이 어찌 구구한 감정상의 문제이리요?

1948년 헌법은 대한민국의 건국을 확인하는 역사적 문서라 할 수 있다. 구한말의 「홍범14조」, 「대한국국제」가 있으나 아직 구왕조의 연장선에 있었으며 근대국가의 형태를 취하지 못했다. 일제 강점기에도 임시정부에서 헌법을 제정하고 5차에 걸쳐 개정하였지만, 주권을 상실한 상태였기 때문에 실질적 규범력을 가진 헌법은 아니었다.[1]

헌법 전문을 통해서 볼 때 처음부터 지금까지 일관되게 인정되고 있는 현행 헌법의 뿌리는 3·1운동이다. 대한민국임시정부의 임시헌장(1919. 4. 11.), 대한민국임시헌법(3개 임시정부 통합헌법, 임시헌장의 제1차 개헌, 1919. 9. 11.), 대한민국임시헌장(임시헌장의 제5차 개헌, 1919. 4. 22.)의 전문에서도 3·1운동 정신에서 기원함을 밝힌 것을 보면, 1948년 건국헌법의 3·1운동이 그 연장선에 있음을 알 수 있다. 조선 말부터 갑신정변, 동학혁명, 갑오개혁, 대한제국의 성립 등 근대화의 단초가 나타났지만, 대한민국헌법의 근거는 3·1운동에 있다.[2] 특히 동학혁명은 우리나라의 근대화에서 가장 중요한 사건이었다. 우리나라 최초의 시민혁명으로 평가할 만한 규모와 내용을 갖추었던 사건임에 분명하다. 시민혁명이 되기 위해서는 두 가지 요건을 갖추어야 한다. 첫째, 봉건제도의 청산, 즉 신분제도가 폐지되어야 하고, 둘째, 봉건적 세습왕조제의 종식과 더불어 공화국이나 입헌군주제가 실시되어야 한다. 이런 점에서 본다면 동학혁명은 두 가지

---

1) 「홍범14조」, 「대한국국제」, 임시정부의 헌법문서에 관해서는 정종섭, 『한국헌법사문류』, 박영사, 2002 참조.
2) 「대한국국제」 제1조가 "대한국은 세계만방에 공인되온 바 자주독립하온 제국이니라"라고 했고, 3·1운동의 독립선언서는 "오등은 자에 아 조선의 독립국임과 조선인의 자주민임을 선언하노라"라고 하여 주권에 관한 표현을 하고 있다. 고종시대의 주권의 초기 도입과정에 대해서는 강상규, 「1870~1880년대 고종의 대외관과 자주의식에 관한 연구」, 『통합인문학연구』, 제2권 1호, 한국방송통신대학교 통합인문학연구소, 2010. 2 참조.

요건 모두 미흡했던 것을 알게 된다.[3]

2. '3·1혁명'

그렇다면 동학혁명에 비교할 때 3·1운동의 헌정사적 의의는 무엇일까? 최근의 연구결과를 보면, 3·1운동을 계기로 민주공화국이 확고해졌다는 것이다. 즉, 3·1운동 이후 성립된 임시정부에서 「대한민국임시헌장」(1919. 4. 11.)을 만들었는데, 제1조에서 "대한민국은 민주공화제로 함"이라 규정하여 국호와 국가형태를 정하였다. 조선이나 대한제국으로의 회귀를 추구하는 복벽(復辟)주의가 사실상 단절된 것이다. 민주공화국이라 함은 국민주권국가를 뜻한다.

주권개념이 성립되기 위해서는 자주성, 즉 대외적 독립성과 대내적 최고결정권, 즉 자결권의 두 요소를 갖추어야 하는데, 3·1운동은 전국적인 범위에 걸쳐 반외세(반일) 자주독립이 가장 뚜렷이 나타났고, 동시에 민족의 일체감을 표현한 최초의 사건이었다고 말할 수 있다. 기미독립선언서에 표현된 자주독립, 비폭력, 세계평화 등은 근대적 시민의식을 표출하고 있었다. 그 결과 해방 이후 제헌국회에서도 민주공화국은 당연한 것으로 전제되어 있었고, 왕조체제로의 복귀는 논의대상조차 되지 않았다. 이 점에서 3·1운동의 혁명성을 찾을 수 있다.

> • 헌법기초위원회 초안을 보면 3·1운동은 '혁명'으로 표현되었었다. 독회에 들어갈 때만 하더라도 이승만 의장을 비롯해 모두가 3·1혁명으로 호칭했다. 그런데 축조심의에 들어가면서 '혁명'이란 용어가 부적합하다 하며 '항쟁', '광복'이 대안으로 제시되었고, 조헌영 위원이 제안한

---

3) 송찬섭, 『한국사의 이해』, 한국방송통신대학교출판부, 2009, 257~265쪽.

'운동'이 채택되었다.[4] 서구 근대역사에서는 새로운 헌법을 제정할 때에 군주파와 공화파가 대결하는 양상을 보여 주었다. 그런데 우리나라에서는 전혀 그렇지 않았다.[5] 일제에서의 독립과 함께 대한제국으로의 복귀를 주장하는 집단이 있을 법도 한데 그런 논의가 전혀 나오지 않았다. 논란 없이 공화국으로 압축되었다. 바로 이 점에서 3·1운동과 상해임시정부가 건국헌법의 기원이 된다고 하겠다.

3·1혁명으로 부를 만한 당시의 시대적 상황도 있다. 1917년의 러시아혁명, 1919년 독일의 11월혁명과 바이마르공화국의 출범, 1919년 아일랜드공화국 선포 등 전 세계가 새로운 시대로 접어들고 있었다. 특히 중국의 경우 1911년 신해혁명에 의한 청조의 멸망과 중화민국의 성립이 우리나라에도 큰 영향을 미치지 않을 수 없었다.

대한제국이 일본에게 외교권을 박탈당한 것이 1905년(을사늑약)이고 한일합병이 1910년인데, 그 후 불과 9~14년 만인 1919년에 일제히 왕정복고주의가 사라지고 민주공화국으로 의견이 모아진 것은 어떤 연유에서일까? 이를 설명하기 위해서는 조선 말까지 소급되어야 한다. 대개 조선의 중흥을 위하여 개혁의 필요성을 느끼고 있었던 영조·정조시대부터 시대변화를 관찰해 보아야 한다. 동양 3국이 서양문화에 대한 관심을 가지지 않을 수 없었던 상황에서 일본은 가장 먼저 아시아를 탈출하여 서구를 찾아서 근대화에 나섰다. 조선 말의 대학자 다산 정약용도 1830년경부터 일본의 학문수준이 급격히 높아졌음을 언급한 적이 있다. 조선에서 서양의 정치제도를 처음 접한 최한기는 1857년 『지구전요(地球典要)』라는 책에서 공회소(의

---

4) 국회도서관, 『헌법제정회의록』, 헌정사자료 제1집, 1967, 341, 652쪽 등.
5) 식민통치하에서 고종복위운동, 순종복위운동도 있었다. 다만 3·1운동에서는 공화국 정신이 지배했다는 것이다.

회), 작방(爵房; 상원), 향신방(鄕紳房; 하원), 대총령(大總領; 대통령), 소총령(小總領; 주지사) 등 서양의 정치제도를 소개하였다. 일본의 정치제도에 대해서는 1881년 시찰단 방문 이후 보고서가 나왔다. 1883년 박문국에서 최초로 발간한 『한성순보』의 1884년 1월 30일자에는 '구미입헌정체'라는 제목의 글로 서양 정치체제에 대한 자세한 내용이 게재되었다. 군민동치(君民同治; 입헌군주제)와 합중공화(合衆共和; 민주공화제)가 소개되었고, 헌법과 선거제에 대해서도 설명이 있었다. 1884년 10월에는 개화파에 의한 갑신정변이 있었다. 문명개화파였던 주도자들은 대체로 군신공치(君臣共治; 제한군주론)를 도입하고자 했으나 실패하였다. 군주는 그대로 두고 의회제를 도입하려는 시도가 계속 이어졌으나 성사되지 못했다. 개화파의 시도는 불발로 그치고, 이 기운은 독립협회로 이어졌다. 1896년 시작된 독립협회는 민권을 중시하였지만, 현실에서는 입헌군주제를 대안으로 제시하였다. 그러나 고종은 1899년 「대한국국제」 반포를 통해 전제군주제로 못 박고 독립협회를 탄압했다. 이후 독립협회의 정신은 민주공화제의 씨앗이 되어 퍼져 나갔던 것이다.[6]

이렇게 정부 차원의 개혁은 좌절되었고, 재야 차원의 개화자강운동은 계속되었다. 1904년 공진회, 1905년 헌정연구회, 1906년 대한자강회, 1907년 대한협회로 개혁운동은 면면히 계속되었다. 이들이 추구한 것은 입헌군주제였다.

최초로 공화제를 지향한 단체는 1907년 안창호 등에 의해 결성된 비밀결사 신민회였다. 공화제는 미주 한인사회에서 조직한 공립협회(1905), 대한인국민회(1910)로 이어졌다. 대한인국민회는 1913년 7

---

6) 이상의 설명은 박찬승, 『대한민국은 민주공화국이다』, 돌베개, 2013, 35~82쪽 참조.

월 12일 「대한인국민회 헌장」을 반포했는데, 제1조에서 "본회는 대한국민으로 성립하여 이름을 대한인국민회라 칭"하고, 제2조에서는 "본회의 목적은 … 조국의 독립을 광복하게 함에 있음"이라고 했다.[7] 1911년의 중국 신해혁명은 공화제로의 길을 더욱 재촉하였고, 공화주의 혁명사상이 끓어올랐다. 1917년 세계대전의 종전 분위기에서 '대동단결선언'이 이루어졌다. 해외 각지의 독립운동세력이 대동단결할 것을 호소하는 선언문이었다. 이 선언문을 기초한 사람은 조소앙이다. 조소앙은 여기서 '주권상속의 대의'를 천명하였는데, 이는 융희황제(순종)가 삼보(三寶), 즉 토지와 국민과 주권을 포기한 그날이 민권 발생의 날이라는 것이다.[8] 3·1운동 이후 조직된 상해 임시정부는 4월 11일 각 지방의 대표들로 의회를 구성하였다. 그 이름이 '임시의정원'이었다. 독립협회가 주장한 이래 최초의 의회였다. 여기에서 국호를 '대한민국'으로 정했으며, 같은 날 「대한민국임시헌장」을 선포했다. 헌장은 전문 형식의 선포문과 본문 10개조로 되어 있다. 임시헌장의 기초자도 조소앙이다.

3. 열린 민족주의

 • 독립선언서 곳곳에서 열린 민족주의가 발견된다. 특히 자주성과 관련해서 "오늘날 우리 조선의 독립은 조선인으로 하여금 정당한 생존과 번영을 이루게 하는 것인 동시에 일본으로 하여금 그릇된 길에서 벗어나 동양을 지탱하는 나라로서의 중대한 책임을 온전하게 수행하게 하는 것이고, 중국으로 하여금 꿈에도 잊지 못하는 불안과 공포에서 벗어나게 하는 길이며, 또한 동양평화를 중요한 일부로 하는 세계평화와 인류행복에 필

---

7) 위의 책, 83~117쪽.
8) 위의 책, 103~125쪽.

요한 계단을 놓으려는 것이다. 이 어찌 구구한 감정상의 문제이리요?"라는 부분은 우리의 독립 목표가 단지 일본으로부터 벗어나는 데 있는 것이 아니라 우리가 바른길을 가자는 데 있고, 동시에 일본 또한 삿(邪)된 길에서 벗어나게 하는 데 있다고 한 점이 특징적이다. 그것은 독립이 헌법의 보편적 가치를 지향하였음을 보여 준다. 이런 자주성에 대한 입장은 인도 간디의 스와라지(Swaraj) 사상에서 나타난 것과 같다. 간디는 인도인들에게 "우리가 먼저 자립해야 영국도 자립할 수 있다"고 말했다.

보편적 가치와 민족주의는 어떤 관계일까? 근대국가는 민족주의를 기초로 한다. 민족은 공통의 언어와 전통, 문화를 보유하는 혈연의 자연공동체라 할 수 있다. 민족은 씨족과 부족보다 고양된 사회로서 구성원 상호 간의 의사소통이 가장 편하게 이루어지는 최대 단위이다. 민족주의는 근대 국가 형성과정에서 중심 아이덴티티(identity)가 되었다. 그런데 근대국가는 법치주의와 인권보장 등을 골자로 하는 입헌주의로 기틀을 잡았다. 바로 이 점에서 혈연 이기주의의 경향을 갖는 민족주의는 보다 보편적인 입헌주의와 갈등의 소지를 안고 있었다. 실제로 보편적 이념을 내걸었던 종교국가나 공산주의 국가들도 민족주의를 벗어나지 못한 채 폐쇄적 사회로 주저앉았다. 만약 민족주의가 입헌주의를 압도했더라면 근대국가는 국가 간의 이기주의적 전쟁을 반복하면서 존재의 정당성을 크게 상실하고 말았을 것이다. 하지만 민족주의가 입헌주의의 가치를 향하여 정돈됨으로써 우리는 인종차별의 종식, 세계인권선언, 세계평화를 언급하고 구가할 수 있게 된 것이다. 보다 보편성이 큰 아이덴티티가 보다 영속적인 제국을 가능하게 하는 것이다. 그래서 헌법의 보편성과 부합하기 위해 민족주의는 열려 있어야 한다.[9] 그런 점에서

---

9) 민족주의와 법의 관계를 다룬 논문으로 최대권, 「민족주의와 헌법」, 『헌법학』, 박영사,

헌법은 민족주의를 기반으로 성립하지만 동시에 민족주의를 더 높이 고양시키기도 한다. 다행히도 3·1운동의 기본정신은 열린 민족주의였다. 다시 말하면 자유와 평등과 박애를 추구하는 민주주의 이념에 바탕을 두고 있었다. 기미독립선언서는 지금도 헌법의 정신을 새기는 문서, 즉 헌법의 법원(法源; source of law)으로서 충분한 가치를 가지고 있다.[10]

특히 독립선언서의 "오늘 우리에게 주어진 임무는 다만 자기 건설에 있을 뿐이요, 결코 남을 파괴하는 데 있지 않노라. 엄숙한 양심의 명령으로써 자기의 새 운명을 개척하려는 것이요, 결코 묵은 원한과 일시적 감정으로 남을 질투하여 내쫓고 배척하려는 것이 아니로다"에서 잘 나타나 있듯이, 침략자 일본에 대한 증오와 배척을 하기보다 우리 스스로 자립을 하는 길에 주력해야 한다는 박애, 즉 사랑의 정신은 현재 헌법보다도 더욱 고상한 가치를 품고 있다고 하겠다. 그런 점에서 독립선언서는 헌법정신이라 부르는 전문보다도 더 깊숙이 숨어 있는 법의 샘물이라고 말할 수 있다.

이와 같은 3·1정신을 헌법의 정신으로 되살린다면 오늘날 우리 사회가 겪고 있는 보수와 진보의 대립을 해소하고, 평화통일과 세계평화를 향한 북한과의 관계, 또 일제의 잔재를 청산하는 실마리를 찾을 수 있을 것이다. 우리 현실에서 가장 뿌리깊고 고질적인 두 가지 문제를 생각해 보기로 한다.

1989, 106~143쪽 참조.

10) 「친일반민족행위자 재산의 국가귀속에 관한 특별법」 제1조(목적)를 참조하기 바란다. "이 법은 일본 제국주의의 식민통치에 협력하고 우리 민족을 탄압한 반민족행위자가 그 당시 친일반민족행위로 축재한 재산을 국가에 귀속시키고 선의의 제3자를 보호하여 거래의 안전을 도모함으로써 정의를 구현하고 민족의 정기를 바로 세우며 일본제국주의에 저항한 3·1운동의 헌법이념을 구현함을 목적으로 한다."

4. 친일과 과거 청산

근대국가의 바탕을 이룬 민족주의는 독립과 함께 한반도의 분단으로 인해 시련기가 계속된다. 해방과 함께 진주한 미국과 소련의 영향으로 남북은 각각 자유주의와 사회주의 정부로 갈라졌다. 대한민국은 미군정의 영향하에 친미정부가 세워졌다. 따라서 반공주의를 표방하였고, 친일파에 대한 처벌은커녕 오히려 이들을 정부의 요직에 기용함으로써 건국헌법 제101조에 근거했던 '악질적인 반민족행위자'에 대한 처벌이 무산되었다. 「반민족행위자처벌법」은 소급입법이라고는 하지만 전문의 "기미 3·1운동으로 대한민국을 '건립'하여 세계에 선포한 위대한 독립정신을 계승하여 이제 민주독립국가를 '재건'함에 있어서"의 표현이 말해 주듯이, 헌법은 3·1운동을 대한민국 건립의 시점으로 보고 있었다. 그렇기 때문에 반국가적 친일행위에 대한 처벌 근거는 뚜렷했다. 또한 이런 법적 명분이 없다하더라도 민족감정 차원만으로도 친일파에 대한 처벌은 정당화될수 있었다.

그러나 '재건된' 해방 후의 대한민국은 그것을 강행할 충분한 힘과 의지가 없었다. 자력에 의한 독립을 이루지 못했기 때문에 자주적 의사결정보다는 미군정의 입김이 더욱 크게 작용했다. 대통령 이승만의 정치적 입지도 친일청산을 이행할 여건으로 부족했다. 따라서 헌법상의 반민족행위자 처벌은 이루어지지 않았고, 헌법의 권위가 상실되었다.

우리 역사를 보면 친일파 청산만 미흡한 것이 아니다. 1990년대에 문민정부가 들어서면서 제5공화국의 집권과정이 내란으로 규정되고 정권수립 주모자들을 처벌한 적이 있으나, 그 처벌과정도 시원하지 않았다. 처벌을 통한 과거 청산이라는 목적이 달성되기에는 한참 미흡한 것이었다. 이렇듯 기회가 주어져도 과거를 말끔히 청산하지 못한 것이 우리나라의 현실이었다. 말하자면 독일과 프랑스의 예처럼 친일과 독재를 행한 주모자들을 과감히 처단=처형시키지 못한 것이다. 우리는 과거 청산을 안 한 것도 아니고 한 것도 아닌 미적지근한 상태이다. 과거 청산의 궁극적 의의가 과거에 대한 반성과 재발 방지에 있다고 할 때, 우리는 그런 청산을 하지 못했다. 그래서 가해자들의 반성과 자숙을 거의 찾아볼 수 없고, 피해자들의 명예회복과 피해보상도 가치 있게 평가되지 않았다. 그런 점에서 우리의 과거 청산은 절반 이하의 성공을 거두었을 뿐이다. 그래서 여전히 친일청산이 외쳐지고 있는 것이다. 친일청산이 외쳐지는 이유를 4·19혁명 운동가의 눈으로 보자.

• 유신체제하 1979년의 일이었다. 4월혁명 19돌을 맞이하여 간략한 기념식이 거행되었고, 요식행위에 불과했던 대통령 기념사가 부총리(후일 총리가 됨)에 의해 대독되었다. 대통령 기념사를 대독한 부총리, 그는 누구였던가? 지금으로부터 25년 전 자유당 말기 국무위원으로서 3·15 부정선거 시행에 적극 가담한 범죄행위로 혁명 후 쇠고랑을 찬 채 비굴한 웃음을 띠며 대법정 한 구석을 더럽게 차지했던 그가 아닌가?

하나 그 한 사람만을 비난해 무엇하랴! 일제 잔재세력의 청산 없이 해방 조국을 건설한답시고 날뛰던 이승만정권이었으며, 그 일제 잔재세력에 더하여 이승만 독재정권의 부패분자들까지 고스란히 포용한 것이 박정권 아니었던가? 제 민족을 팔고, 억누르고, 착취하던 자들이 대를 이어가며 영화를 누리고 있는 것이 우리의 현실임에 민족정기는 어디에서 찾을 것인가?

학민사 편집부, 『4월혁명재판』, 학민사, 1985.

이처럼 미흡한 친일과거청산을 좀 더 만회하기 위하여 「일제강점하 반민족행위 진상규명에 관한 특별법」(약칭: 「반민족규명법」)과 「친일반민족행위자 재산의 국가귀속에 관한 특별법」(약칭: 「친일재산귀속법」)이 제정되었다. 잘못된 과거 유산이 오늘에까지 영향력을 미치는 것을 최소화 혹은 차단시키기 위한 입법적 노력이라고 본다. 「반민족규명법」은 제2조에서 '친일반민족행위'를 일본제국주의의 국권침탈이 시작된 러·일전쟁 개전 시부터 1945년 8월 15일까지 행한 행위유형으로 규정하고 있다.

총 20개의 유형으로 제시되었는데, 몇 가지 사항만 소개하면 다음과 같다. 국권을 지키기 위하여 일본제국주의와 싸우는 부대를 공격하거나 공격을 명령한 행위(제1호), 국권을 회복하기 위하여 투쟁하는 단체 또는 개인을 강제해산시키거나 감금·폭행하는 등의 방법으로 그 단체 또는 개인의 활동을 방해한 행위(제2호), 독립운동 또는 항일운동에 참여한 자 및 그 가족을 살상·처형·학대 또는 체포하거나 이를 지시 또는 명령한 행위(제3호) 등이다.[11]

그리고 이와 같은 반민족행위의 진상을 규명하는 위원회를 운영하고 있다. 이렇게 해서 밝혀진 진실을 토대로 하여 만약 그들이 부당한 재산을 소유하고 있다고 판단되는 경우에는 이를 국가에 귀속시킬 수 있는 방안으로 「친일재산귀속법」을 마련하였다. 이상 두 개의 법의 지향점은 일제 이후 여러 가지 이유로 정리하지 못한 채 방

---

11) 이 법과 관련된 헌법재판소 판례도 참고하기 바란다. 헌재 2011.3.31. 2008헌바141 등 병합(친일반민족행위자 재산의 국가귀속에 관한 특별법 제2조 등 위헌소원 등); 헌재 2013.7.25. 2012헌가1; 헌재 2015.12.23. 2011헌바55; 헌재 2008.7.1. 2008헌마388; 헌재 2011.11.24. 2009헌바292(일제강점하 반민족행위 진상규명에 관한 특별법 제2조 7호 등 위헌소원); 헌재 2011.3.31. 2008헌바111 등.

치했던 것들에 대한 지속적인 정리작업과 그 과정에서 나타난 재산관계의 정리를 통하여 그나마 최소한의 정의를 구현함으로써, 바른 사회를 만드는 것(민족정기를 세운다)에 있다고 본다. 요컨대 핵심은 잘못된 과거를 바로잡아 현재의 헌법을 세우는 데 근본목적이 있다는 것이다. 현재의 헌법만 바로잡을 수 있다면 진실과 사회정의의 실현은 단지 시간문제일 뿐이다.

5. 반공

분단 상황하에서 한국정부는 당연히 민족주의보다 반공주의를 국가이념으로 삼아 미국에 보조를 맞추었고, 미국이 일본에 대한 전후 책임을 완화시키는 이른바 '역코스'를 결정하면서 한국정부도 일본과 함께 '반공블럭'을 형성하였다. 이런 노선이 군부정권까지 이어졌다.

- 5·16군사쿠데타 세력은 '반공을 국시로 한다'고 했다. 그러나 제헌국회 제2독회에서 이승만은 "헌법 전문은 긴요한 글입니다. 거기에 즉 우리의 국시 국체가 어떻다 하는 것이 표시될 것입니다. 나는 여러분에게 간절히 요구하는 것은 '우리는 민주국공화체이다' 하는 것을 쓰는 것이다"라는 말을 하였다. 국시는 이처럼 민주공화국이었다.[12] 이후 1986년 11월 유성환 의원의 "이 나라 국시는 반공이 아니라 통일이어야 한다"는 내용의 국회 대정부질의 원고가 기자들에게 배포되면서 국가보안법 위반으로 재판에 회부되었다. 이때 헌법학자 권영성은 "대한민국은 국시가 없다. 헌법이 최고규범이다"라고 논평한 바 있다.

---

12) 국회도서관, 앞의 책, 340쪽.

헌법의 희생 아래 진행되었던 박정희 대통령의 근대화 사업은 경제성장이라는 결실을 얻었다. 그리고 대한민국은 경제적으로 성공한 국가로 평가받기에 이르렀다. 해방 이후 40년을 맞는 가운데 사회주의 국가가 붕괴됨에 따라 북한은 외교적 고립과 경제적 궁핍에 처했으며, 소련은 2등 국가로 밀리고 미국 중심의 팍스 아메리카나 시대가 열렸다. 결국 남북분단 이후 남한이 선택한 그 길이 '승리의 길'이었던 것이다. 그리하여 반공에 대한 확신은 더 커질 수 있었다. 하지만 그것은 이미 무의미해져 버렸다. 공산주의 국가는 그 힘을 상실했기 때문이다. 오히려 우리에게 새롭게 다가온 중요한 일은 이제껏 지켜 온 '반공' 이후에 할 일이 무엇인지를 발견하는 일이었다. 이 지점에서 우리는 한편으로는 민족적 자각, 다른 한편으로는 헌법적 자각을 해야 했다.

청으로부터의 독립, 일제로부터의 독립, 승공 등을 생각해 볼 때 과연 이 중에서 우리 힘으로 이룬 것이 있는가를 자문해 보아야 한다. 부분적으로는 긍정적인 대답도 있겠지만 결코 그렇지 못하다. 청으로부터의 독립도 일본과 열강의 힘에 의한 것이었고, 일제로부터의 독립도 연합군의 승리에 따른 결과물이었으며, 공산주의에 대한 승리도 미국의 승리에 의한 결과물이었다. 역사적으로 대단히 중요한 이 모든 사건이 우리 스스로 달성한 것이 아니었다는 진실을 다시 한번 깨달아야 한다. 동시에 경제적으로나 정치적으로나 이만큼 역량이 커진 지금 우리가 해야 할 일과 나아갈 길이 무엇인지를 분명히 찾아야 한다. 조선시대 이래 스스로 쟁취한 것이 거의 없는 우리로서는 민족적 각성이 반드시 필요하다. 민족적 각성은 무엇보다 의존성의 탈피와 자주독립성의 확립에 있다. 조선왕조는 너무나 오랫동안 중국 주변에서 평화를 보장받고 안주했던 탓으로 의존성이 심화되었고, 그 결과 국권상실까지 초래했다. 의존성이 얼마나 무서운 것인지 깨닫는다면, 미국 덕택으로 승공 대열에 참여하는 기회를 누리기는 했지만 그것이 의존성으로까지 이어져서는 안 된다는 것도 명심해야 한다.

민족적 각성은 '헌법적 각성'으로 승화시켜야 한다. 혈연·지연에 입각한 민족주의보다는 인간과 인류를 생각하는 헌법이 더 보편적이기 때문이다. 다시 말해 우리의 민족주의는 입헌주의로 고양되어야 한다는 것이다. 반공 이후 우리에게 더욱 가깝게 다가온 과제는 '통일'과 '평화'이다. 그리고 이것은 이미 헌법 전문에서 예정하고 있는 길이기도 하다. 대한국민이 평화통일을 이룩함으로써 분단된 주권을 회복함과 동시에 항구적인 세계평화와 인류공영에 기여하는 것이 헌법이 우리에게 부여한 지표인 것이다.

이와 같이 볼 때, 사회주의 국가가 붕괴할 당시인 노태우 대통령 시절에 소련, 중국 등 사회주의권과의 수교(이른바 북방정책, 1990, 1992)를 맺은 것은 매우 고무적인 일이라 생각된다. 이제 반공이라는 거추장스러운 목표가 해소된 상태에서 우리가 바라는 통일을 향해 매진하면 되었다. 이러한 분위기에서 남북한 UN 동시가입(1991), 「남북교류협력에 관한 법률」의 제정(1990), 「남북 사이의 화해와 불가침 및 교류·협력에 관한 합의서」(남북기본합의서)의 체결(1991), 이 기본합의서에 기초하여 2000년 제1차 남북정상회담과 6·15선언이 있었고 그 후속으로 개성공단사업, 금강산관광사업 등이 있었다. 2007년 제2차 남북정상회담과 10·4선언으로 이어졌다. 이와 같은 평화통일에의 길이 계속 진행되어야 했는데 이명박정부와 박근혜정부에 들어오면서 남북은 다시 대결국면으로 치달았다. 매우 아쉬운 일이 아닐 수 없다.

순탄하게 갔던 길이 왜 이렇게 바뀌었을까? 그 사이에 김정일의 사망과 김정은 세습체제의 등장이 있었고, 중국과 일본의 갈등 등 큰 변화가 있었다고는 하지만, 가장 큰 이유는 국내 정치의 문제로 돌아온다. 무엇보다도 보수와 진보의 정치집단 간 갈등의 해소가 매우 시급한 문제가 아닐 수 없다. 더 이상 불필요한 이념대결이 건강한 사회복지국가로의 발전을 가로막아서는 안 될 것이다. 친일과 반공이라는 논쟁은 이제 어떻게 해서라도 청산되어야 할 과제이다.

대한민국임시정부의 법통

3·1운동 이후 국내외 각지에 설치된 임시정부는 모두 6개였다. 노령의 대한국민의회정부, 상해의 대한민국임시정부, 한성 임시정부가 확실한 근거를 갖고 있었고, 나머지 조선민국임시정부, 신한민국정부, 대한민간정부도 존재가 거론되었다. 이 임시정부들은 1919년 9월 상해임시정부를 중심으로 단일통합 임시정부가 된다. 그리고 「대한민국임시헌법」이 제정된다(1919. 9. 11.).[1] 이 헌법은 「대한민국임시헌장」의 제1차 개헌임을 명시하였으며, 그 후 「대한민국임시헌법」(제2차 개헌, 1925. 4. 7.), 「대한민국임시약헌」(제3차 개헌, 1927. 3. 5.), 「대한민국임시약헌」(제4차 개헌, 1940. 10. 9.), 「대한민국임시헌장」(제5차 개헌, 1944. 4. 22.)까지 이르고 해방을 맞는다. 마지막 제5차 개헌의 「대한민국임시헌장」은 전문과 본문에서 1948년 헌법에 영향을 미쳤다.

- 1948년 헌법: 우리들 대한국민은 기미 삼일운동으로 대한민국을 건립하여 세계에 선포한 위대한 독립정신을 계승하여 이제 민주독립국가를 재건함에 있어서
- 1963년 헌법: 우리 대한국민은 3·1운동의 숭고한 독립정신을 계승하고

---

1) 이현희, 『대한민국 임시정부사』, 집문당, 1983, 48~49쪽; 김영수, 『대한민국 임시정부헌법론』, 삼영사, 1980.

4·19의거와 5·16혁명의 이념에 입각하여 새로운 민주공화국을 건설함
에 있어서,
- 1972년 헌법: 우리 대한국민은 3·1운동의 숭고한 독립정신과 4·19의거
  및 5·16혁명의 이념을 계승하고
- 1980년 헌법: 우리 대한국민은 3·1운동의 숭고한 독립정신을 계승하고
- 1988년 헌법: 우리 대한국민은 3·1운동으로 건립된 대한민국임시정부
  의 법통과

위에서 보는 바와 같이 정작 대한민국임시정부에 대해 언급한 것
은 현행 헌법이 처음이다. 현행 헌법은 "3·1운동으로 건립된 대한민
국임시정부의 법통을" 계승한다고 했다. 여기서 '법통'이 무엇이냐
에 대해서는 대체로 '정통성'이란 의미로 보고 있다.[2]

1948년 헌법이 임시정부헌법을 개정한 것이 아니고 새로 제정한
것이라 하여 법적 계속성을 주장할 수는 없다.[3] 또한 건국헌법 이래
"삼일운동으로 대한민국을 건립하여"라는 표현은 간접적으로 임시
정부의 존재를 내포하고는 있었지만, 대한민국임시정부로 명확히
표현한 것은 1987년 헌법이 처음이다. 이렇게 된 데에는 1987년 민
주항쟁이 일어나기까지 학생운동, 민중운동에서 임시정부의 운동뿐
만 아니라 사회주의 계열의 운동 특히 김일성의 독립운동에 대한 언
급이 확산되는 것을 차단하기 위하여 의도적으로 대한민국의 뿌리
는 대한민국임시정부에 있다는 것을 추가한 것으로 생각된다. 대한
민국임시정부는 1919년 민주공화국의 원년, 즉 민국원년을 이룬 업
적이 있다. 그래서 현재 대한민국의 정신은 임시정부를 계승한다.

---

2) 성낙인, 『헌법학』, 법문사, 2016; 김학성, 『헌법학원론』, 피엔씨미디어, 2014; 장영수,
『헌법주석서 I』, 법제처, 2010.
3) 김영수, 앞의 책, 216쪽.

그런데 임시정부는 해방될 때까지 26년 동안 항일독립운동의 본거지로서의 기능이 충분하지 못하였다. 임시정부가 독립운동의 총지휘부를 이루지 못하였다는 말이다. 우선 사회주의 독립운동가들과의 왕래와 통합이 없었고, 민족주의 운동가들에 대해서도 본부로서의 역할이 미흡했다는 생각이 든다. 물론 해외 망명 중에 일어난 독립운동이기 때문에 체계적인 지휘를 하기 어려웠으리라는 것은 사실이라고 하겠다. 이렇게 통합지휘권이 결여된 상태에서 해방을 맞았기 때문에 임시정부는 이미 분단정부의 성격을 띠고 있었다. 다만, 민족의 입장에서 좌우의 통일을 염원하고 그를 위해 노력한 임시정부였다는 것은 분명하다.

또 한 가지 미흡한 부분은 국제정치에서도 임시정부의 대표성이 미약했다는 생각이다. 상해임시정부는 전적으로 장개석 중국정부에만 의존하는 국제외교를 한 것이 아닌가 하는 생각이 든다. 대한민국을 대표하는 정부라면 당시 동아시아에 영향력을 미쳤던 영국의 처칠, 러시아의 스탈린, 중국의 모택동, 미국의 루스벨트 등과의 면담과 교섭을 두루두루 시도해서 독립을 촉구하고, 그래서 임시정부의 대표성을 인정받는 노력을 진행했어야 한다고 생각한다. 그렇게 해서 비록 식민지 상태하에서 성립한 정부라지만 외국의 공인을 받도록 했어야 한다. 1905년 을사늑약 때부터 빼앗긴 외교권이 아닌가? 그렇게 하지 못한 결과는 우리나라 독립에 관한 최초의 국제회담으로 알려진 카이로회담의 선언서(1943.11.27)에 반영되고 있다. 루스벨트, 처칠, 장개석 등 3개국의 대표가 만나 전후 처리절차를 논의한 것인데, 한국(조선)에 대한 언급을 보면 다음과 같다. "3개국 정상들은 한국(조선) 인민의 노예상태를 염두에 두면서 한국(조선)을 적당한 절차를 거쳐 해방, 독립시킬 것을 결정하였다(The aforesaid three great powers, mindful of the enslavement of the people of Korea, are determined that in due course Korea shall become free and independent.)"라고 하였다. 지금 생각하면 정말 수치스럽기만 하다. 그래도 볼 것은 똑바로 보아야 한다. 외국 사람들이 보기에 한국은 그때 '예속상태' 이외의 표현을 찾을 수 없었던 것이다. 다른 지역들은 일본의 강탈에 인한 '피점령지'로 표기되고 있는 데 비하여 우리는 노예지역이었다는 것이다. 그것은 우리가 대한제국이 망한 뒤 대한제국의 망명정부도 없었고, 그를 대치하는 새로운 정부도 없었다는 뜻이다. 그러니 외국 사람들이 볼 때는 소속 국가 없는 인민들의 예속상태로 표기할 수밖에 없었다는 것으로 읽힌다.

노예라는 것은 비자유인, 즉 주권 없는 사람이란 뜻이니 별 수 없다. 임시정부의 활약이 있었더라면 이런 표현은 나오지 않았을 것이다. 결국 이런 상태에서 해방을 맞이하였고, 임시정부는 점령군이었던 미국이나 소련에게 대접을 받지 못했던 것 같다. 그런 점에서 해방 이후 국제적으로 승인받는 정부수립은 불가피했다.

이상에서 피력한 것과 같이 임시정부의 활동범위가 인적·지역적으로 제한적이었던 점 때문에 이에 대한 명기를 통해서 3·1운동의 보편성이 축소 해석되는 일이 없도록 주의해야 한다. 오히려 처음처럼 3·1혁명 정신을 더욱 강조하여 자주독립과 박애의 이념을 강조하는 것이 필요할 듯하다.

• (제1독회 대체토론을 할 때, 김명동 의원의 "'우리는 임시정부 정신을 계승한다'고 그랬습니다. 그렇다면 임시정부헌법이 있는데도 불구하고 새로 헌법을 기초할 필요가 어디 있는지 자세히 설명해 주시기 바랍니다"는 질문에 대해서 서상일 기초위원장은 다음과 같이 답을 하였다.)

"임시정부 정신을 계승한다는 말이지, 임시정부의 헌장이라든가 임시정부의 모든 제도를 계승한다는 말은 아닙니다. 그러면 우리가 3·1혁명의 독립정신을 계승하는 것을, 즉 말하자면 3·1혁명으로 말미암아서 그때에 임시정부가 된 것이니 그 정신을 계승해 나가서 이것이 새로운 국회로서 말하자면 정식 국회로서의 새로운 헌법을 제정하는 것이 당연한 순로입니다. 그렇다고 해서 그때에는 망명이라고 하면 어폐가 있겠습니다마는 해외에 가서 있던 정부이니만치 또는 그 제도라든지 제법이라든지 그러한 것을 오늘날 그대로 계승할 필요가 없다고 생각합니다."

国会도서관, 『헌법제정회의록』, 헌정사자료 제1집, 1967, 134쪽.

4·19민주이념을 계승하고

1960년의 4·19혁명은 이승만의 장기집권과 부정선거에 대한 반독재 학생·시민혁명이었다. 4·19가 헌법 전문에 들어온 것은 1963년 헌법에서였다. 5·16군사정변으로 집권한 군사정부는 헌법을 개정하면서 "3·1운동의 숭고한 독립정신을 계승하고 4·19의거와 5·16혁명의 이념에 입각하여 새로운 민주공화국을 건설함에 있어서"와 같이 4·19의거와 5·16혁명을 함께 집어넣었다. 군사쿠데타를 정당화하기 위해 5·16혁명이란 문구를 집어넣으면서 4·19도 의거로서 들러리를 세웠다고 보인다. 이 표현은 1980년 신군부에 의한 개헌 때까지 지속되었다. 1980년 헌법은 유신과의 단절을 표시하기 위하여 5·16혁명을 없애면서 동시에 4·19의거도 삭제하였다. 그리고 6월항쟁 이후 개정된 현행 헌법에서는 4·19만 살아났다. 이렇듯 반독재 민주주의를 추구하였던 4·19혁명은 오랫동안 군부정권의 철권통치 아래 짓밟힌 후 민주화와 함께 되살아났다.

「독립유공자예우에 관한 법률」,「국가유공자 등 예우 및 지원에 관한 법률」을 보면 우리나라의 형성과정을 느낄 수 있다. 순국선열, 애국지사, 전몰군경, 전상군경, 순직군경 등과 함께 4·19혁명 사망자, 부상자, 공로자가 이 법의 대상자로 규정되어 있다. 우리 헌정사를 보면 독립운동을 위하여 일제에 항거한 순국선열과 애국지사가 있고, 이후 6·25전쟁에서 나라를 구한 전몰군경과 전상군경이 있다.

그리고 평소에도 순직군경과 공상군경 등이 있다. 이후 베트남전쟁에 투입되어 나라에 헌신한 참전유공자도 있다. 이 사람들이 나라를 세우고, 나라를 지켰다면, 4·19혁명지사는 나라를 빛내는 일을 한 사람들이라고 할 수 있다. 이와 같이 건국과 호국과 민국이 삼위일체가 되어 오늘의 대한민국을 있게 했다고 말할 수 있다. 모두가 소중한 일이라 하지 않을 수 없다. 민주화운동 관련 희생자들은 별도의 특별법에 의해서 보호받고 있다. 「5·16민주유공자예우에 관한 법률」과 「민주화운동 관련자 명예회복 및 보상에 관한 법률」 등이다. 4·19가 유공자법에 들어갔는데, 이들 민주화운동 희생자는 왜 따로 있는지 그 배경이 궁금하다. 4·19는 이승만 경찰독재와 싸운 것이었는 데 비해, 이들 민주화운동은 군부독재와 싸운 것 때문이 아닐까 생각된다. 군부정권과 싸운 민주화운동은 외관상 군대와 척을 짓게 되고, 따라서 호국용사들과 자주 마찰이 일어나고 있는 것이 사실이다. 민주화운동 희생자가 빛을 받으면 상대적으로 호국용사들이 빛을 잃는다는 것이다. 전혀 그렇지 않음에도 불구하고 이것이 감정상 처리가 잘 안 된다.

유공자법의 대상은 아니지만 산업전사들도 애국이란 점에서 보면 빼놓을 수 없다. 곰곰 생각해 보면, 유구한 역사 속에 이 땅 위에 살았던 모든 분의 수고에 감사를 드리지 않을 수 없다. 국가유공자들은 특별한 희생이 있었기에 그에 상응한 보답은 당연하다. 하지만 특별한 희생을 적시할 수 없는 수많은 이름 없는 분들에게는 특별히 광화문 앞길에 세종대왕상보다 더 앞에 '무명 국민의 탑'을 만들어 감사의 기념비로 삼으면 좋지 않을까 생각해 본다. 무명 국민의 탑이 바로 국민의 탑인 것이다. 우리는 아직도 왕조시대를 벗어나지 못하고 있다. 세종로 거리에도 세종대왕과 충무공 동상만 있지 다른 현대 인물은 찾아볼 수 없다. 화폐도 그렇다. 우리나라 지폐와 동전에 들어 있는 인물은 온통 조선시대 인물들이다. 신사임당, 이율곡, 이황, 이순신, 세종대왕 모두 훌륭한 인물이지만 왜 근대 이후의 인물은 한 명도 없는가? 이것도 정치세력 간 싸움이 빚어낸 결과이다. 화폐에 들어갈 후보인물로 이승만이나 박정희는 곤란하다. 그것은 헌법을 훼손하는 일이다. 전문에 4·19민주이념이 언급되고, 5·16은 정변이라 규정하여 삭제시킨 마당에 헌법을 중시한다면 그런 거스르는 작업을 해서는 안 될 일이라고 본다. 그래서 우리 국민이라면 대체로 논란과 이의 없이 존경하는 인물, 예컨대 안창호, 방정환, 조소앙, 이시영 등의 인물들을 찾아서 근현대화 작업을 시작하는 것이 옳다고 생각한다. 선각자로 공화국운동과 독립운동만 했고, 정작 해방 이후에는 공식적으로 큰 대우를 받지 못한 분들에게 명예만이라도 보답해 드리는 것이 국가적·국민적 도리라고 생각한다.

4·19혁명은 우리나라에서 최초의 범국민적 저항권 행사였다. 그 후 우리나라에서는 저항권이 지속적으로 행사되면서 주권자로서의 국민의 의식이 높아지고, 그만큼 민주화를 앞당겼다.

●더 나은 사회로 가는 데 꼭 필요한 사항 중 우리한테 결핍된 두 가지가 있다. 천부인권과 자율성에 대한 자각이다. 대부분의 인권이 천부인권이라는 것을 우리는 잘 알고 있다. 그런데 말 그대로 천부인권을 누리는 사람은 몇이나 있을까? 천부인권과 관련해서 영국(유럽)인들은 군주와 대항하면서 하나씩 쟁취해 나갔고, 천부인권을 누리지 못하던 프로테스탄트 하층민들은 신대륙으로 건너갔다. 그런데 그들은 약 150년 동안 자유롭게 타운을 형성하고 살다가 독립을 했고, 헌법제정의 필요성을 느끼게 되었다. 헌법제정 단계에서 그들은 종전까지 누려 왔던 권리들을 전(前)국가적 권리 곧 자연적 권리라 주장하면서 이 권리들은 헌법도 침범할 수 없음을 단호히 천명한 것이다. 그런 전통에서 헌법이 시작되었으니, 자유의

기초가 얼마나 단단할까 짐작할 수 있다. 그에 비해서 우리의 역사는 달랐다. 조선왕조 말에 서양 책의 천부인권을 번역하고 배웠다. 그리고 실천해 보기도 전에 국권상실을 겪었고, 다시 해방을 맞았다. 또 교과서를 통하여 배우고, 암기했다.

현실에서는 모든 기본권은 기껏해야 법률에 의한 기본권이다. 법률이 허용하면 권리이고, 금지하면 절대 해서는 안 되는 것으로 훈련되어 있다. 천부인권과는 거리가 멀다. 국가가 하늘이 된 셈이다. 국가가 최고가 되면 반드시 힘이 지배하고, 많은 사람들이 노예가 된다. 그래서 국가보다 높은 것이 있어야 하는데, 그것이 헌법이다. 헌법 없는 국가는 전망이 없다. 법률이나 법령도 문제가 있으면 그 잘못을 따져 보고 시정해야 하는데, 그 의식이 여전히 약하다. 이런 국가 종속적 시민의식은 신민(臣民)의식이라 할 수 있는데, 동양 3국이 다 한 모양이다. 신민의식을 벗어나지 못하는 한 세계의 지도국가가 될 꿈은 단념해야 한다.

그래도 동양 3국 중에서는 한국이 천부인권에서는 제일 앞선 것 같다. 왜냐하면 국가권력에 맞서서 싸운 전력이 가장 많기 때문이다. 저항권 행사를 우리만큼 한 나라가 없기 때문이다. 저항권은 로크와 미국 헌법이 인정한 천부인권이요 자연권이다. 저항권을 행사할 때에는 모든 권리를 통째로 누린다. 언론·출판·결사의 자유, 사상과 양심의 자유를 마음껏 주장할 수 있기 때문이다. 감옥도 자유를 가둘 수는 없다. 한국인들은 이런 기회를 많이 가졌다.

그런데 지금은 저항권이 아닌 평상시의 천부인권을 누려야 하는 시대이다. 저항권으로 나라를 세우고, 집을 지었으면, 그 집이 자유로워야 한다. 또 집을 아름답게, 풍요롭게, 민주적으로 운영해야 할 책임성도 강해야 한다. 그게 자율이다. 자율은 천부인권의 사용과 절제로 이루어진다. 타인과의 공존, 즉 공공성, 사회정의를 염두에 두면서 자신의 권리를 스스로 자제할 수 있어야 한다. 이렇듯 자율과 천부인권은 한 몸체이다. 중앙집권, 상명하복에 길들여진 신민의 습관 때문에 자기한테 주어진 자율을 어떻게 할 줄을 모른다. 그래서 중앙권력은 이를 불신해서 자율성을 다시 회수해 간다. 그래서 저항권을 다시 행사하려고 한다. 악순환이다.

문제는 대학과 같이 한 나라의 지성을 대표하는 집단에서도 자율이 없다는 것이다. 대학이 모범이 되어 지방자치의 강화, 공무원의 관료주의 청산, 노조 자율성 등 산적한 자율의 과제들이 줄줄이 풀리기를 소망한다.

사회적 폐습과 불의를 타파하며

•

　사회적 폐습은 제헌과정에서 '고래(古來)의 폐습' 혹은 '봉건적 인습'이란 표현부터 시작되었다. 건국헌법에서는 "모든 사회적 폐습을 타파하고 민주주의 제 제도를 수립하여"라고 표현되어 있었다. 사회적 폐습은 민주주의 제 제도의 수립과 대치된 모습이었던 것이다. 그렇기에 사회적 폐습이란 반(反)민주주의적 관습을 의미한다고 본다. 그것은 곧 봉건적 유제를 뜻할 것이다. 우리 사회에는 아직도 봉건적 성격의 사회적 폐습이 사라지지 않고 있다. 헌법재판소에서는 동성동본금혼제도, 호주제를 위헌으로 판단하면서도 '사회적 폐습'이라는 기준을 적용하지는 않아 미흡하였다.[1] 일찍이 조선 말 개화기에도 봉건적 폐습을 신속히 벗어나려는 부단한 노력을 기울인 것을 볼 수 있다.

　　• 나라마다 풍속의 좋고 언짢은 것이 정치에 매우 관계가 되는지라. 나라가 잘되려면 악한 풍습들을 바로잡지 않고는 화락(和樂)하고 문명한 지경에 나가지 못할지라. 북미주 합중국 남방은 기후가 더운 고로 힘드는 일을 하기가 괴롭고 어려운 까닭에, 아프리카주 흑인과 아세아주 황인들을 사다가 종을 삼아 모든 천역(賤役)을 시키는데, 정부는 수십 년 전에

---

1) 최대권, 「헌법의 연속성과 변화에 관한 담론: 전통과 사회적 폐습을 중심으로」, 『법학』 (서울대학교) 제44권 제1호, 2003.

그 종 두는 풍속을 금하되, 종을 둔 사람들이 종시 듣지 아니하는지라(독립신문, 1897. 10. 16.).2)

김홍우 감수, 『독립신문, 다시 읽기』, 푸른역사, 2004, 213쪽.

사회적 폐습은 문화의 범주에 속한다. 헌법을 구성하는 것은 헌법전만이 아니라는 것은 분명하다. 헌법전을 비롯해서 많은 법령들이 존재한다. 이런 수많은 법들은 제도로서 행위규범과 재판규범으로 활용된다. 헌법과 법률상의 수많은 제도들, 즉 선거제도, 공무원제도, 교육제도, 지방자치제도, 재판, 경찰, 세무와 부동산, 기업, 가족, 혼인, 교통, 숙박 등등 생활의 모든 것이 제도 속에서 이루어진다. 제도는 국가의 강제를 뒷받침으로 하고 있기 때문에 실효성을 보장받는다. 그래서 제도를 통하여 사회는 질서 있게 돌아간다. 이와 같은 제도에도 불구하고 왜 현실은 제도의 목적에서 한참 미달될까? 가장 대표적으로 우리 헌법은 내용상으로 좋은 제도를 구비했음에도 불구하고 현실은 왜 한참 부족한 상태일까? 이에 대한 대답은 헌법문화에서 찾을 수 있다.

• 한국적 헌법문화는 몇 가지 특징을 지니고 있다. 그 하나는 헌법규범과 헌법현실 간에 그 갭이 매우 현격하다는 점이다. 둘째는 정치주의가 법치주의를 압도하고 있다는 점이다. 이것은 정치적 목적을 달성하기 위해서는 어떠한 수단과 방법도 불사한다는 정치지상주의적 풍조가 지배하고 있음을 의미한다. 셋째는 국민과 유권자들의 이중적 헌법의식 구조라는 점을 들 수 있다. 국민과 언론은 평소에는 전근대적 3김 청산이니 지역할거주의의 폐단을 비판하면서도 선거가 실시되면 언제 그랬냐는 듯이

---

2) 『독립신문』에서는 너무나 많은 사회적 폐습을 지적하고 있었다. 첩을 얻는 사내(1896. 6. 16.), 조혼풍습(1899. 10. 7.), 서울의 더러운 길(1897. 2. 2.), 외국인 교제의 예법(1896. 11. 14.) 등등이 예이다.

오히려 이런 감정을 촉발하는 언동을 서슴지 아니한다. 한국적 헌법문화가 전혀 발전하지 못하고 제자리걸음을 하고 있는 것은 위에 열거한 여러 가지 이유가 복합적으로 작용하고 있기 때문이다.

권영성, 「한국적 헌법문화」, 법문사, 1999.

문화란 사람들이 하는 온갖 가치추구 활동의 산물이다. 진선미를 포함하여 성스러움, 정의, 인권, 평화, 사랑 같은 가치들을 추구하는 학문, 도덕, 예술활동에서 발생되는 결과물이 바로 문화이다. 문화는 생활 속에서 우리의 언어와 풍습, 습관 등에 스며 있는 생활양태라고 말할 수 있다. 그래서 문화는 우리의 행위를 규정한다. 그리고 행위규범인 법과 문화는 상호 교차하는 지점이 생긴다. 법은 지속적으로 제도화를 통하여 사회를 변화시키고자 하는 의식적 활동이다. 하지만 제도만 가지고 될 일은 아니다. 어떤 법제도가 훌륭하게 정착되기 위해서는 그에 상응하는 법문화가 수반되어야 한다. 오히려 법문화가 충분히 자리 잡은 곳에서는 법제도가 불충분해도 바람직한 질서가 자연스럽게 꽃을 피울 것이다. 제도는 문화와 달리 법적 확실성을 보장해 주기 때문에 제도화는 별도의 존재 의의가 있다. 문제는 제도가 만들어져도 그 내실이 보장되지 않는 데 있다. 대표적으로 우리 헌법도 예외가 아니다. 좋은 내용을 갖춘 제도화된 헌법이지만—과거보다는 나아졌지만—여전히 제자리걸음을 하고 있는 원인이 무엇일까? 이제 우리 주변에 남아 있는 사회적 폐습과도 같은 고루한 습관을 청산해야 한다. 특히 지연·학연·혈연 같은 연고주의는 공공의 정신 아래로 정리되어야 한다. 마침 「청탁금지법」(일명 '김영란법')이 제정되어 고질적인 접대문화와 그로 인한 부정부패를 척결하겠다고 한다. 바람직하기로는 문화는 문화에 의해서 변화되는 것이 순리이겠지만, 워낙 고질적인 병폐는 법에 의해서 사회공학(social engineering)적으로 강제할 수밖에 없다. 다만, 이와 같은 제도가 성공을 거두기 위해서는 생활문화가 바뀔 때까지 간다는 장기적 전망을 유지해야 한다. 이를 위해서는 처음은 공직자와 공공성을 띤 기관을 대상으로 시작하였지만, 점차 기업에까지 확산되어 대기업과 중소기업 간의 주종관계 혹은 갑을관계를 일소하는 데까지 나아가는 것이 필요하다.

헌법상의 문화국가원리는 사회복지국가를 위한 필수요소이다. 아무리 좋은 제도라도 그것이 성공하기 위해서는 문화가 뒷받침되어야 한다. 우리같이 장구한 왕조 역사를 가진 국민들은 다양한 민족문화, 전통문화를 가지고 있다. 또한 오늘날 출중한 실력을 발휘하고 있는 한류문화도 중요하고, 현대의 학문과 예술 습득을 통한 문화수용도 중요하다. 이런 문화를 심미적 단계라 한다면 이를 상승시켜 윤리적 단계와 종교적 단계까지 문화를 넓혀 나가야 한다.[3] 그런 점에서 우리에게 특별히 요구되는 것은 헌법문화이다. 헌법문화란 무엇인가? 헌법문화의 소극적 의의가 사회적 폐습을 타파하는 데 있다고 한다면, 적극적 의의는 민주주의의 실천이라고 말할 수 있다.

헌법문화는 시민문화(civic culture)라 할 수 있다. civic은 비폭력을 포함하고, 문명화된 시민을 뜻한다. 타인의 생각과 사상에 관용적 태도를 가지는 평화를 애호하는 민주시민으로서의 자세이다. 단순히 비폭력적 사회라고 규정짓는 것만으로는 부족하다. 왜냐하면 현대사회와 국가는 보다 중층적이고 구조적인 폭력을 내포하고 있기 때문이다.[4] 산업혁명 이래 서구 문명은 모든 부분에서의 도구적 이

---

3) 쇠렌 키르케고르, 임규정 옮김, 『죽음에 이르는 병』, 한길사, 2014.
4) 지그문트 바우만, 정일준 옮김, 『현대성과 홀로코스트』, 새물결, 2013.

성의 우위와 심화로 요약된다. 호르크하이머와 아도르노가 보기에 나치의 대학살은 서양 근대성의 파탄을 증명하는 것처럼 생각되었다. 같은 맥락에서 소위 문화산업(culture industry)의 공소함도 근대성의 배리가 낳은 하나의 결과에 다름아니다. 이 흐름은 개인을 대중문화나 관료주의의 '쇠우리'에 복속되도록 이끌며, 그 안에서 우리는 전적으로 '관리된 삶'을 살 수밖에 없다는 것이다.[5] 관료제는 어느 선까지는 우리에게 유익과 문명의 발달을 가져다주었지만, 그 이면에 엄청난 반인륜적 일에 기여할 수 있다는 점이 인식되어야 한다.

> 정확성, 속도, 명확성, 서류에 대한 지식, 연속성, 신중함, 통일성, 엄격한 복종, 마찰의 감소, 물질적 비용 및 인건비 절약 … 이런 것들은 엄격하게 관료적인 행정에서 최적의 지점까지 끌어올려진다. … 관료제화는 무엇보다도 순전히 객관적 고려에 따라 행정기능을 전문화한다는 원칙을 관철할 최적의 가능성을 제공한다. … 업무의 '객관적' 이행이란 계산 가능한 규칙에 따라 '개인을 고려하지 않고' 업무를 수행함을 의미한다.[6] 관료제적 합리성이 유대인 대학살이라는 홀로코스트를 빚어냈다.
>
> 지그문트 바우만, 정일준 옮김, 『현대성과 홀로코스트』, 새물결, 2013, 47~48쪽.

---

5) 윤평중, 『푸코와 하버마스를 넘어서』, 교보문고, 1990, 40쪽.
6) H.H. Gerth & Wright Mills(eds), *From Max Weber*, Routeledge & Kegan Paul, 1970.

자유민주적 기본질서를
더욱 확고히 하여

•

　전문은 점증법이라고 할까, 혹은 진화론, 발전론을 연상케 한다. 말미로 갈수록 고조되고 승화된다. 유구한 역사와 전통에서 시작하여 반봉건적인 사회적 폐습을 타파하고, 잇따라 "자율과 조화를 바탕으로 자유민주적 기본질서를 더욱 확고히 하여"라는 표현이 나오는 것이다. 이렇게 보면 이 구절은 '자율과 조화를 바탕으로 자유민주주의를 더욱 확고히 하여'로 읽힌다. 왜냐하면 이 다음에는 "각인의 기회를 균등히 하고"라 하여 사회복지국가 원리로 넘어가기 때문이다. 그런데 주의해야 할 점은 '자유민주주의'와 '자유민주적 기본질서'가 서로 다른 개념이라는 것이다. 이 구절은 1972년 유신헌법에서 처음 전문으로 도입되었는데, 자유민주적 기본질서라는 표현을 자유민주주의와 같은 개념으로 혼동한 것 같다.[1] 우리 헌법학자들은 독일법학을 원류로 하고 있는데, 대부분의 학자들은 양자를 그렇게 엄격하게 구분하지 않는 듯이 보인다. 구별을 안 하는 것인지 못하는 것인지가 불분명할 정도이다. 이는 독일 용어를 한글로 번역해 놓으면 양자가 구별이 가지 않기 때문에 생기는 혼란일 수도 있다. 그 가운데서도 헌법재판소는 「국가보안법」 제7조 위헌법률심판

---

1) 국순옥, 「자유민주적 기본질서란 무엇인가」, 『민주주의 헌법론』, 아카넷, 2015, 218쪽.

사건에서 "해당 규정은 각 그 소정의 행위가 국가의 존립·안전을 위태롭게 하거나 자유민주적 기본질서에 위해를 줄 명백한 위험이 있을 경우에만 축소적용되는 것으로 해석된다면 헌법에 위반되지 아니한다"고 하여 해석의 범위를 한정하면서 합헌결정을 내렸다.[2] 그 후 「국가보안법」은 개정을 통하여 "국가의 존립·안전이나 자유민주적 기본질서를 위태롭게 한다는 정을 알면서"를 조문마다 추가하여 국가보안법을 존속시켰다. 그리고 '자유민주적 기본질서를 위태롭게 한다는 것'에 대한 내용을 구체적으로 적시하였다. "모든 폭력적 지배와 자의적 지배, 즉 반국가단체의 일인 독재 내지 일당 독재를 배제하고 다수의 의사에 의한 국민의 자치, 자유·평등의 기본원칙에 의한 법치주의적 통치질서의 유지를 어렵게 만드는 것으로서 구체적으로는 기본적 인권의 존중, 권력분립, 의회제도, 복수정당제도, 선거제도, 사유재산과 시장경제를 골간으로 한 경제질서 및 사법권의 독립 등 우리의 내부체제를 파괴·변혁시키려는 것이다"라고 하여 독일 연방헌법재판소와 같은 입장을 견지하였다.

다시 말해서 자유민주적 기본질서는 모든 사상에 대한 상대주의라는 고전적 자유주의적 민주주의와는 다른 이른바 '전투적 민주주의' 혹은 '방어적 민주주의'를 배경으로 하는 개념인 것이다. 독일 연방헌법재판소가 1952년 10월 23일 사회주의제국당(SRP: 1949년에 설립된 네오나치당) 위헌판결에서 내린 자유민주적 기본질서에 대한 개념정의는 다음과 같다.

- 기본법에서 내려진 헌법정책적 결단에 따르면, 결국 자유민주적 기본질서의 기초가 되어 있는 것은 인간은 창조질서 내에서 고유의 독자

---

2) 헌재 1990. 4. 2. 89헌가113; 헌재 1990. 6. 25. 90헌가11

적 가치를 지니며 자유와 평등은 국가적 통일의 항구적 기본가치라는 생각이다. 그러므로 기본질서는 가치구속적인 질서이다. 이는 인간의 존엄과 자유와 평등을 거부하는 배타적인 통치권력으로서의 전체 국가의 반대개념이다. … 그러므로 자유민주적 기본질서는 모든 폭력적 지배와 자의적 지배를 배제하고 그때그때의 다수의사에 따른 국민의 자기결정과 자유및 평등에 기초하는 법치국가적 통치질서를 말한다. 이 질서의 기본적 원리에는 다음과 같은 것이 포함되어야 한다. 기본법에 구체화되어 있는 기본적 인권, 특히 생명권과 인격의 자유로운 발현권의 존중, 국민주권, 권력분립, 정부의 책임성, 행정의 합법률성, 사법권의 독립, 복수정당제의원리와 헌법상 야당을 결성하고 활동할 권리를 포함하는 모든 정당에 대한 기회균등[3]

홍성방, 『헌법학(상)』, 박영사, 2010, 109~110쪽.

　　자유민주적 기본질서는 가치상대주의로 인식되고 있었던 자유민주주의와 달리 가치절대주의로의 어느 정도 선회를 의미한다. 그래서 독일에서도 학자 간에 논쟁이 심하였다. 가치절대주의가 심화될수록 자유와 민주주의가 제약된다는 것 때문이다. 우리나라의 경우 자유민주적 기본질서는 1987년 헌법에서 제4조 통일조항에 다시 도입되었다. 헌법 제4조는 "대한민국은 통일을 지향하며, 자유민주적 기본질서에 입각한 평화적 통일정책을 수립하고 이를 추진한다"고 규정한다. 독일에서는 6개의 조문에 이 용어가 들어 있다. 그런데 우리나라에서는 이 개념이 수입되는 것이 문제가 되었다. 왜냐하면 자유민주적 기본질서가 배제하고자 하는 극우 편향의 군부정권이 이를 수입했기 때문이다. 군부정권은 「국가보안법」을 앞세워 정권에 도전하는 사람들을 닥치는 대로 자의적으로 잡아넣어 악명을 떨쳤

---

3) 극우정당에 대한 이 판결은 1956년 8월 17일의 구독일공산당 위헌판결에서 재확인되었다.

는데, 1987년 이후 자유민주적 기본질서가 그나마 「국가보안법」의 적용기준으로 역할하게 된 것이다.

> • '자유롭고 민주적인 기본질서'가 독일 헌법에 들어오게 된 배경은 국민주권을 실현하는 과정에서 민주주의를 치자와 피치자의 동일성이라고 지나치게 이상적으로 보아 주권자가 직접 독재권력을 행사하면 민주주의일 수 있다고 이해한 것에 대한 반성이었다. '주권적 독재'라고 불리는 이러한 생각이 20세기 전반에 극우와 극좌의 전체주의 지배질서를 가능하게 했기 때문이다. 그런데 유신정부는 국민을 동원하여 주권적 독재를 추구했던 당사자가 이 용어를 처음 도입했다는 점에서 아이러니라고 할 수 있다.
>
> 송석윤, 『헌법과 미래』, 인간사랑, 2007, 31∼32쪽.

결국 우리나라에서는 2014년 12월에 통합진보당 해산의 근거로 활용되기에 이르렀다. 정당의 해산은 국민의 선택에 맡겨 선거에서 지지를 받지 못하는 경우 자연스럽게 해산되도록 하는 것이 순리이다. 「정당법」 제44조는 "임기만료에 의한 국회의원선거에 참여하여 의석을 얻지 못하고 유효투표 총수의 100분의 2 이상을 득표하지 못한 때"에 정당의 등록을 취소하도록 하였다. 국민의 선택이 아닌 국가기구에 의한 강제해산방식은 정치적 활동과 표현의 자유를 위축시킨다는 점에서 바람직스럽지 못하다.

【통합진보당 해산심판사건(헌재 2014. 12. 19. 2013헌다1)】

헌법 제8조 제4항이 의미하는 '민주적 기본질서'는, 개인의 자율적 이성을 신뢰하고 모든 정치적 견해들이 각각 상대적 진리성과 합리성을 지닌다고 전제하는 다원적 세계관에 입각한 것으로서, 모든 폭력적·자의적 지배를 배제하고, 다수를 존중하면서도 소수를 배려하는 민주적 의사결정과 자유·평등을 기본원리로 하여 구성되고 운영되는 정치적 질서를 말하며, 구체적으로는 국민주권의 원리, 기본적 인권의 존중, 권력분립제도, 복수정당제도 등이 현행 헌법상 주요한 요소라고 볼 수 있다.

자유민주적 기본질서는 고전적 자유민주주의를 법적 질서(legal order)로 파악하여 보장하고자 하는 것으로 이해하자. 체제수호의 논리로 엄격한 개념으로 접근할수록 그 사회는 경직되기에 이른다. 자유민주적 기본질서라는 용어가 없어도 우리 헌법은 자유민주주의를 보장한다. 원칙적으로 최대의 자유민주주의가 최고의 방어적 민주주의일 것이라는 것을 신봉하는 것이 좋다. 경직된 사고와 정치로는 결코 선진사회로 나아갈 수 없다. 보다 발전된 정치가 되려면 고전적 자유민주주의에 근접한 표현의 자유가 보장되는 상태에서 자유로운 정치가 이루어져야 한다.

경직된 '자유민주적 기본질서'에 입각한 평화통일은 자기모순적이어서 안 된다. 그렇다면 어떻게 해야 할까? 그것은 우리 헌법을 관류하는 더 높고 큰 헌법원리의 관점에서 보아야 한다. 보다 완화된 '자유민주적 기본질서'가 되어야 한다. 그것은 거의 순수한 자유민주주의 원리가 될 것이다. 방어적·전투적 민주주의를 최대한 완화시켜 상대주의적 민주주의를 견지하자는 것이다. 다시 말해 대한민국의 '진정한 주권자'라면 북한을 결코 우리 방식으로만 이끌려는 무리수를 두지는 않을 것이다. 가급적 북한의 입장을 고려하면서 서로 공유할 어떤 지점을 찾고 그 공유 부분을 확대해 나가면서 통일의 지평을 확장시켜 나가야 할 것이다. 자유민주주의의 장점은 상대방의 주장에 대한 관용의 폭이 넓다는 데 있다. 그래서 공유할 부분이 큰 것이 바로 자유민주주의의 장점이다.

이렇게 볼 때 헌법상의 자유민주적 기본질서에 입각한 통일정책은 우리 남한이 북한의 체제에 흡수될 수 없다는 것, 즉 북한의 팽창적이고 패권적인 공산통일에 대한 반대를 명확히 하는 것에 그 일차적 의의가 있다고 보는 것이지 북한을 자유주의체제로 바꾸고자 하는 규정이 아니라고 해야 한다는 것이다. 정태욱은 다음과 같은 훌륭한 대안을 제시한다.

> • 그동안 남북한 양측의 평화통일정책은 평화보다 승리에 중점이 놓여 있었다고 볼 수 있다. 즉, 그것은 자유주의라기보다 근본주의에 기초하고 있었던 것이다. 남북 양측은 평화를 공존과 관용에서 구하지 않고, 북한은 '남한의 공산화'를, 남한은 '북한의 자유화'를 평화라고 생각한 것이다. 이렇게 볼 때 김대중정부의 햇볕정책은 공존과 관용의 차원에서 평화의 개념을 정립한 것이라고 본다. 이런 점에서 남북한 관계의 지표를 점검하는 차원에서도 자유주의적 민주주의의 관점은 긴요하다고 할 것이다.
>
> 정태욱, 『한반도평화와 북한인권』, 한울, 2009, 19~21쪽.

이쯤에서 고전적 자유주의의 개념을 만나 보기로 하자.

> • 나는 이 책에서 자유에 관한 아주 간단명료한 단 하나의 원리를 천명하고자 한다. 이를 통해 사회가 개인에 대해 강제나 통제—법에 따른 물리적 제재 또는 여론의 힘을 통한 도덕적 강권—를 가할 수 있는 경우를 최대한 엄격하게 규정하는 것이 이 책의 목적이다. 그 원리는 다음과 같다. 인간 사회에서 누구든—개인이든 집단이든—다른 사람의 행동의 자유를 침해할 수 있는 경우는 오직 한 가지, 자기 보호를 위해 필요할 때뿐이다. 다른 사람에게 해(harm)를 끼치는 것을 막기 위한 목적이라면, 당사자의 의지에 반해 권력이 사용되는 것도 정당하다고 할 수 있다. 이 유일한 경우를 제외하고는, 문명사회에서 구성원의 자유를 침해하는 그 어떤 권력의 행사도 정당화될 수 없다. 본인 자신의 물리적 또는 도덕적 이익 (good)을 위한다는 명목 아래 간섭하는 것도 일절 허용되지 않는다. 당사

자에게 더 좋은 결과를 가져다주거나 더 행복하게 만든다고, 또는 다른 사람이 볼 때 그렇게 하는 것이 현명하거나 옳은 일이라는 이유에서, 본인의 의사와 관계없이 무슨 일을 시키거나 금지시켜서는 안 된다. 이런 선한 목적에서라면 그 사람에게 충고하고, 논리적으로 따지며, 설득하면 된다. 그것도 아니면 간청할 수도 있다. 그러나 말을 듣지 않는다고 강제하거나 위협을 가해서는 안 된다. 그런 행동을 억지로라도 막지 않으면 다른 사람에게 나쁜 일을 하고 말 것이라는 분명한 근거가 없는 한, 결코 개인의 자유를 침해해서는 안 되는 것이다. 다른 사람에게 영향(concern)을 주는 행위에 한해서만 사회가 간섭할 수 있다. 이에 반해 당사자에게만 영향을 미치는 행위에 대해서는 개인이 당연히 절대적인 자유를 누려야 한다. 자기 자신, 즉 자신의 몸이나 정신에 대해서는 각자가 주권자인 것이다.

J. S. 밀, 서병훈 옮김, 『자유론』, 책세상, 2016, 서론.

기회를 균등히 하고
능력을 최고도로 발휘하여

•

　　제헌국회의 제1독회를 시작하면서 헌법기초위원회 위원장이었던 서상일 의원은 다음과 같이 첫 보고를 하였다.

> ● 이 헌법초안은 아시는 바와 같이 우리나라 국가민족의 만년대계의 기초를 정하는 기본법인 것은 물론입니다. 그러한 동시에 우리 3천만과 우리들의 자손만대가 자유스럽고 평화스럽고 영원한 행복을 누리기를 원하는 민주주의 국가를 건설하려고 하는 기본적 설계도인 것입니다. 아시는 바와 같이 우리의 노선은 두 가지밖에 없는 것입니다. 독재주의 공산국가를 건설하느냐 민주주의 국가를 건설하느냐 하는 데 있어서 이 헌법정신은 민주주의 민족국가를 건설하려는 한 기본설계도를 여기에 만들어 낸 것입니다. 그래서 이 헌법의 정신이 여기에 있고 또한 이 헌법의 제정은 우리들의 만년대계를 전망해서 유진오 위원을 중심으로 여러분이 만든 원안에 기초해서 우리 40명 위원들이 모여서 헌법을 장래를 전망해서 만든 것입니다. 헌법의 정신을 요약해서 말씀하자면 어데 있는고 하면 우리들이 민주주의 민족국가를 구성해서 우리 3천만은 물론이고 자손만대로 하여금 현시국에 적응한 민족사회주의 국가를 이루자는 그 정신의 골자가 이 헌법에 총집되어 있다고 말할 수 있습니다.
>
> 국회도서관, 『헌법제정회의록』, 헌정사자료 제1집, 1967, 100쪽.

　　이런 의도가 헌법 전문에도 그대로 반영되었다. "정치·경제·사회·문화의 모든 영역에 있어서 각인의 기회를 균등히 하고, 능력을 최고도로 발휘하게 하며, 자유와 권리에 따르는 책임과 의무를 완수하게 하여"라는 구절이 있다. 서상일 위원장은 또 다른 답변에서 "이 헌법은 삼균주의뿐만 아니라 만민균등주의를 반영했다"고 표현했다.[1] 우리 헌법의 한 모델이었던 바이마르공화국 헌법 자체가 사회민주주의적 헌법이었을 뿐만 아니라, 헌법의 기초자였던 유진오도 경제적·사회적 민주주의가 헌법의 기본이념임을 말하였다. 특히 '각인의 기회를 균등히 하는 제도'는 자유방임주의가 아니라 사회적 민주주의의 반영이라고 말했다.[2] 또한 건국헌법 제84조 "대한민국의 경제질서는 모든 국민에게 생활의 기본적 수요를 충족할 수 있게 하는 사회정의의 실현과 균형 있는 국민경제의 발전을 기함을 기본으로 삼는다. 각인의 경제상 자유는 이 한계 내에서 보장된다"는 현행 헌법 제119조로 연결되고 있다. 당시의 '사회정의'가 현재는 '경제의 민주화'로 바뀌었다. 하지만 기본 지향점은 변함 없다는 점에서 현행 헌법은 사민주의 헌법이라 할 수 있다.[3] 특히 건국헌법 제18조 제2문의 "영리를 목적으로 하는 사기업체에 있어서는 근로자는 법률의 정하는 바에 의하여 이익의 분배에 균점할 권리가 있다"라는 '이익균점권' 조항은 비록 시행되지는 않았지만 당시 헌법이 사민주의 헌법이라는 것을 여실히 보여 주는 규정이다.[4]

헌법은 종합적인 역사적 산물이다. 초기 자본주의 시대부터 고도로 발전된 자본주의 사회까지 시대변화를 반영하면서 적응해 온 것

---

1) 국회도서관, 『헌법제정회의록』, 헌정사자료 제1집, 1967, 127쪽.
2) 유진오, 『헌법해의』, 채문사, 1952, 42쪽.
3) 오동석, 「사회민주주의와 대한민국헌법」, 2011. 7. 17. 국회헌정기념관 발표문.
4) 이에 대해서는 이흥재, 「이익균점권의 보장과 우촌 전진한의 사상 및 역할」, 『법학』(서울대학교) 제46권 제1호, 2005 참조.

이 헌법이다. 헌법적 가치의 동시 실현 없이 경제발전만의 지속이 있을 수는 없다. 예컨대 국민의 교육수준이 높아져야 경제도 더욱 발전하는 것이고 그 역도 또한 맞다. 그렇듯이 민주화와 인권보장 확대는 우리 경제발전을 위해서도 필수적이다. 이 지점에서 OECD가 먼저 평생교육(lifelong learning)의 중요성과 개념을 들고 나왔다는 점을 생각해 보자. 또한 친기업·반노조 위주의 경제정책이 꼭 성공하는 것은 아니다. 오히려 저임금노동자와 서민들의 소득을 높여 상품시장에서 새로운 수요를 창출시켜 경제성장을 촉진하는 모델, 즉 포용적 성장(inclusive growth)을 주장하는 것도 결국 비슷한 결론에 이른다.[5] 헌법에 따르면 부(자본)의 지배가 아니라 국민의 부(자본)에 대한 지배가 되어야 한다. 자본주의 사회에서 부의 지배는 항상 존재해 왔지만 그것이 전부는 아니다.[6] 근대 입헌주의 국가는 부의 지배가 아닌 법의 지배를 말한다. 이전 시대에는 군주와 상업자본이 쉽게 결탁될 수 있었지만, 입헌주의와 법치주의는 자본과 권력의 유착을 결코 용납하지 않는 사회가 되었다. 우리나라는 대체로 1995년 문민정부를 기점으로 법치주의와 입헌주의가 본격화되었다. 선진국이 되면 국가의 경제력도 커지지만 그 이상으로 헌법상의 보편적 가치가 확대되어야 한다. 애국심이나 국가이익도 필요하지만,

---

5) 이정우, 「포용적 성장, 복지국가와 사회적 대화」, 『어떤 복지국가인가?』 한울아카데미, 2013.

6) 뒤베르제는 서구 헌법은 정확히 말해서 '금권 민주주의(plutodemocracy)'라고 규정지었다. 권력이 인민(demos)과 부(pluto)라는 두 개의 요소에 기초하고 있기 때문이다. 금권정치는 나쁜 체제를 지칭하고, 민주정치는 좋은 체제를 지칭하고 있다. 그러나 이 두 용어를 결합시킨다면 오히려 긍정적인 측면과 부정적인 측면을 균형 있게 나타내는 이점이 있다고 보았다. 모리스 뒤베르제, 김학준·진석용 옮김, 『서구민주주의의 두 얼굴』, 문학과지성사, 1983.

그 위에 인권보장, 세계평화, 세계시민주의 같은 보편적 가치가 지배
해야 한다는 것이다.

> • 선진국이 될수록 국가이익(national interest)을 넘어선 보편적 가
> 치를 선택하는 금도를 보여 주어야 한다. 이러한 예는 과거의 영국이 잘
> 보여 주었다. 노예무역이 아직도 국가의 부에 도움이 되고 있을 때, 한편
> 에서는 끊임없이 노예제도의 반인륜성, 반성경성을 규탄하면서 이의 폐지
> 를 요구하고 있었다. 대서양의 노예무역과 노예제는 200년 이상 지속되었
> 다. 그렇지만 영국은 1807년 노예무역을, 1834년에는 노예제 자체를 폐기
> 하는 결단을 내린다. 1838년부터 영국은 노예제 폐지를 주장하면서 국제
> 외교에서 선진국으로서의 지도권을 확립하였다.
>
> 강경선, 「노예제 폐지에 관한 연구」, 『민주법학』 제52호, 민주주의법학연구회, 2013.7.

무상급식, 반값등록금제 등으로 불거진 6~7년 전의 복지국가논쟁
은 우리 헌법이 새로운 패러다임으로 전환되어야 함을 강력히 요청
하였다. 지난 대통령선거에서도 복지국가는 모든 후보자의 공약사항
이었다. 그러나 지금까지도 복지국가로의 진행은 답보상태이다. 다
소 생뚱맞은 소리일지 몰라도 이 즈음에 결국 세월호 사건이 경종을
울렸다. 속수무책으로 300여 명의 학생을 그대로 바다에 수장시켜
버린 참담한 사건은 그 생생한 장면을 지켜본 국민들에게 마치 대한
민국의 침몰을 보여 주는 듯했다. 희한하게도 이 사건을 통하여 수많
은 사람들이 국가의 위기를 느꼈던 것이다. 이를 계기로 국가운영의
일대 전환이 필요하다는 여론이 형성되었다. 그런데 이렇게 고조되
었던 여론조차 어느덧 사라졌다. 그리고 2년 후 이 사건은 대통령탄
핵과 함께 다시 수면 위로 떠올랐다. 사회복지국가는 시대적 과제로
주어져 있다. 사회복지국가는 갑자기 돌출한 생소한 개념이 아니라
이미 건국헌법에서부터 다루어져 온 과제였다. 우리가 이만큼 헌법

의 중턱 이상으로 올라왔기 때문에 이제야 보이기 시작한 이정표에 불과하다.

우리는 아직 자유권, 자유주의에도 충분히 훈련된 상태는 아니다. 하지만 모든 것이 발전된 선진국으로 빠른 걸음으로 진행해야 하기 때문에 사회복지국가에 대해서도 이제 본격적으로 씨름을 할 때가 되었다. 중요한 것은 복지국가가 되면 헌법이 예정하는 인간상이나 법의 논리도 바뀌어야 한다는 사실이다. 개인주의적 인간상에서 공동체적 인간상으로, 무연고적 자아(unencumbered self)에서 관계적 자아(relational self)의 인간관으로 바뀌고, 강조되는 법의 이념도 자유와 평등을 넘어 박애와 우애로 확장된다.[7] 법치주의도 예컨대 3단계의 발전, 즉 억압적 법(repressive law), 자율적 법(autonomous law), 응답적 법(responsive law) 중에서 가장 마지막 단계로 진입하게 된다.[8] 좀 더 쉬운 표현으로 말하면 형식적 법치주의에서 실질적 법치주의로 전환되는 것이다. 우리나라의 경우 군부통치가 서양의 군주주권에 해당하는 시기였다면, 문민정부 이후 형식적 법치주의까지 발전했고, 지금은 실질적 법치주의에 역점을 둘 때이다. 물론 우리는 압축성장을 하기 때문에 앞 단계의 것들이 완전히 정리되지 않은 것이 많다. 여전히 봉건적 잔재라 할 수 있는 사회적 폐습이 많고, 형식적 법치주의와 형식적 평등도 훨씬 더 정착되어야 한다. 그렇지만 우리는 사회복지국가형 실질적 법치주의로 나아가지 않으면 여타의

---

7) 안민영, 「마이클 샌델의 정의론에 대한 비판적 고찰」, 『인권법연구』(제2호), 한국방송통신대학교 법학과, 2016.

8) 법의 발전단계에 대해서는 Nonet & Selznick, *Law and Society in Transition*, Harper and Row Publisher, 1978. 또한 최대권 교수는 '무법시대, 억압적 법, 형식적 법치주의, 실질적 법치주의'의 4단계로 설명한다. 최대권, 『법치주의와 민주주의』, 서울대학교출판문화원, 2012.

것도 할 수 없다는 사실을 알아야 한다. 급성장 중인 제3세계 국가들은 이처럼 서구문화의 수용과정에서 과거와 현대를 '동시진행'해야 하는 특징을 가지고 있다. 그래서 사회변동이 심하고 다이내믹하다.

> • 억압적 법의 단계는 사회방위와 국가이성이 강조되는 단계이다. 자율적 법은 법적 권위에 대한 엄격한 고수가 특징이며 형식주의와 법률주의가 강조된다. 응답적 법은 실질적 정의가 강조되고 자발적 의무체계가 적극적으로 모색되는 단계이다. 우리 사회는 억압적 법을 지나 자율적 법 단계에 있다 할 수 있다. 아직도 법 준수가 철저히 시행되고 있지 않지만, 여기에 응답적 법에 대처해야 한다는 것이다. 자율적 법 단계, 즉 형식적 법치주의 단계에서는 헌법과 법이 정한 바를 철저하게 요구하게 된다. 권리를 찾기 위한 인권소송 등이 권장되고 사법부의 역할이 강조된다. 하지만 응답적 법 단계에서는 권리주장도 중요하지만 시민으로서 먼저 행해야 할 자발적 의무가 강조되면서 덕성(civic virtue)이 강조된다.
> Nonet & Selznick, *Law and Society in Transition*, Harper and Row Publisher, 1978.

이와 같이 사회복지국가는 전문이 예정하고 있고, 또 사회복지국가가 진행되면 헌법 제11조 제1항 "모든 국민은 법 앞에 평등하다"가 말하는 '법 앞에 평등'을 최고 수준에서 논하게 된다. 법 앞에 평등의 초기 단계는 특권계급의 철폐와 자의적 차별금지를 전면화하는 것이다. 우리 사회는 조선시대, 일제시대를 거쳐 독재가 계속되는 동안 권력자들이 특권계급을 누렸기 때문에 '형식적 평등'조차 지켜지지 않았다. 헌법이 가동되면서부터 상당한 정도의 형식적 평등은 지켜지는 수준에 이르렀다. 다만 유전무죄, 무전유죄와 같은 고질적 불평등은 불식되지 않고 있다. 그래도 지금 우리가 달려가야 할 길은 '실질적 평등'의 실현에 있다. 실질적 평등은 형식적 평등에 확대경을 들이대면서 시작된다. 현실을 직시하면 거기서 집단별 차별과 불평등을 볼 수 있다. 그 결과 '집단인지적 인권(group-differentiated human rights)'의 개념이 나오면서,[9] 특별한 지위에 놓인 집단에 대한 우선적 처우(affirmative action)가 불가피해진다. 일찍이 자본가에 대한 열악한 노동자의 지위를 고려해서 노동자의 권리가 보장된 바 있다. 또 미국에서는 흑인에 대한 우선적 처우가 행해졌다. 우리나라의 경우에도 여성과 노인과 아동과 장애인, 다문화가정, 탈북자, 청년 등 여러 갈래의 우선적 처우가 행해지고 있다. 우선적 처우의 개념을 더욱 확대 연장한다면 각 사람에 대한 직시와 진지한 관심에 도달할 것이다. '동등한 배려와 존중(equal concern and respect)'[10]은 법의 지배의 이상향이다. 바로 이런 상황이 우리 헌법이 지향하는 목표지점인 것이다.

유개념에서 출발하되 개별화에 이르러야 '인간으로서의 존엄과 가치'가 실현된다. 그런데 이렇게 되면 법의 모습이 바뀐다는 것이다. 단순히 법전과 법조문이라는 형식성에 머물지 않고 형식에 내재된 실질적 법을 찾아내는 것이다. 법의 목적에 부합되는 내용이 곧 법이다. 진리, 상식, 양심, 합리성, 비례성, 조리, 사랑, 관심 같은 보이지 않는 것들이 법의 근원(invisible sources of law)이라는 것을 알게 된다.[11]

---

9) 최현, 「지구화와 인권 및 시민권」, 『세계의 정치와 경제』, 한국방송통신대학교출판부, 2011, 159쪽.
10) 로널드 드워킨(Ronald Dworkin)의 설명이다. 로널드 드워킨에 관해서는 로널드 드워킨, 장영민 옮김, 『법의 제국』, 아카넷, 2004, 283~297쪽 참조.
11) Laurence H. Tribe, *The Invisible Constitution*, Oxford Univ. Press, 2008.

평화적 통일과 항구적인 세계평화

•

　'평화적 통일'은 전문의 앞부분에, '항구적인 세계평화'는 뒷부분에 나온다. 세계평화는 제헌 당시에 '국제평화'로 표현된 것을 1963년 헌법에서 고친 것이다. '평화적 통일'은 1972년 헌법에 처음 등장하였다. 이렇게 해서 평화는 자유, 민주, 균등, 국민과 함께 전문에서 두 번 이상 사용된 용어에 속하게 되었다. 그만큼 강조된 단어라고 할 수 있다.

　문장의 순서상으로 볼 때, 평화적 통일에서의 평화가 대내적 평화를 뜻한다면 세계평화는 대외적·국제적 평화를 뜻한다. 대내적 평화를 기반으로 세계평화로 진행하는 것이 맞다. 하지만 실제로는 동일한 평화의 정신을 가지고 동시 진행하게 될 것이다.

　평화의 소극적 의미는 안정성일 것이다. 무질서와 분쟁의 종식이 최소한의 평화라 한다면, 평화의 적극적 의미는 정의가 실현된 후 박애, 사랑이 구현된 사회일 것이다. 사회복지국가의 보다 완전한 실현은 후자의 모습으로 진행될 것이다. 그런 점에서 볼 때 우리의 당면 과제인 사회복지국가 실현을 위해서는 먼저 소극적 의미의 평화만이라도 정돈할 것이 요청된다.

　평화통일원칙은 헌법 제4조에서 규정한 북한과 남한의 통일과정에서 기조로 삼아야 할 사항이다. 모든 헌법 교과서와 판례, 그리고 모든 국민이 평화통일원칙을 수긍하면서도 대북한정책과 관련해서는 난투극에 가까운 의견의 분열을 보이는 것은 무슨 이유일까? 가장 큰 원인 중의 하나는 6·25를 겪은 이후 반공, 반북으로 응어리진 증오와 적개심일 것이다. 그리고 그것이 국가안보라는 애국심에 터를 잡고 지속적으로 후세대까지 전승된 이유일 것이다. 그래서 친북한적 발언이나 행동에 대해서 용납할 수 없는 마음이 도사리고 있는 것이다. 그러하니 평화통일운동을 하는 사람들이 친북한적 행위를 하는 것도 곱게 봐줄 수가 없게 된다. 그러나 이것은 이제 큰 구실이 될 수 없다. 그 사이에도 남북적십자회담이나 남북교류와 관광사업을 자주 전개했던 터라 그저 북한을 미워하고 적대시하는 인식이 많이 바뀌었을 것이다. 우리 대법원과 헌법재판소도 현재 북한의 지위를 평화통일의 대화 상대자이면서 동시에 적대국이라는 이중적 잣대로 평가하고 있는 것도 이런 현상을 반영한다고 하겠다.

그렇다면 이렇게 심한 정치적·사회적 갈등의 원인은 또 다른 이유, 즉 생존 차원의 문제로 봐야 할 것 같다. 생존 차원의 문제란 즉 권력에 대한 욕구이다. 건국 이래 친일과 반공 계열이 미국의 후원 아래 집권을 계속해 왔기 때문에 그쪽이 다수자에 해당하고, 거기에 속해서 일정한 일을 해 왔으며 이득도 누렸다. 그런데 그것이 1980년대를 고비로 해서 친일과 반공, 그리고 경찰독재, 군사독재에 대한 현실론적 분석이 가해지면서 그들이 해 왔던 일들이 모두 부도덕한 일로 치부될 위험에 처하였다. 실제로 민주화를 통하여 문민정부, 국민정부, 참여정부로 이어지고, 지속적으로 과거사에 대한 청산작업이 행해지다 보니 집단적 위기의식이 고조되었을 것이라고 본다. 그리하여 이명박정부 이래 박근혜정부까지 보수정권이 집권하면서 집중적으로 야당에 대한 공략을 재개하기에 이른 것이다. 이것은 이성적인 대응방식이 아니라 비합리적인 생존욕구의 방식으로 권력을 유지하려는 것이다. 이것은 조선의 쇠락과 국권상실의 과정이 보여 주었던 모습과 흡사하다. 즉, 사생결단식 당쟁이나 그 후의 세도정치에 의한 권력의 사유화로 인한 국가의 패망과 다를 바가 없는 것이다. 국가를 위해서나 헌법을 위해서나 이런 집권을 위한 사생결단과 이전투구 현상은 제일 먼저 청산되어야 할 사회적 폐습이라고 하지 않을 수 없다.

자신이 살아온 인생이 어느날 무의미한 휴지조각처럼 취급받는 것을 원하는 사람이 어디 있겠는가? 누구든지 물어보면 자신은 가족에게, 친구들에게, 국가에게 보답한다는 마음으로 수고하면서 살았다고 생각할 것이다. 그런 일말의 자부심이나 정당화 근거조차 없으면 살아갈 도리가 없다. 그래서 줄기차게 자신의 존재가치에 대한 인정투쟁을 전개하는 것이다. 우리나라에서 친일과 빨갱이 논쟁은 어떤 명분에도 불구하고 결국 집단생존을 위한 인정투쟁에 불과한 것이라고 보아야 한다. 이렇듯 망국적인 인정투쟁은 반드시 해소시켜야 할 과제임에 틀림없다. 어떻게 해소시킬 것인가? 그 해법은 너무 간단하다. 즉, 양 집단이 서로 상대방이 살아온 과거에 대해서 최대한 인정해 주기만 하면 된다. 다시 말해 친일파와 6·25전쟁과 베트남전 참전 호국용사, 그리고 독재정권에 관여했던 사람들을 묶는 그룹과 사회주의 독립운동과 독재권력에 맞서 민주화운동을 한 사람, 그리고 민족주의에 입각한 남북통일을 추구하는 사람들을 묶는 그룹, 이 두 그룹 간의 일대 화해가 이루어져야 한다는 것이다. 화해를 한다고 해서 어느날 갑자기 서로 어깨동무하며 걸어가는 것까지 바라는 것은 아니다. 적어도 상대방의 입장에서 생각해 보고 어느 정도 이해할 정도까지만 해도 된다. 상대방의 장점을 찾아 그 부분을 인정하면 성공이다. 이만큼만 되어도 사생결단하는(internecine) 식의 정쟁은 면할 뿐만 아니라 협력정치나 더 나아가서는 연립정부가 가능해지기 때문이다.

먼저 친일파를 보자. 친일파는 민족이 일제의 압제에 시달릴 때 일본에 빌붙어서 오히려 우리 민족을 핍박하는 데 가담한 사람들이라서 민족감정상으로 도저히 용납할 수 없는 사람들이다. 하지만 조금 생각을 해 보면 일단 침략을 당해 식민지화된 지경에 이르면 이런 부류의 사람들은 불가피하게 출현할 수밖에 없다는 것을 알게 된다. 일제 치하에서 일본에 맞서 저항하던 이들은 조만간 해외로 도피할 수밖에 없었다. 영국의 식민지 통치방식과 달리 일본은 무단통치를 기조로 했기 때문이다. 조선총독은 일본의 제국의회나 내각 수상에게 책임지는 것이 아니었고 언론의 견제도 전무하였다. 총독이 사법권을 장악하고, 헌병사령관이 전체 경찰의 사령관이 되어 헌병에 의한 강압통치를 하였다. 3·1운동에서 표출된 민족적 항거가 일본에게 충격을 주어 그들의 식민 정책에 전환점을 가져왔다고는 하나 본질적 개선은 없었다. 피통치 민족의 정치 참여는 전혀 고려되지 않았다.[1]

일본은 독립운동가를 보는 대로 혹독하게 처단했기 때문에 해외로 도피하지 않을 수 없었다. 그렇다면 남은 조선인들은 어떻게 해야 했을까? 자기 땅과 가족을 버리고 해외로 떠나는 것도 쉽지 않은 일이다. 그래서 일본인들의 치하에 들어가게 되는데, 백성들 중에서 그래도 능력 있는 사람들은 일본과 조선인들 간의 교량역할을 하지 않을 수 없게 되고 이것이 친일 앞잡이의 시작이다. 예컨대 김동인은 우리 민족의 문학사에서 이인직, 이광수를 이어 구어체 소설문학을 발전시켰는데, 일본의 황국화와 조선어박멸운동 시기에 적당한

---

[1] 고병익, 『동아시아사의 전통과 변용』, 민음사, 1996, 184~196쪽.

타협이 불가피했음을 기술하였다. 일본 편에 서서 세 편의 글을 쓰면 한 편쯤이나 허가되는 한글 문장을 위해서 그는 끊임없이 붓을 놀렸다고 한다.[2]

> • 내 나이 스물 세 살 …
>
> 구한국 시대도 지나서 일본의 대정(大正) 연대도 초기를 지나서 대정 이십년에 세상에 나왔다. 어버이는 당당한 조선 신민이라 하나 나는 조선이며 한국이 소멸하고 일본 제국에 병합된 이후에 태어났으니 엄정한 의미로는 나면서부터 일본인이다.
>
> 조선 신국가가 건설이 되면 이 부모는 진정한 조선인이지만 당자는 나면서부터 일본인인 우리 같은 사람의 처우를 어떻게 해 줄는지.
>
> 나면서부터 일본인이요 지금껏 자라는 내내를 일본국가 비상시국을 하고 넘은 관계로 어려서부터 교육의 황도정신을 머리에 처박아 오늘까지 이른 우리라 … 열렬한 민족주의자인 아버지를 가진 나 같은 사람은 예외거니와, 삼십 세 이하의 청소년에게는 일본인 성격과 일본인적 사상과 일본 황도에 젖은 사람이 태반이다.
>
> 물론 그들의 피가 반만년 정연히 흘러내려 온 조선의 피매 한때 일본인 종교 교육을 받았다 할지라도 그만한 것은 조그만 노력으로 말살되기는 하겠으나 그래도 덜컥 일본의 굴레에서 벗어나는 순간 '너는 진정한 조선인이 못 되느니' 어떠니 하는 말썽이 안 일어날까.
>
> 청소년이 없이 국가는 존립하지 못한다. 조선이 일본에 병합된 지 근 사십 년 … 청소년 및 장년의 일부분까지도 조선이라는 나라가 없어진 뒤에 세상에 나온 사람이다. 이 문제가 어떻게 해결될는지. 요행 일본의 굴레를 벗어난다 할지라도 …
>
> 김동인, 『학병수첩』.

구체적인 사례를 보면 치가 떨릴 정도로 야비하고 악랄한 친일행

---

2) 김동인, 『망국인기(亡國人記)』, 학원출판공사, 1988.

적들이 많지만, 그것을 악의적으로 비난만 하는 것은 서로 간에 씻을 수 없는 상처를 남길 뿐 화해의 길을 찾는 데는 별반 도움이 되지 못할 것이다.

친일 인사들 중에서 그 후 건국헌법에 따라 '악질적인 반민족행위자'에 해당하는 인물은 처벌받도록 되어 있었다. 하지만 그것이 사실상 불발되었다. 친일 인사들은 새로운 정부에 관료로 편입되어 그 후의 정부의 기초를 세웠다. 그래서 이를 비판하는 입장에서는 우리 역사에 민족정기가 사라지고 부정부패의 정신이 득세하게 되었다고 탄식한다. 맞는 말이다. 하지만 우리는 지금 좋은 측면을 발견하도록 노력해야 한다. 식민지 시대가 우리에게는 주권 없는 사실상의 노예상태였다면, 그 시기에 조금이라도 전문성을 익힌 사람들은 새로운 국가에 부득이 유용하게 쓰인다. 다시 말해 친일 인사의 인격과 능력을 깡그리 무시할 것이 아니고, 부패한 정신과 행태들을 제외한 전문적 기술만큼은 인정해 주어야 한다는 것이다. 새로운 우리나라는 광의의 친일 인사들로부터 각 분야에서 그 전문성을 전수받았다. 전문성과 함께 그들의 친일적 행태와 문화 또한 전수되었다. 그리고 70년이 지나 오늘에 이른 것이다. 오늘의 우리 위치는 많이 발전했다고 말할 수 있다. 물론 여전히 미흡한 점도 많은 그런 나라이다. 역사발전의 동인은 무엇일까? 과거를 전수받는다고 해서 100% 전수되는 것이 아니고 첨삭이 이루어진다. 결국 국민들의 이성이 발현되면서 그에 맞추어 서서히 과거의 잘못은 시정되어 가는 것이다.

이번에는 사회주의자를 보자. 우리는 실화를 통하여 순수 민족주의 집안이 사회주의자가 된 이유로 어떻게 폐족의 길을 걸었는지 살펴보기로 한다.

• 임진왜란 당시에 반곡(盤谷) 정경달(丁景達, 1542~1602)이란 인물이 있었다. 1591년 선산부사에 부임하였고 임진왜란을 거기에서 맞았다. 파죽지세로 몰려온 왜군에게 함락은 되었지만 그는 끝까지 선산을 떠나지 않고 금오산 등 경내 일대를 옮겨 다니며 유격전술로 일본군과 대항하였다. 그의 형제, 아들, 조카 등 전 가족이 함께한 것으로 유명하다. 전쟁 중 그의 선산에서의 활약 때문에 그는 이순신에게 종사관으로 발탁되었다. 전쟁이 끝난 뒤에는 그의 공을 인정받아 선조로부터 선무원종공신 1등에 책봉되었다.[3] 또한 유배시절 다산 정약용이 『목민심서』에서 모범적인 지방 수령의 예로 정경달을 들었을 뿐만 아니라, 그의 행적을 모아 『반곡 난중일기』로 편찬하여, 현재 진주 박물관에 소장되어 있다.

정유재란 때에 정경달의 아들 명렬(鳴說)은 모친을 모시고 피난 가기 위해 마련하였던 피난선을 이순신에게 제공하여 명량대첩에 일조함으로써 부친의 충의를 계승하였다. 그의 자손들은 가문의 전통을 계승하여 항상 충의를 지켰다. 병자호란 때에도 의병을 모아 남한산성으로 출전하였다. 정경달 후손가는 공신 책봉으로 막대한 전답을 사패받아 사회경제적 기반이 크게 확대되고, 가문의 사회적 위상이 격상되었다.

이와 같은 충절의 가문에 재앙이 찾아왔다. 일제가 조선을 덮친 것이다. 일제하에서 대대로 민족주의 가문으로서의 전통을 이어받아 17대손인 정해룡은 집안의 재산을 항일활동 지원, 보성전문학교 지원, 양정원 사립학교 운영에 썼다. 그리고 해방 후에는 건국준비위원회와 혁신계 정당들에 참여했다. 그리고 그의 동생 정해진은 경성제대에 진학하여 사회주의자가 되었다. 일제 기간에는 형을 도와 함께 일한 것으로 전해진다. 정해진은 6·25전쟁 후에 월북하였고, 그 후 1965년, 1967년 두 차례 형을 만나러 남파되었다. 정해진의 아들 훈상은 1969년 부모를 찾아 일본에 밀항한 뒤 북한으로 갔다. 그리고 1980년 정해룡 집안 전체가 연루된 보성가족간첩단 사건이 발표되었다. 이렇게 해서 18대에 이르는 민족주의와 충의의 가문

---

3) 선무(宣武)공신 1등은 이순신, 권율, 원균, 2등은 신점, 권응수, 김시민, 이정암, 이억기, 3등은 정기원, 권렵, 유충원 등 18인을 책봉하였고, 선무원종(宣武原從)공신은 전국적으로 9,600명 책봉하였다.

이 가족간첩단으로 멸족당하는 결과가 되었다.[4]

이처럼 사회주의자들은 우리 역사에서 험난한 길을 걸었다. 친일 과는 다르게 일본 제국주의에 맞서야 한다는 이념과 민족주의로 무장하여 현실에서 보상받지 못하는 행로였다. 사회주의는 6·25 당시 남한의 많은 양민들에게 공포의 대상이 된 것이 사실이다. 대한민국 정부의 편에 선 것이 아니라 침략자 북한군의 편에 섰으니, 그 이후 사회주의자는 북한 편이라는 것이 민중의 뇌리에서 지워지기 힘들게 되었다.

6·25 이후 반공법과 「국가보안법」, 또 연좌제 실시에 의해 사회주의자 이력을 지닌 사람은 물론 그 친척들도 좋은 직장에 발을 붙일수 없었다. 그래서 사회주의자들은 대한민국에서 고립되었다. 또한 군부정권은 독재에 저항하는 온갖 민주화운동에 대해서 사회주의자의 개입과 사주라는 죄목을 붙여 「국가보안법」으로 혹독하게 다스렸다. 그리고 1980년대 전두환정권에 대항한 민주화운동에서도 사회주의 구호가 난무하였다. 반미, 반파쇼, 반제를 깃발로 내건 민주화운동은 사회주의적 투쟁방식을 채택하였기 때문에 많은 사람들에게 민주화운동을 하는 사람은 곧 사회주의자로 인식되기에 충분하였다. 그런데 당시 민주화운동이 사회주의 이론을 선택한 것은 친북과는 거리가 멀었다. 일부 운동권을 제외하고 사회주의자들은 우리 사회에 내재한 모순과 문제점들을 사회주의적 시각에서 제기하고,

---

4) 정해룡 집안의 내력에 관해서는 보성문화원·서울대학교 사회발전연구소 편, 『호남지역사와 문화연구』(보성문화원·서울대학교 사회발전연구소 공동 학술심포지엄 자료집), 2012 참조. 이 심포지엄에서 김경숙: 임진왜란과 정경달 형제의 활동, 오승룡: 봉강 정해룡과 민족교육 등의 발제문과 이재승: 전후 냉전사법의 재해석, 권혁태: 일본의 1960년대와 정훈상 사건, 정근식: 탈냉전·분단의 가족사 쓰기와 같은 토론이 있었다.

동시에 「국가보안법」과의 정면대결을 통하여 우리 사회의 금기영역을 깨뜨린 효과가 있다. 그래서 충분하지는 않지만 상당 정도 민주화의 지평이 넓어졌다. 「국가보안법」의 적용이 완화되었고, 적어도 사회주의와 관련한 사상과 표현의 자유는 확대되었다고 볼 수 있다. 그 결과는 우리나라의 문화에 르네상스를 가져왔다고 볼 수 있다. 종전에 비해 훨씬 더 풍부한 내용의 문학과 예술이 출현할 수 있었다. 그런 점에서 향후에도 사회에서의 금기는 가급적 최대한 축소되는 것이 바람직하다는 생각을 가지면 좋을 것 같다.

이렇듯 우리는 친일과 사회주의를 조금만 들여다보아도 오해가 난무할 수밖에 없는 과거사를 가지고 있다. 이것을 어떻게 일일이 해명할 것인가? 그리고 깊이 들어갈수록 말할 수 없는 깊은 상처가 더욱 밖으로 드러날 뿐이다. 개인적·사회적 트라우마를 치유하기 위해서는 다 터놓고 말해야겠지만, 그것을 일시에 해결하기는 곤란할 것이다. 그래서 지속적으로 문학과 영화, 연극, 드라마 등을 통하여 서서히 해소시켜 나가는 방법이 좋을 것이다.

친일과 사회주의 모두 다 나라가 패망했을 때, 나라를 살리고자 찾아간 길이 아니었는가로 생각해 보자. 그 길에서 서로 대립하고 골육상쟁에 이른 적도 있지만, 지금 우리는 양쪽이 다 문제가 있었고, 또 양쪽이 다 사회에 대한 일정한 기여를 한 것으로 생각해 보자. 이렇게 볼 수 있기 위해서는 두 입장이 서고 있는 지평을 넘어 더 높은 가치에 서야 하는데, 헌법 전문과 관련해서 보자면 3·1운동의 정신으로 돌아가 보자고 제안하고 싶다. 3·1운동에는 이와 같은 민족적 분열이 없었다. 기미독립선언서에는 심지어 일본까지 미워하지 않는다는 표현도 나온다. 일본까지 미워하지 않는 판에 친일행위를 그렇게 미워할 이유가 어디 있는가? 마찬가지로 일제의 침략과 함께 제국주의에 대항하는 한 축으로 러시아에 힘입은 사회주의 독립운동 계열도 있었으니 그것도 민족의 살길을 강구하기 위한 길이었다고 생각하면 좋을 것이다.

오히려 지금 중요한 것은 친일이며 사회주의에 대한 논쟁보다는 또다시 우리에게 국권상실의 위험이 짙게 드리워져 있음을 인식해야 한다는 것이다. 모든 것이 국권상실이 되었기 때문에 이렇게 내분을 일으키게 되었으므로 다시는 그런 어리석음을 반복하지 않는 것이 지혜로운 국민이 해야 할 일이다.

인류공영에 이바지

●

사람은 누구나 사랑을 베푼다. 이기심이 사람의 본성이듯이 사랑
도 사람에게 본래적이다. 사람에게는 이기주의와 이타주의 모두 존
재한다. 실제로 사람이 만약 남을 돕는다는 생각이 없다면 건강한
마음으로 살아가기 어려울 것이다. 스스로 자괴감에 빠질 것이다.
그래서 강도라도, 도적질을 하더라도 자기가 좋아하는 누군가에게
는 은혜를 베풀고, 그래서 스스로 위안을 찾을 수 있다. 그런데 이런
정도의 사랑과 베풂에는 한계가 있다. 자기가 아는 사람, 가족, 친구,
동향, 동지들 이런 정도에 국한된다. 그렇다면 범위를 넓힐 수 있는
것은 무엇인가? 상상력이다. 내가 구체적으로 경험하지 않았더라도
저 멀리 또 누가 있다는 것을 상상할 수 있으면 남에게 해를 끼치지
말아야지 하는 생각이 들 수 있다. 그것이 사랑이고, 이타주의이다.

그러면 상상력은 어떻게 키울 수 있는가? 개인차가 있겠지만 역시
교육의 힘이다. 교육을 통하여 우리는 간접경험을 쌓을 수 있다. 아
프리카에 직접 가지 않아도 우리는 그곳에서 어떤 일이 벌어지는지
어느 정도 상상할 수 있는 것이다. 그래서 우리는 마음대로 전쟁하
고 해를 끼치는 것을 삼갈 수 있다. 지금까지의 사랑의 확장은 개인
차이에 맡기는 것이다. 그래서 우리는 일괄적으로—상상력이 큰 사
람이든 작은 사람이든, 혹은 교육을 많이 받은 사람이든 그렇지 않은
사람이든—어느 정도의 평화와 정의를 베풀기 위해서 법을 만들게

된다. 법치주의는 이렇듯 도덕의 최소한부터 최대치까지 다 포함하고 있다.

1648년 베스트팔렌조약을 통하여 국가단위의 주권국가가 시작되었다고 한다면, 300년 후에는 국제연합(UN)의 세계인권선언과 함께 인권시대가 열렸다. 그러나 아직까지 세계국가에는 미치지 못하고 있다. 제2차 세계대전 이후 큰 변화 중의 하나는 유럽연합(EU)의 출범이라고 말할 수 있다. 유럽연합을 통하여 유럽 대륙은 비로소 전쟁으로부터 해방된 것이 사실이다. 그뿐만 아니라 여러 국가들이 하나의 공동체로 생활하는 모델을 거의 보여 주었다. 마찬가지로 동아시아에서도 유럽연합과 같은 지역공동체가 만들어질 수 있기를 많은 사람들이 꿈꾸고 있다. 이미 안중근 선생이 꿈꾸었던 것이기도 하다.[1] 세계정부가 생기면 현재의 국가들은 대체로 연방제의 형태로 별도의 주권을 보유하되 공동의 사무를 연방정부 차원에서 협의하여 처리하게 될 것이다. 이제 국민들은 동시에 세계시민이 되어 세계시민으로서의 세금과 의무를 수행하게 될 것이다. 현재와 같이 국가 간에 불신과 증오가 넘쳐나기보다 국가 간에도 선의추정 해석의 원칙(principle of goodwill interpretation)이 작동하는 사회가 되어야 할 것이다. 이를 위하여 지금부터라도 군사력 경쟁보다는 선의를 쌓아 가는 훈련이 한쪽에서 진행되어야 할 것이라고 본다. 일본과 중국과 한국 3국만 하더라도 이웃 국가로서의 불화를 생각하기에 앞서 상호 감사의 조건을 찾도록 노력해야 좋을 것이다.

예를 들어 한국은 일본이 방파제 역할을 해 줌으로써 태평양의 쓰나미 피해를 당하지 않게 됨을 감사한다든가, 일본은 한국의 지정학

---

1) 안중근, 『동양평화론』, 범우사, 2012.

적 위치로 인하여 중국의 직접적 침략이나 지배를 면하게 되어 상대적 자율성이 커져 오늘과 같이 강대국이 될 수 있었다는 겸양의 자세를 가질 것이 필요하다. 또한 제2차 세계대전 종전 당시에도 만약 한국이 없었다면 일본이 소련과 미국의 분할점령에 들어갈 상황이었을 것이다. 마침 한반도가 있었기에 분할을 면하지 않았을까 하는 생각도 해 본다. 과거 일본이 한국으로부터 문화전수를 받은 것 또한 마찬가지이다. 중국과 관련해서 요즘은 중국에서 날아오는 미세먼지, 황사로 인하여 한국인들의 건강피해가 심하다. 그러나 중국과 같은 대륙이 있어서 한국은 큰 시장을 얻었고, 또 과거 오랫동안 중화문명의 혜택을 입은 것도 기억해야 할 것이다. 이렇게 선의로 가득 찬 시민의 덕성을 가르치고 육성해 나간다면 어느 날인가 동양 국가들의 발전수준이 엇비슷해질 때 이 지역에서도 유럽연합과 같은 지역공동체가 성립할 수 있을 것이라고 본다.

나가며

1. 교훈

2018년이면 제헌절 70주년을 맞는다. 그중에서 40년은 헌법부재의 시대였다. 헌법전은 있었지만 그 뜻이 전혀 검토되지도 실현되지도 않았던 것이다.[1] 이와 같은 헌법부재의 시기에도 국민들은 헌법을 배웠다. 실제 체험을 통해서 국민주권, 국가권력, 민주주의, 인권이 무엇인지를 배운 것이다. 그것이 힘이 되어 몇 번의 저항권 행사를 통해서 마침내 독재체제를 붕괴시켰고, 이제 입헌주의 시대에 들어섰다. 우리 헌법은 영욕으로 점철된 역사를 가졌다. 그래서 서구 국가들은 물론 웬만한 제3세계 국가들에도 다 있는 '헌법의 아버지들(Founding Fathers)'이 우리나라에는 없다. 헌법의 고아인 셈이다. 다른 나라들과 달리 우리나라의 경우는 독립운동가들의 활동이 건국과 이후의 국가운영으로 연결되지 못했기 때문이다. 원인 제공자는 누구일까? 미군정 탓인가? 친일 인사들의 소행일까? 그렇게 보기보다는 우리 스스로 독립을 이루지 못했다는 데에서 근본적 이유를

---

1) 일반적으로 헌법이라 일컬어지는 법적 헌법(rechtliche Verfassung)은 라살레(Lassalle)의 말에 따르면 하나의 종잇조각에 불과하다. 법적 헌법의 힘은 그것이 현실적 헌법과 일치하는 한에서만 발휘된다. 그렇지 못한 경우에는 불가피하게 갈등이 발생하며, 결국 단순한 종잇조각에 불과한 성문헌법은 국가에 사실적으로 존재하는 세력관계에 항상 굴복하게 된다. 콘라드 헤세, 계희열 옮김, 『헌법의 기초이론』, 박영사, 2001, 13~14쪽.

찾아야 할 것이다. 스스로 독립하지 못한 까닭에 법적 주권은 얻었지만 사실상의 주권이 약할 수밖에 없었다. 조선의 국력 약화와 그로 인한 패망의 원인을 잠시 살펴본다. 이시영의 생각을 보자.

• 조선왕조에 이르러 고려 때의 상무정신을 꺼리는 폐습이 생겨 전적으로 수문일도(修文一道)에만 치달아 대현(大賢)과 거유(巨儒)가 각 세대를 거쳐 계승하였으며, 유도(儒道)가 홍장(弘長)되고 문덕(文德)이 보급되었으나, 정도(正道)에 너무 경주한 나머지 후생에 결한 바 되고 독학지사는 인의 성리의 과목만 힘쓸 뿐, 달권(達權) 변통(變通)의 방법에 대해서는 생각이 미치지 못하였다. 그러한 결과 자양(紫陽)의 조백(糟粕)으로 지리멸렬하다가, 이것이 다시 변하여 노예의 비습(鄙習)으로까지 화하였으니 저 역사적으로 전승되어 오던 강의(剛毅)하고 활발한 기풍은 일소되어 볼 수 없게 되었으니 이 어찌 한탄스럽고 애석한 일이 아니겠는가.

이시영은 사상적 측면뿐만 아니라 한말의 정치적 현실에서도 조선이 멸망한 원인을 찾았다.

• 아무튼 한국 조정은 수차의 변란을 만나면서도 징전비후(懲前毖後)의 대책을 강구치 못하고 … 광무(1897~1906)의 말기 19년간은 악하고 혼탁한 부패정치로 조선 개국 이래 가장 혹독하고 가장 심각했던 시대인 것이다.

매국의 적으로는 이완용과 송병준의 도배를 사람들은 지적한다. 그러나 나라는 점점 망해 가고 있는 판국에 김씨 외척이 씨를 뿌리고 민족들이 이를 더 완숙시켜 놓은 터에 이완용과 송병준이 이미 이루어진 결과를 받아들인 데 불과하다 하겠다.[2]

---

2) 이시영의 위 두 글은 신주백, 『이시영』, 역사공간, 2014, 107~108쪽.

이와 같은 이시영의 역사관은 조선 말의 개화에 적극 나섰던 마지막 관료로서, 또한 대한의 독립을 묵묵히 실천한 운동가로서 판단한 것이라 하겠다. 실제로 조선 패망의 가장 큰 원인 두 가지를 찾으면 첫째, 오랫동안 중국에 의존한 결과에서 찾는 것이 정당하다. 단재 신채호는 "조선 역사상 1천년래 제1대 사건"으로 묘청이 김부식에게 패한 서경전역(西京戰役)을 들었다(고려 인종 13년, 1135). 그 결과 조선 역사는 줄곧 사대주의에 머물고 말았다는 주장이다.[3] 고려시대의 중국 의존이 시작된 이후 조선까지 외침의 위협을 걱정하지 않으면서 싹튼 대외의존성은 심각한 것이었다. 안일한 이 생각이 외부 세계와의 단절을 초래했고, 마침내 임진왜란과 같은 혹된 대가를 치르게 했다. 같은 중화문화권에 속하면서도 상대적 자율성을 가졌던 일본이 보다 일찍 유럽의 문명과 국제무역에 눈을 뜬 것과 대비를 이룬다.[4]

또 다른 하나는 이시영의 지적과 같이 조선 말의 세도정치의 폐해이다. 세도정치는 다른 말로 바꾸면 '권력의 사유화'라 할 수 있다. 공적 권력 대신 사적 권력이 횡행하면서 공적 기강이 무너졌으며, 사적 권력은 부정부패의 심화로 이어졌다. 영조의 탕평책과 정조의 개혁정치도 붕당정치의 폐해를 해소하지는 못했다. 당파는 말 그대로 오늘날의 정당에 비유될 수 있는데, 조선에서도 집권 아니면 죽음이라는 인식이 강해지면서 당쟁은 사생결단하는 방식으로 전개되었다. 정조 이후 왕권이 급속히 쇠약해지면서 외척 중심의 세도정치가 난무하고 공권력은 공중분해되었다. 권력의 실세를 중심으로 아귀

---

3) 안병직, 『신채호』, 한길사, 1983, 105쪽 이하.
4) 이삼성, 『동아시아의 전쟁과 평화』 1, 2, 한길사, 2012.

들처럼 모여 사리사욕만 챙기는 꼴이 되었다. 중앙에서 지방까지 속속들이 부정부패의 늪에 빠지면서 백성들은 수탈을 더 이상 견디지 못하고 마침내 민란을 일으키게 되었다. 이러한 문제점을 인식한 대원군이 조선을 부흥시키고자 쇄신을 단행했는데, 대원군은 주로 공권력 회복 차원의 개혁에 몰두하였지만 그것도 실패로 끝났다.

조선의 패망원인은 오늘날 우리 현실에서도 교훈으로 삼아야 할 것이다. 의존성의 심화와 권력의 사유화는 국가의 존재 — 지금은 헌법의 존재 — 를 좀먹는다. 언제 어느 때라도 건강한 사회를 위해서는 자주독립의 정신과 건실한 공권력의 수립이 필수적 요건이라 하겠다. 이 두 가지가 지금 우리 사회에서도 시급한 과제로 남아 있다. 우리가 선진 사회복지국가의 실천을 논의한다고 해도 자주성과 자율성, 그리고 권력의 사유화를 방지하지 못하고는 실현 불가능한 것임을 공직자와 국민 모두 마음속 깊이 명심해야 한다.

일찍이 대한제국도 주권을 얻었지만 스스로 획득한 것이 아니라 외부 열강에 의해 주어진 것이었기 때문에 주권이 약할 수밖에 없었다. 고종은 군주로 통치하기 전부터 주권의 중요성을 박규수로부터 많이 배웠다고 한다.[5] 그런데 조선 스스로가 쟁취한 주권이 아니라면 고종 스스로 대한제국의 기반을 키우는 노력을 기울였어야 한다. 그것은 3도 민란 이후 동학혁명을 거쳐 민중의 힘을 중시해 온 독립협회와 손을 잡았어야 한다. 그렇게 해서 독일 3월혁명 이후와 비슷한 입헌군주제 형태라도 갖추어 놓았으면, 일본의 침략을 그처럼 쉽사리 당하지는 않았을 것이다. 그러나 고종은 독립협회에 대해 믿음

---

5) 강상규, 『19세기 동아시아의 패러다임 변환과 한반도』, 논형, 2008; 강상규, 『조선정치사의 발견』, 창비, 2013.

을 갖지 못했고, 그 결과 헤이그 특사 파견에 대한 책임을 추궁당해 일본에 의해 폐위되고 말았다. 말하자면 주권이 없는 황제로서 수모를 당한 것이다. 역사적 가정에 불과한 것이지만, 국민의 힘을 기반으로 하고 있었다면 일본이 고종황제를 마음대로 휘두르기는 쉽지 않았을 것이라는 추측이다.[6] 그러나 고종은 의회제도를 거부했으며, 전제군주제로 기본을 잡고 독립협회를 탄압했다. 흩어지고 해외로 도피한 독립협회 인물들이 그 후 3·1운동에서 결집해 수면 위로 떠오른 것이다. 그리고 그것이 공화국의 시작이었다. 역사는 아이러니하다. 만약 고종이 정치력을 잘 발휘해서 국권상실을 면했더라면 대한제국은 공화국으로의 출발이 지연되고 지금도 일본처럼 입헌군주제로 남아 있을지 모른다. 국체의 허약함으로 큰 국난을 겪었지만 덕분에 공화국은 일찍 경험하게 되었다고 할 수 있다.

　역사를 돌아보는 것은 오늘날 우리가 어떻게 해야 하느냐를 결정하는 데 도움을 받기 위해서이다. 우리는 온전한 우리 힘으로 독립을 이룬 것이 아니기 때문에 외부의 힘에 끌려다니기 십상이었다. 그렇게 되지 않기 위해서는 빨리 내부체제를 강화하여 외부인들이 쉽게 흔들 수 없을 정도가 되었어야 하는데 그것이 말처럼 쉽지 않다. 경제력도 뒷받침되어야 하고 정치수준도 높아져야 하는데 우리가 그렇게 되기까지는 대략 40년이 걸렸다. 현재 우리의 주권은 고려시대 이후 가장 강한 상태가 아닐까 생각한다. 물론 지금도 전시작전권과 핵무기 개발 등 우리의 자주적 결정권이 약한 부분이 있다. 그러나 과거에 비한다면 지금은 우리의 노력 여하에 따라서 무엇이든 할 수 있

---

6) 박찬승 교수도 비슷한 상상을 하고 있다. 박찬승, 『대한민국은 민주공화국이다』, 돌베개, 2013.

는 수준의 주권에는 도달했다고 본다. 결국 우리가 무엇을 어떻게 하느냐가 가장 중요한 일이다. 우리의 자주독립 없이 외부인들이 해 줄 수 있는 것은 없다. 우리가 무엇을 할 것인가에 대해서 망설일 것이 없다. 일단 헌법이 있다는 것을 알자. 특히 전문은 국민들의 동의와 합의가 큰 사회계약문서의 성격이 강하다고 했다. 그러니까 헌법을 정상화시키는 일이야말로 불필요한 고민을 덜어 준다. 대통령과 모든 공무원은 취임 시 헌법준수의무를 선서한다. 헌법과 법령에 있는 것부터 열심히 시행하는 것이 기본임무라 할 수 있다. 그런데 왜 헌법을 비켜 가는가?

이만큼 국력과 주권이 커졌다고 해도 시대 상황으로 보면 우리는 국권상실의 위기가 근접거리에서 배회하고 있다는 것을 알아야 한다. 우리가 독립할 당시 우리에 대한 객관적 인식은 노예상태였다. 그 상태에서 여기까지 상승한 우리의 업적은 엄청난 것이다. 이런 노력을 헛되게 할 수는 없다. 그러나 객관적 상황은 조선 말의 상황과 유사한 측면이 재현되고 있다. 그래서 더욱 우리는 심기일전할 필요가 있다.

헌법 전문을 읽어 보면서 우리의 위치가 어디에 와 있는가를 가늠해 보자. 커서(cursor)가 전문의 거의 마지막 지점에 위치해 있음을 감지할 것이다. "안으로는 국민생활의 균등한 향상을 기하고 밖으로는 항구적인 세계평화와 인류공영에 이바지함으로써 우리들과 우리들의 자손의 안전과 자유와 행복을 영원히 확보할 것을 다짐하면서"에 와 있는 것이다. 그만큼 우리가 많이 발전했다는 것이다. 사회복지국가와 세계평화, 인류공영을 위해서 우리가 해야 할 일이 무엇인가를 생각해야 할 때이다.

2. 실질적 민주주의

그렇지만 우리가 안주하기에는 국제기상이 매우 험난하게 전개되고 있다. 최근의 상황은 조선 말의 상황과 흡사하다. 바로 우리의 주권을 상실했던 조선 말이다. 조선 말의 상황과 다른 점이라면 그때는 천하제일의 중국이 침강하고 일본이 새롭게 떠올랐지만, 지금은 중국이 융기하고 일본이 쇠락하는 형세이다. 그리고 가운데 있는 대한민국은 그때는 무방비·무대책 속의 왕조 시대였다면, 지금은 상당히 주권이 강해진 공화국 시대에 들어서 있다는 것이 다르다. 또한 당시에는 없었던 남북이 분단되어 있다는 점이다.

무엇보다도 중국의 대국화가 우리에게 미치는 영향이 크다. 미국은 태평양 건너에 있지만, 중국은 바로 코앞에 있는 나라이다. 그리고 역사적으로도 힘의 관계에서 종주국과 주변 국가로서의 주종관계를 벗어나지 못했다. 힘이 달리면 주종관계는 어쩔 수 없는 시대였다. 종적 관계란 주권의 부재 혹은 반감상태를 말한다. 주권이 없는 만큼 그 나라 국민들의 자주적 결정권(자결권)이 약해지기 때문에 전반적인 기본권이 약해질 수밖에 없다. 그래서 우리는 주권을 지켜야 한다. 나라의 주권이 공고한 가운데 그 주권자들의 기본권을 보호하고 보장하여야 한다. 주권을 지키기 위해서 우리는 힘을 길러야 한다. 그 힘은 무엇일까? 그 힘은 문명의 힘이다.

예로부터 동아시아에는 중화(中華)사상이 있었다. 중화는 문명국을 뜻했고 문명국인 중국이 중심이 되는 세계였다. 1842년 아편전쟁에서 청나라가 영국에게 패배한 것을 본 일본은 이제 중화는 유럽이라 생각하고 적극적으로 서양문명을 받아들였다. 탈아입구(脫亞入歐)를 목표로 설정한 일본은 이제 동아시아의 중화는 일본이라고 자부하였다. 일본의 과도한 자부심은 동아시아의 침략으로 귀결되었고, 이러한 자만심은 오늘날까지도 외교적 언사에서 종종 표출된다. 우리는 21세기 동아시아에서의 중화국가, 다시 말해 문명의 중심 국가로 가야 한다.

우리 주변 국가들이 워낙 초강대국이라서 우리가 경제력으로 존재감을 나타내는 것은 무모한 일이라고 여겨진다. 그래서 우리는 물질과 정신을 포함하는 종합적 문화국가, 문명국가로 나가는 것만이 이들 국가 사이에서 존재감을 가질 수 있는 최선이자 유일의 길이라고 생각된다. 일본의 우경화에 편승해서 우리도 무장을 강화해야 한다는 주장이나, 상시 비상국가체제로 들어서야 한다는 생각이 들 수도 있다. 중국의 노선에 편승하자는 주장도 있을 수 있다. 하지만 이와 같이 우왕좌왕하다가는 다시 주권을 잃게 될 수도 있다. 주권을 지킨다는 것은 우리의 존재감을 유지하는 것이다. 우리의 존재감을 주변과 세계에 드러내야 한다. 드러내서 그들 나라와 국민들로부터 존중을 받아야 한다. 존중을 받는 한 우리의 주권이 있는 것이고, 무시당하면 주권은 상실되는 것이다. 향후는 과거처럼 무력침략에 의한 주권침탈의 경우를 상정할 필요는 없지만, 우리의 존재에 대한 주변국으로부터의 존중을 유지하느냐의 여부가 중요하다. 경제력은 상당히 중요하지만 전체는 아니다. 더구나 중국과 일본은 경제력 하나만 볼 때에도 우리의 존재감을 과시할 수 없을 정도로 강대한 국가들이다. 그래서 우리는 중국이나 심지어는 일본조차 가지고 있지 않은 문화국가, 문명국가를 달성해야 한다.

문화는 단지 전통문화, 예술문화만을 뜻하는 것이 아니라 복지국가에 걸맞은 선진 민주시민의 문화를 뜻한다. 이것은 모든 국가권력이 헌법에 부합하며 민주적으로 운영되고, 사회정의 가운데 국민이 행복한 상태를 말한다. 결국 우리가 가야 할 길은 주변의 어떤 상황에도 크게 요동치 않고 묵묵히 나침반(헌법)을 따라가는 그 길이다.

그래서 사회복지국가는 이제 우리에게 필연으로 다가와 있다. 가지 않으면 우리 대한민국호가 위기에 빠질 수 있다는 점에서 반드시 가야 할 길이다. 그런데도 가지 않으면 어떻게 될까? 그렇게 되면 이제까지 우리가 쌓아 온 지난 백년의 수고가 헛수고가 될 수 있다. 이만큼 커진 주권도 물거품처럼 하루아침에 무(無)로 돌아갈 수 있다. 그러나 결코 그렇게 되어서는 안 된다. 노예로 전락했던 과거의 경험을 다시 반복하는 것은 정말 미련한 짓이다. 지금 이 순간 우리는 우리나라의 미래에 대한 굳건한 믿음과 소망을 가져야 한다. 믿음과 소망 위에서 "이제까지 잘해 온 것처럼 앞으로도 잘할 것이다"는 낙관으로 역사를 바라본다면 어떤 식으로든 우리는 사회복지국가로 진행할 것이며, 헌법의 정점을 향한 항해는 계속될 것이라는 믿음이다. 우리의 의지와 관계없이 갈 수밖에 없는 것, 그것이 역사의 필연이다. 필연에 맞추어 가면 순항할 것이지만 거스르면 난항이 될 수밖에 없다.

3. 실천방안으로서의 정치

1) 정치과잉사회

정부와 통치를 뜻하는 단어 government는 본래 항해술(guberno)에서 연유되었다. 국가의 운영은 기술이 필요하다. 치국경륜(state-craft)이란 용어도 있다. 마키아벨리는 국가운영을 하는 데 필요한 기술을 전한 최초의 근대 정치학자로 알려져 있다. 동양에서도 제왕학이 있어, 군주에게 경연(經筵)을 통해 통치학을 가르쳤고, 『정관정요(貞觀政要) 같은 통치학서가 있었다.[7]

한 사회에는 모든 것이 존재할 수 있다. 힘도 있고, 전문성도 있고, 즐거움도 있고, 논쟁도 있고, 갈등도 있고 그렇게 하면서 다채롭게 사는 것이다. 그렇지만 그 가운데 규범이 있어야 한다. 우리 사회는 현재 많은 능력도 있고, 열심도 있고, 풍요도 있으나 규범이 낙후되어 있다. 욕망의 분출이 과도해서 절제가 안 되는 거친 사회이다. 침로가 불투명해서 항해(통치)가 불안정하다. 어디로 가는 국가인가? 통치자와 정치인이 국민들의 기대에 부응하고 있지 못하다. 현재 우리 사회의 시대정신을 담아낼 정치와 통치의 수준에 이르지 못하고 있다는 말이 더 정확할 것이다.

2) 대의제민주주의의 위기

오늘날 주권자에 의한 직접민주주의는 매우 확대되었다.[8] 그에 비하면 대의제민주주의는 뒤로 처지고 있다. 직접민주주의를 발산하는 주권자인 국민의 의식이나 기대에 못 미친 채 대의제(=공직자)가 휘둘리고 있다. 국민들에게 휘둘리는 만큼 더 신속한 개선의 계기로 삼는 대신 공직자들은 자신의 권력을 무기 삼아 국민들을 압도하고자 한다. 그래서 직접민주주의와 대의제는 더욱 격렬하게 대치하게 되고, 이것은 대부분 국력이 소모되는 양상을 띤다. 대의제를

---

7) 윤여준, 『대통령의 자격』, 메디치, 2011, 58쪽.

8) 직접민주주의는 매스컴의 발달, 특히 사이버, 소셜미디어의 출현과 함께 더욱 확대되었다. 가상공간에서의 표현의 자유를 통한 집단지성의 구현은 현실사회보다도 훨씬 빠르게 민주주의의 발달을 보여 주고 있다.

지지하는 사람은 보수주의자, 거리의 정치나 직접민주주의를 선호하는 사람은 진보주의자가 되었다. 보수나 진보 모두가 다 필요하다. 그러나 극렬하고 비타협적인 양자 간 대치가 결국 국가의 피폐화를 가져온다는 것이 문제이다.

선거제도도 과거보다는 훨씬 잘 정리되었다. 그런데 근본적으로는 정책토론조차 의미를 상실한 정당 중심의 선거이고, 정당은 이미 고정된 지지집단끼리의 표대결 양상을 띠기 때문에 선거 자체가 불신을 당하고 있다. 국민의 정치에 대한 불신, 정당에 대한 불신이 고조되고 있다. 대의제의 위기라 하지 않을 수 없다.

우리는 검찰이나 사법부를 비난한다. 예전에 비해서는 많이 나아졌지만, 여전히 검찰과 사법부는 국가적인 중대 사안을 정치적으로 해결함으로써 국민의 원성을 사고 있다. 그래서 여전히 법치주의는 권력 아래에 있다고 보인다. 법관이 승진을 위해서 윗사람의 눈치를 보는 판결을 한다면 법에 대한 신뢰는 어디에서 찾아야 할까? 대의제민주주의는 사법부가 마지막 보루이다. 국회나 정부가 잘못해도 마지막으로 사법부에서 걸러 줄 것이라는 희망과 기대가 살아 있을 때까지 대의제는 존속한다. 하지만 마지막 부분까지 걸러지지 않는다고 한다면 대의제에 대한 불신은 어쩔 수 없이 커질 수밖에 없다. 지금이 바로 그런 상황이다.

3) '공적 봉사'로서의 정치

모든 이들은 법에 대한 기대보다 사람에 대한 기대, 당연히 권력자에 대한 기대를 한다. 그래서 정치는 바르게 사는 것이 아니라 집권이 목표가 된다. 정치가는 집권을 위해서 목숨을 건다. 집권을 못하면 멘탈이 무너지는 상태가 된다. 이것은 정치가 바로 서지 못했기 때문이며, 동시에 헌법이 아직도 바로 서지 못했기 때문이다. 이제는 정치가 바로 서야 한다. 정치는 집권이 아니라 바른 사회를 만드는 것이 목표가 되어야 한다. 집권을 못한다고 해서 우리가 해야할 일이 없어지는 것도 아닌데 우리는 왜 집권에 집착하게 되었을까? 국민은 주권자이다. 원하는 정당이 집권을 하지 못하면 자신이 희망하는 것을 실현하는 데 어려움이 많은 것은 사실이다. 그렇다고 집권을 못했다 하여 원하는 일을 포기해야 하나? 그럴 수는 없다. 내가 할 일, 하고 싶은 일은 여전히 노력하면 된다. 이런 일은 원하는 정당이 집권한다고 해서 꼭 실현되는 것도 아니다. 집권에 대한 열망은 다분히 인적인 유대감을 느끼고 인적 해결 메커니즘을 확보했다는 안정감, 승리감이라고 보아도 좋을 듯하다. 대단히 이기주의적인 발상이다. 마찬가지로 다른 정당 지지자도 그렇게 집권하기를 바랄 것이다. 이렇듯 이기주의에 기초를 둔 집권욕은 결국 정치판, 선거판을 치열한 대결의 장으로 몰고 가게 된다. 그러므로 정치에서 이기주의가 최상의 목표가 되어서는 안 된다. 정치의 목표는 이기주의가 아니다. 나의 이기주의만큼 타인의 이기주의도 인정해야 한다. 그래서 공동의 이기주의, 즉 공동의 이익, 공동선(common good)이 정치의 최상 목표가 되어야 한다.

정당도 마찬가지이다. 국민의 정치적 의사형성에 기여하는 본래적 의미의 정당이 되어야 한다. 정당의 특징 중 하나로서 집권을 목표로 하는 수권정당을 든다. 당연히 집권에 대비하여 일정한 정책개발과 인적 예비조직을 갖출 수 있어야 할 것이다. 그렇다고 해서 거기에 사생결단을 한다는 것은 있을 수 없다. 그러니까 정치가 국민들에게 혐오감을 주게 되었다. 정치자금을 위하여 지나친 부채를 진다든가, 부정한 후원금을 받는다든가 그리고 거기에 혼신을 기울이다 보니 정치인은 패가망신하는 직업인으로 낙인찍힌 바 되었다. 정치인이 좀 더 고결하게 비칠 수 없을까? 아니 고결하지는 않더라도 건실한 시민으로 비칠 수는 없을까? 여기에 우리의 정치를 바꿔야 할 이유가 존재한다.

「정당법」
> 제2조(정의) 이 법에서 "정당"이라 함은 국민의 이익을 위하여 책임 있는 정치적 주장이나 정책을 추진하고 공직선거의 후보자를 추천 또는 지지함으로써 국민의 정치적 의사형성에 참여함을 목적으로 하는 국민의 자발적 조직을 말한다.9)

정치는 이제 공적 봉사(public service)로서의 정치로 나아가야 한다. 모든 공무원은 물론 정당인인 정치인도 공직자이기 때문에 헌법이 요구하는 바에 따라야 한다. 헌법은 공무원에게 국민 전체에 대한 봉사자이기를 요구한다. 마찬가지로 정치인도 우선 국민 전체에 대한 봉사자가 되어야 한다.

「헌법」
> 제7조 ① 공무원은 국민 전체에 대한 봉사자이며, 국민에 대하여 책임을 진다.

4. 헌법에 대한 의지

이제 우리 헌법의 상반구조는 북한 외에도 중국이나 더 나아가 미

---

9) 이 내용은 1963년 제정된 「정당법」 이래 지금까지 같다.

국, 일본, 러시아, 유럽 등 강대국의 국가주의라는 것과의 대결일지도 모른다. 그래도 마찬가지이다. 우리 국민이 '헌법에 대한 의지'를 갖고 헌법 전문에 나타나 있듯이 세계평화와 인류공영의 정신을 가지고 임한다면 반드시 그 길이 열리리라고 확신한다. 그리하여 대한국민도 세계사에 일정 부분 기여하는 민족이 될 것을 간절히 소망한다.

● 헌법에의 의지(Wille zur Verfassung)는 세 개의 근원으로부터 나온다. 1) 국가생활을 무절제하고 무원칙한 자의에서 벗어나게 하는 객관적이고 규범적인 확고한 질서의 필요성과 그 고유가치를 인식하는 데 기초한다. 2) 헌법에 의해 구성된 질서가 단순한 사실적 질서 이상의 것, 즉 정당화되고 또 항상 새롭게 정당화하는 질서라는 확신에 기초하고 있다. 3) 이런 질서는 인간적 욕구로부터 독립하여 효력을 가질 수 있는 것이 아니라, 오직 우리의 의지행위(Willensakte)를 통해서만 효력을 갖게 되고 유지된다는 의식에 기초하고 있다.

콘라드 헤세, 계희열 옮김, 『헌법의 기초이론』, 박영사, 2001, 22~23쪽.

5. 헌법의 인간상

1) 주권자적 인간

헌법의 꽃이 만개하기 위한 일대 전환점을 맞고 있다. 이 전환점을 잘 극복하면 헌법이 이상으로 하는 자유와 평등, 정의, 복지, 문화, 환경, 평화 등이 실현될 것이다. 그리고 이런 시대적 과제를 극복하지 않으면 안 된다는 것이 당위를 넘어 필연으로 주어져 있기에 그 반대는 가정할 수조차 없다. 결국 이 험난한 길을 성공적으로 가기 위해서는 우리 모두가 각자의 개성과 능력을 최대한 발휘할 수 있는 자유롭고 평등한 사회가 되어야 한다. 개인의 자유와 사회적 연대라는 모순으로 보이는 두 개의 가치를 통일적으로 실현해야만 하는 것이다. 이와 같은 난해한 헌법과제를 실현할 수 있는 방법은 실질적 민주주의이고, 그 한 예가 숙의민주주의의 훈련이다. 실질적 민주주의 실현을 위해서는 자유와 책임, 권리와 의무의 주체가 되는 인격이 전제되어야 하는데, 이러한 인간형을 '주권자적 인간(sovereign person)'이라 부르고자 한다. 주권자적 인간은 헌법이 지향하는 모든 가치와 정신을 추구하는 사람이다.

대의제에서 국민의 대표자인 공직자들은 국민에 앞서서 헌법의 지평을 넓히지 않는다. 대부분의 공직자는 국민들의 변화가 어느 정도 이루어진 이후에 비로소 입법을 하거나 판결을 내린다. 그러므로 우리가 헌법의 발전과 완성을 추구한다면 대의제의 공직자들에게 기대하기에 앞서 국민들이 헌법을 선취하는 것이 필요하다. 그래야 공직자가 연후에 움직인다. 직접민주주의와 대의제의 접점을 이루는 이 부분에서 가장 핵심이 되는 것은 주권자적 인간의 역할이다. 헌법에 대한 각성과 의지를 가진 한 국민이 바로 헌법의 변화를 초래하는 것이다. 최초의 동인이 되는 이 주권자적 인간은 누구인지 알 수 없는 경우도 많고, 큰 주제는 당대에 해결되지 않은 채 수대를 거친 다음에야 헌법으로 인정되고 편입되었다.

헌법은 우리 공동체의 정체성을 '민주공화국'으로 규정하였고, 모든 권력은 국민으로부터 나온다고 했다(헌법 제1조). 또한 헌법의 근본 목적을 '인간으로서의 존엄과 가치'(헌법 제10조)에서 구하고 있다. 즉, 우리의 민주주의는 주권자인 국민들의 존엄과 가치를 목적으로 하는 것이며, 이 목적은 민주주의 원리에 의하여 구체화될 것을 예정하고 있다. 이렇게 우리 헌법은 국민 개개인이 민주질서 속에서 주권자적 인간이 될 것을 소망하고 있다.

바람직한 공화국(republic) 시민의 상은 일상 시민으로서는 자기 직업에 전문성을 가지고 자신의 행복을 추구하며 살아가지만 공공 정신을 잃지 않아야 하며, 필요한 경우에는 공직자로 불려나와 시민의 대표자로서의 임무도 성공적으로 수행할 수 있는 사람이어야 한다. 또한 주어진 임무가 끝나면 다시 원래의 위치로 돌아가 자신의 가정과 생업에 종사하는 그런 자세가 당연하다. 그리고 오늘날의 시대 추세는 점점 더 직접민주주의의 확대 경향에 들어서 있으므로 직접민주주의에 대한 강화방안을 모색하기보다는, 불신의 늪에 빠진 대의제민주주의를 구하는 방안을 마련하는 일이 더 시급하다고 생각된다. 그래서 훌륭한 공직자가 더 없이 필요한 때이다. 두 말할 필요도 없이 그 훌륭한 공직자는 헌법에 충실한 주권자적 인간이어야 한다. 이러한 주권자적 인간이 헌법의 인간상이라 생각하고, 따라서 우리의 민주시민 교육의 목표는 국민 한 사람 한 사람이 주권자적 인간이 되도록 하는 데 두면 좋을 것이다.

2) 주권자적 인간의 내용

(1) 기본권의 주체

주권자인 국민은 기본권의 주체이다. 태어나서 살아가는 동안 모든 사람은 자신의 인격을 최대한 발현할 수 있어야 한다. 인격의 발현이란 자신의 내부에 있는 욕망과 능력을 충족시키고 개발한다는 의미이다. 대부분의 사람들이 너무나 작은 것만 충족하거나 혹은 충족은커녕 상처만 받다가 인생을 마치는 경우도 적지 않은 것이 이 사회이다. 좋은 사회, 좋은 국가라면 국민들의 행복추구권을 최대한 지원하고 잠재력을 개발할 수 있도록 도와주어야 한다. 이것이 헌법 전문과 헌법 제10조가 예정하는 취지라 할 수 있다. 특히 사회복지 국가의 실현을 통하여 국민이 인간다운 생활을 할 권리의 최저보장 수준을 끊임없이 상승시킬 수 있어야 한다.

(2) 기본권 향유자로서의 국민의 의무

헌법 제10조의 "모든 국민은 인간으로서의 존엄과 가치를 가지며, 행복을 추구할 권리를 가진다. 국가는 개인이 가지는 불가침의 기본적 인권을 확인하고 이를 보장할 의무를 진다"가 말해 주듯이, 국가는 개인의 기본권에 대한 보장의무가 있다. 하지만 국가는 무엇인가? 그것은 국민들이 구성해서 만든 조직체이다. 국민의 기본권 보장을 위한 재정이나 인력 모두 국민들로부터 나온다. 따라서 국민들의 책임과 의무는 국가의 기본권 보장의무의 전제가 된다.[10]

국민의 기본적 의무는 근대 입헌주의 헌법에서 볼 수 있는 고전적 의무와 현대 사회복지국가 헌법에서 추가된 사회국가적 의무로 나눌 수 있다. 납세의 의무(헌법 제38조), 국방의 의무(헌법 제39조 제1항)가 전자의 것이라면, 교육을 받게 할 의무(헌법 제31조 제2항), 근로의 의무(헌법 제32조 제2항), 환경보전의 의무(헌법 제35조 제1항 후단), 재산권 행사의 사회적 구속성(헌법 제23조 제2항) 등은 후자의 것이다. 또한 헌법의 명문 규정과 관계없이 국민들은 국가에 대한 충성의무, 법 준수의무, 헌법 옹호의무 등이 주어진다. 이런 의무가 나오는 것은 헌법의 주인이 바로 국민이기 때문이다. 주인은 헌법이 잘 운영되도록 할 궁극적 책임자인 것이다.

고전적 자유주의 논리에 의하면 시민의 공동체에 대한 의무는 자

---

10) 김도균, 『권리의 문법』, 박영사, 2008.

유보다도 더 고귀한 덕복이었다. 누구보다도 자유를 추구했던 칸트도 "오, 의무여!"라는 찬사와 함께 의무를 자유의 극치로서 설정했던 것이다. 그렇다면 국방의무, 납세의무와 같은 것들은 국민의 자발적 기초 위에서 이루어져야 마땅하다. 의무의 이행이 곧 자유 실현이기 때문이다. 그래서 병역법이나 세법은 그 실효성 보장이 기초를 국가권력에 의한 강한 처벌보다 국민의 자발성에 두는 사회가 정상이라는 결론에 도달한다. 그런 사회가 선진사회요, 강한 헌법국가라 할 것이다.

(3) 법운동가

민주시민이라면 공직자로서든 혹은 일반시민의 자격으로서든 자신이 속한 헌법의 수준을 높이는 실천운동을 하게 된다. 헌법의 수준이 높아져야 자신과 공동체 모두의 삶이 행복해지기 때문이다. 그래서 법의 운동을 하게 된다. 법의 운동은 입법운동(법제정과 개폐운동), 사법운동(판례개선운동), 법문화운동(사회적 폐습의 타파운동), 그리고 법이론운동(법학이론의 현대화·민주화운동) 등 다방면에 걸쳐 전개될 수 있다. 법의 운동은 꼭 법전문가만 하는 것이 아니다. 특히 법문화운동은 오히려 법전문가보다 일반시민이 훨씬 더 잘할 수 있을 것이다. 이처럼 법운동가가 되면서 그는 완벽한 공화국 시민으로 성장한다. 사적으로 행복하고 공적으로 책임을 다하는 진정한 자유인으로의 길이 열리는 것이다. 심미적 실존, 윤리적 실존, 종교적 실존 단계로 인격을 발현시키면서 그는 각 단계별로 자유의 맛을 보게 된다.[11] 그래서 궁극적으로는 누구든지 atopotatos(유토피안)가 될 수

---

11) 쇠렌 키르케고르, 임규정 옮김, 『죽음에 이르는 병』, 한길사, 2014.

있는 것이다.[12] 이와 함께 유토피아가 우리 곁으로 성큼 다가 오는 것이다.

(4) 헌법의 완성자로서의 국민

주권자로서의 국민은 기본권의 최대보장과 최소제한, 국가의 과소보호금지의 원칙 속에서 살아가야 한다는 것이 헌법원리이다(헌법 제1조와 헌법 제10조의 연결성). 국가는 국민의 기본권 보장을 위하여 최대한 노력해야 한다(헌법 제10조). 그럼에도 불구하고 현실은 아직 국민주권이 충분히 실현되지 않은 상태에 놓여 있다. 따라서 국민들의 기본권 보장은 항상 불충분한 수준이다. 불충분한 수준에 놓여 있다고 해서 꼭 불행해야만 하는가? 결코 그렇지 않다. 사람은 언제, 어떤 상황에서도 자신의 자유와 행복을 찾아낼 수 있는 권리와 능력을 가지고 있다. 인생은 개개인마다 다 다르게 전개되고, 국민과 국가는 보다 더 좋은 수준으로 향상시키도록 노력해야 한다. 하지만 여건이 다른 가운데 개개인 스스로 인간으로서의 존엄과 가치를 누리고자 최선의 방법을 모색해야 한다. 자유와 행복은 결코 타인이 가져다주는 것이 아니다. 결국 스스로 찾아야 하는 것이다. 헌법의 최종 완성자(perfecter)는 국민 개개인이다.

---

12) atopotatos란 고대 그리스 아테네인들이 소크라테스를 불렀던 말이라 한다. atopotatos 는 atopos의 최상급형인데, atopos는 부정어 a(＝not)에다 topos를 붙인 말이다. topos 는 장소(place)라는 뜻이다. atopos는 '여기에 없는 사람', 즉 '유토피안', '이상적 인 간'의 뜻이고, 소크라테스는 그중에서도 최고의 유토피안이라고 불렸다는 것이다.

1

부록 1
헌법의 원리

01
국민주권의 원리

1.1. 국민주권원리의 개념

헌법 제1조 제2항은 "대한민국의 주권은 국민에게 있고, 모든 권력은 국민으로부터 나온다"라고 규정하고 있다. 여기서 말하는 주권(sovereignty)이란 일반적으로 국내에 있어서 최고의 권력, 국외에 대하여 독립의 권력을 의미한다. 주권은 한 영역 내에서 한 개인이나 기관이 다른 사람 혹은 기관에 대해서 최고의 권위를 행사할 수 있는 속성이라고 풀이된다. 역사적으로 볼 때 구성원이 평화롭고 안전하게 존속하기 위해서는 최종적인 중재자와 입법자의 존재가 필연적으로 요청된다. 이것이 주권의 존재 이유가 되는데, 주권이론은 처음에 군주주권으로 표출되었고, 보댕이나 홉스는 인민의 대표기관이 그 주권을 보유할 수 있다고 보았다.

주권의 권위는 어떤 조건에 의해서도 제한을 받지 않는다는 점에서 절대적(absolute)인 성격을 갖는다. 그리고 일시적인 권위가 아니라는 점에서 영속적(perpetual)이며, 다양한 사람이나 제도들에 분산되는 것이 아니라는 점에서 불가분적(indivisible)이다. 또한 외부의 지배로부터 독립적(independent)이어야 하며, 내부적으로는 최고(supreme)의 성격을 띤다. 물론 이런 주권의 성격은 현실국가의 모습 속에서는 매우 제한적으로 나타난다.

1.2. 주권이론의 역사적 전개

1.2.1. 군주주권론

근대적 의미의 주권 개념은 15~16세기경 유럽에서 절대군주국가의 성립과 더불어 형성된 정치적·법적 개념이다. 국가를 단위로 한 법과 권력의 개념이 정립되기 시작했다는 점에서 근대성을 가진다. 대표적인 사상은 보댕(J. Bodin)의 『국가론』(1576)이다. 예컨대 프랑스의 군주는 밖으로는 로마가톨릭교회(교권)와 신성로마제국(제권)의 지배, 안으로는 봉건제후의 영주권과의 꾸준한 투쟁을 통하여 국왕의 직접적인 지배권을 확립하는 중앙집권적 국가를 형성하게 되었다. 특히 30년전쟁의 결과로 체결된 1648년 베스트팔렌조약은 국가단위의 주권을 분명히 한 계기가 되었다.

• 조선시대에 주권론이 처음 소개된 것은 국제법을 통해서이다. 이 가운데 중요한 인물이 박규수 선생이다. 연암 박지원의 손자인 박규수는 실학과 개화파를 잇는 사이 시대의 훌륭한 인물이었다. 선생은 어린 고종에게 주권의 중요성을 가르쳤다. 물론 당시에는 주권이란 용어는 아니었다. 그 후 고종은 대한제국의 황제가 되었다. 대한제국은 근대적 의미의 주권국가로 우뚝 선 역사적 사건이었다. 그러나 주권의 내적 토대가 없었기 때문에 대한제국과 고종은 자주적 결정권에 해당하는 외교권을 박탈당하는 수모를 겪어야 했다(1905년의 을사늑약). 우연찮게 현재의 헌법재판소의 터가 박규수 선생의 고택이라 한다. 헌법재판소가 특별히 국민주권을 꽃피우는 국가기관이 되었으면 바란다.[1]

---

1) 김효전, 『헌법』, 소화, 2010; 박상섭, 『국가·주권』, 소화, 2008; 강상규, 『조선정치사의 발견』, 창비, 2013 참조.

1.2.2. 국민주권론

특권계급만이 아니라 전체로서의 국민이 단일·불가분·불가양의 주권을 가진다는 주장은 제3신분을 주권자의 지위에 올려놓기 위함이었다. 국적보유자로서의 전체 국민(nation)이 국가의사를 결정하고 집행하는 힘을 소유한다고 하더라도 이러한 국민은 추상적이며 관념적인 존재이므로 자연적인 의사결정력과 집행능력을 갖고 있지 않다. 따라서 자연인으로 구성된 국민대표를 별도로 구성하고 이들에게 주권의 행사를 맡겨야 하므로 주권의 소유와 행사가 필연적으로 분리된다. 국민대표 개념이 가장 먼저 나타난 곳은 영국이며 17세기 이후 점차적으로 확립되었다. 영국에서 국민대표 개념의 발생과정이 비교적 자각적이지 못한 반면에 프랑스의 경우에는 국민(nation)주권원리와 인민(peuple)주권원리가 대립하는 과정을 거치면서 자각적이고 체계적으로 수립되었다.

초기 발전단계에서 국민주권은 선거라는 행위를 빌려 구특권계급을 국민대표부로부터 배제할 뿐만 아니라, 수공업자나 소상인, 소부르주아와 천민 등 이른바 민중(la populaire)의 정치참여도 가능한 한 배제하였다. 민중이 법률 등의 제정에 직접 참여할 수 없도록 함과 아울러 국민대표의 선거에서도 배제했던 것이다. 이러한 의미에서 국민주권은 자본주의를 전개시키려는 부르주아계급을 위한 주권원리였다. 국민주권은 이렇듯 제한선거와 대표제 민주주의로부터 시작해서 오늘에 이르렀다.

1.2.3. 인민주권론

프랑스혁명기의 민중 가운데 일부 자각적인 사람들은 보통선거제도의 수립을 통해 민중 모두가 유권자가 되어 주권을 행사하는 국가구상을 가지고 있었는데, 이들이 내세운 주권이론이 인민주권론이다. 프랑스혁명기 민중운동의 지도자였던 바를레(J-F. Varlet)는 루소의 이론을 추종하여 인민주권을 발전시켰다. 여기에서 말하는 주권보유자이자 주권행사자인 인민(peuple)은 정치에 참가하는 자의 총체, 즉 유권자(시민)이다. 인민은 대표기관을 통해서가 아니라 직접주권을 행사하고 국가의사를 결정하고 집행할 수 있다. 유권자로 이루어진 인민이 주권행사에 참가할 고유한 권리가 있기 때문에 직접민주제를 정치의 원칙으로 삼는다.

인민주권론은 완벽한 민주주의 실현을 목표로 두었고, 사회주의 국가들에 의해서 기본원리로 채택되었다. 그렇지만 대부분의 사회주의 국가에서 인민주권론의 이상은 실현되지 못했다. 소비에트 방식에 의해서 인민의 의사가 상층부까지 전달되는 것은 실현될 수 없었다. 그 결과 1985년 4월 고르바초프에 의해 개혁(페레스트로이카), 개방(글라스노스트)정책이 도입되었고, 개혁이 불가능해지자 소연방체제는 폐기되었다. 중국이나 북한, 베트남, 쿠바 등 사회주의 국가는 여전히 존재한다. 그리고 인도나 프랑스는 헌법상 사회주의 국가이다. 우리 이웃 국가들의 과거와 현재를 이해하고, 미래를 전망하기 위해서라도 우리는 국민주권론과 인민주권론의 특징을 이해할 필요가 있다.

현재는 고전적 국민주권원리와 인민주권원리를 엄격히 분리시키지 않고, 상호 접근을 하는 것으로 파악하고 있다. 보통선거와 평등

선거가 정착된 이후에는 국민주권원리에 대한 이해도 인민주권과 크게 다르지 않다. 그래서 순수 대의제가 아닌 준(準)대의제, 반(半)대표, 반(半)직접민주제 등에 의해 대의제와 직접민주제의 이상을 동시에 실현하려는 도상에 있다고 말할 수 있다.

1.2.4. 의회주권론, 국가주권론

의회주권론은 민주주의의 선구를 달렸던 영국에서 정착된 국민주권의 한 방식이다. 영국은 일찍부터 군주의 권력을 헌법(마그나 카르타 등)과 의회를 통하여 제약해 왔다. 청교도혁명과 명예혁명을 계기로 의회는 군주를 압도하기 시작하였다. 그러나 영국은 군주는 그대로 존치시키면서 의회 중심의 정치를 하기로 방향을 잡았다. 1689년 권리장전(Bill of Rights)이 이를 확인한 역사적 헌법문서로 여겨진다. 권리장전 제1조에서 "의회의 동의 없이 군주의 권위에 의해 법률을 정지 혹은 집행하는 권력은 위법적인 것이다"라고 선언함으로써 의회의 우위(parliamentary supremacy)를 확보한 것이다. 탄탄한 법의 지배 국가에서 의회주권을 더하면 의회가 법률을 개정하지 않는 한 잘못된 법률은 그대로 효력을 유지하게 된다. 사법심사제가 없기 때문이다. 그런 만큼 의회가 국민을 위해 일을 잘해야 한다. 유럽연합에 가입한 후 영국은 유럽헌법의 하위에 놓였기 때문에 법제의 변화를 도모하였다. 부분적인 사법심사제의 도입, 국민투표의 실시, 상원의 전면적 개편과 대법원의 신설, 더 나아가 성문헌법전의 준비까지 거론될 지경에 이르렀다. 하지만 영국의 유럽연합 탈퇴는 영국법제의 이런 흐름에 또다시 변화를 초래할 것이다.

한편 우리와 법적 인연이 깊은 독일에서는 군주주권과 국민주권기의 사이에 국가주권론이 들어섰다. 독일은 영국이나 프랑스와 달리 산업발달이 늦었고, 따라서 시민혁명이 성공하지 못하였다. 그렇다고 해도 유럽 국가로서 일정 수준의 시민층 발달은 당연한 것이었다. 이 분위기에서 결정된 일이 비스마르크체제이다. 시민과 황제 사이에서 교량역할을 하던 비스마르크 재상 체제가 가능했던 것이다. 독일의 철학자 헤겔은 시민국가에 대한 절대적 신봉자로서 가정과 사회를 넘어 자유와 이성을 발현하는 시민국가를 찬양하였다. 군주주권과 국민주권 사이에 있었던 국가주권설의 위치를 상상할 수 있을 것이다. 국가법인설이 이를 이론적으로 뒷받침해 주었다.

1.2.5. 국민주권론과 인민주권론의 비교

1) 국민주권론에서 국민대표는 그를 대표로 선출한 국민의 지시나 명령에 구속되지 아니하는 무기속위임(자유위임)에 바탕을 두고 있지만, 인민주권론에서 인민대표는 그를 대표로 선출한 인민의 지시와 통제에 따르는 기속위임에 터잡고 있다.

2) 국민주권론에서는 권력의 남용과 자의적인 행사를 방지하기 위한 장치로써 권력분립에 의존할 수밖에 없지만, 인민주권론에서는 인민의 직접의사를 반영하므로 권력의 민주집중제원리가 관철된다.

3) 국민주권론에서 선거는 최량의 대표를 선출하기 위하여 교양과 재산을 가진 자에게만 선거권을 부여하는 제한선거를 허용하지만, 인민주권론에서는 주권적 인민의 지분적 주권이 발현되어야 하므로 제한선거는 허용되지 않으며 보통선거만 허용된다.

4) 군주주권론이나 국민주권론이 다수지배의 원칙에서 벗어난 것이었기 때문에 인민주권론은 사회의 다수를 구성하는 다수자인 민

중을 해방시키기 위한 논리였다. 오늘날은 국민주권에 입각한 현대 자본주의 국가 헌법에 있어서도 인민주권적 요소가 상당 부분 가미되고 있다.

프랑스 「인간과 시민의 권리선언」(1789. 8. 26.)

제16조 권리의 보장이 확보되어 있지 않고 또 권력의 분립이 제정되어 있지 않은 사회는 헌법이 없는 사회이다.

2004년 중화인민공화국 헌법

제3조 중화인민공화국의 국가기구는 민주집중제 원칙을 실행한다. 전국인민대표대회와 지방각급인민대표대회는 모두 민주선거를 통하여 구성되며 인민에 대하여 책임지고 인민의 감독을 받는다. 국가의 행정기관·재판기관·검찰기관은 모두 인민대표대회에 의하여 조직되며 인민대표대회에 대하여 책임을 지고 감독을 받는다. 중앙 및 지방 국가기구의 직권 구분은 중앙의 통일적인 지도 아래 지방의 능동성·적극성을 충분히 발휘시킨다는 원칙에 의거한다.

1.3. 국민주권원리의 내용

1.3.1. 주권과 통치권

국가권력이라 함은 주권과 통치권을 말한다. 주권은 국가의사를 전반적·최종적으로 결정하는 최고의 권력을 말하며, 그것은 대내적으로 최고이며 대외적으로 독립된 권력을 의미한다. 어떠한 정치적 통일체가 국가이기 위해서는 이와 같은 의미의 주권을 가져야 한다. 또한 국가이기 위해서는 주권 이외에 국가적 조직을 유지하고 국가적 목적을 구체적으로 실현하기 위한 현실적 권력으로서의 지배권(통치권)이 필요하다.

통치권은 첫째, 그 실질적 내용에 따라 ① 영토 내의 모든 사람과 물건에 대한 지배권으로서의 영토고권, ② 국가구성원에 대한 속인적 지배권으로서의 대인고권, ③ 국가의 조직을 스스로 결정하는 자주조직권(권한고권)으로 나누어지고, 둘째, 그 형식적 내용에 따라 입법권, 집행권, 사법권으로 나누어진다. 이와 같은 통치권은 헌법에 근거를 갖는 국가의사의 힘이며, 일반적으로 국민에게 명령하고 강제하는 것을 그 본질로 한다.

이상과 같이 주권과 통치권은 상이한 개념임에도 불구하고 주권을 통치권과 같은 뜻으로 오용하는 경우가 있다. 과거의 절대군주국가에서는 주권의 주체와 통치권의 행사자가 군주라는 동일인이었기 때문에 주권=통치권으로 혼동할 수 있었다. 그러나 현대 민주국가에서는 주권과 통치권은 본질적으로 상이한 개념이므로 혼동해서는 안 된다.

첫째, 주권은 국가의 최고의사를 최종적·전반적으로 결정하는 최고의 권력으로서 모든 권력에 상위하는 근원적인 힘(헌법제정권력)을 의미한다. 이에 대하여 통치권은 주권(헌법제정권력)에서 연원하고 주권에 의하여 조직된 권력이며, 구체적인 국가목적을 수행하기 위하여 주권이 위임한 권력의 총괄적 지칭이다. 둘째, 주권의 주체는 전체로서의 국민이지만, 통치권은 헌법에 의하여 구성된 기관들인 최고국가기관으로서의 국민(유권자집단), 입법부, 집행부, 사법부 등이 헌법에 규정된 절차와 한도 내에서만 행사할 수 있는 권력이다. 셋째, 주권은 단일불가분이며 불가양의 권력인 데 대하여, 통치권은 분할이 가능하다.

우리 헌법에서 제1조 제2항 전단의 "대한민국의 주권은 국민에게 있고"라고 할 때의 주권은 본래적 의미의 주권을 의미하고, 후단의

"모든 권력은 국민으로부터 나온다"라고 할 때의 '모든 권력'(복수의 권력)은 주권에 의하여 조직되고 주권으로부터 연원된 현실적 국가 권력인 통치권을 의미한다.

1.3.2. 현행 헌법과 국민주권원리

우리 헌법이 규정하고 있는 국민주권원리는 프랑스혁명기의 국민 (nation)주권론과 동일하지 않다. 역사적 특수형태로서의 국민주권 론과 달리, 국민주권이라고 하여 반드시 순수대표제(혹은 고전적 대 표제)를 취하는 것은 아니기 때문이다. 대표를 선임하는 조건이나 구 체적인 행태는 각각의 헌법에서 어떻게 정하느냐에 따라 달라지는 데, 제한선거가 아닌 보통선거제를 도입하여 대표를 뽑거나 직접민 주제를 통해 유권자집단을 국민대표로 할 수도 있다. 역사적으로 보 아도 제한선거로부터 남자보통선거 그리고 남녀평등의 보통선거로 발전해 왔고, 헌법개정이나 중요 정책에 대한 국민표결제의 도입 그 리고 주민소환제 등 직접민주제적 요소가 점진적으로 확대되고 있 는 실정이다.

현대적 의미의 국민주권원리는 첫째, 직접민주제가 결합된다. 민 주주의의 철저한 실현을 요구했던 인민주권원리가 영향력을 강화한 데 그 원인이 있다. 둘째, 비록 여전히 명령적 위임이 금지되고 있긴 하지만, 순수대표제를 기반으로 한 의회주의가 반(半)대표제에 기초 한 의회제 민주주의로 발전되었다. 셋째, 명망가정당에서 계급정당 내지 국민정당으로 변화를 거듭하면서 복수정당제에 기초한 정당제 도가 구현되고 있다. 의원과 의회는 정당의 이름으로 내세워진 공약 을 통해 유권자에 종속된다. 넷째, 인민주권원리에 기초한 철저한

민주주의의 요구가 관철되는 또 다른 측면이 지방자치의 충실화이다. 마지막으로 정치적 기본권을 보다 강화하고 있다. 보통선거권, 공무담임권, 국민표결권, 청원권 외에도 정치적 표현의 자유가 예전보다 더 강화되고 있다.

우리 헌법은 국민에 의해 직접 또는 간접으로 선출된 국민의 대표자로 하여금 국민을 대신하여 국가의사를 결정하고 집행하게 하는 대의제를 기본틀로 하되, 국민표결권 등의 직접민주제도 채택하고 있다. 국민발안제나 국민소환제는 인정하고 있지 않으나, 제72조에서 중요한 국가정책에 대한 국민투표를 규정하고, 제130조 제2항에서 헌법개정안에 대한 국민투표권을 규정하고 있다.

정치적 기본권에서는 정치적 표현의 자유와 정치적 결사의 자유(제21조), 선거권(제24조), 공무담임권(제25조), 청원권(제26조)을 인정하고 있다. 또한 정당을 통한 국민주권의 실현이라는 현대 국가적 경향을 적극 반영하여 복수정당제를 보장하고 그 민주적 활동을 담보하고 있다(제8조).

또한 헌법은 제8장에서 지방자치를 예정하고 있다. 헌법의 규정을 받아 「지방자치법」에서 주민투표제(동법 제14조), 조례의 제정과 개폐청구(동법 제15조), 주민의 감사청구(동법 제16조) 그리고 주민소환제(동법 제20조) 등을 규정하고 있다.

국가업무를 담당하는 공무원이 임명권자가 아닌 국민 전체에 대한 봉사자로서 국민에 대하여 책임을 지고, 그 정치적 중립성이 보장된다(제7조)고 함으로써 공무의 처리에서 국민주권원리를 실현하고 있다. 대의제와 직접민주제에 관한 자세한 설명은 뒤에서 보기로 한다.

02
자유민주주의 원리

2.1. 자유민주주의의 개념

우리 헌법은 민주주의와 자유민주주의에 관한 다양한 표현을 담고 있다. 전문에서 '4·19민주이념', '민주개혁', '자유민주적 기본질서'를 거론하고, 제4조에서 평화통일정책의 바탕으로 '자유민주적 기본질서'를 제시한다. 제8조 제2항에서는 정당의 목적·조직과 활동이 '민주적'일 것을 요구하고 동조 제4항에서는 정당해산의 요건으로 '민주적 기본질서'에 위배될 것을 규정한다. 제32조 제2항에서는 근로의 의무의 내용과 조건을 '민주주의 원칙'에 따라 정하고, 제119조 제2항에서는 국가가 경제에 대한 규제와 조정을 하는 목적의 하나로 경제의 '민주화'를 설정하고 있다. 그 외에도 헌법이 직접 표현하고 있지는 않아도 민주주의 내지 자유민주주의 이념이 바탕이 되고 그 이념을 실현하기 위한 조항은 적지 않다.

다양한 목적과 관련된 다양한 표현에도 불구하고 자유민주주의 원리가 우리 헌법의 중요한 원리 중의 하나임은 의문의 여지가 없다.[2] 그렇지만 그 내용이 무엇인지에 대한 이해는 일정하지 않다.

---

[2] 헌법재판소도 일관되게 자유민주적 기본질서를 헌법의 가장 중요한 원리 중의 하나로 본다. 헌재 1990. 4. 2. 89헌가113 참조.

특히 '민주적 기본질서'와 '자유민주적 기본질서'가 동일한 것인지 여부, '자유민주적 기본질서'와 '자유민주주의'가 동일한 것인지 여부 등이 주로 논란이 되고 있다.

2.2. 자유민주주의와 자유민주적 기본질서

통상 자유민주주의란 자유주의와 민주주의가 결합된 정치원리로서 정확히는 '자유주의적 민주주의(liberal democracy)'라고 할 수 있다. 근대 시민계급의 해방적 정치이념으로서 자유주의와, 1인 1표제(보통·평등선거)원리에 기초를 둔 민주주의가 결합된 것이 고전적 의미의 자유민주주의인 것이다. 말 그대로 인간이라면 누구든지 자유롭게 표현하고 행복을 추구할 수 있는 그런 정치이념이 자유민주주의이다.

우리 헌법은 당연히 자유민주주의에 입각한다. 그런데 헌법의 표현으로 '자유민주적 기본질서'가 두 군데에서 언급되고 있음은 앞에서 살펴본 바와 같다. 우리나라의 헌법학자들과 헌법재판소는 양자를 특별히 구별하고 있지 않다. 그래서 우리는 자유민주주의를 자유민주적 기본질서로 보아도 된다. '자유민주적 기본질서'에 관한 1990년 헌법재판소의 초기 결정과 24년이 지난 2014년 '민주적 기본질서'에 대한 헌법재판소의 결정문을 비교해 보자.

【(구)국가보안법 제7조 위헌심판사건(헌재 1990.4.2. 89헌가113)】

자유민주적 기본질서에 위해를 준다 함은 모든 폭력적 지배와 자의적 지배, 즉 반국가단체의 일인독재 내지 일당독재를 배제하고 다수의 의사에 의한 국민의 자치, 자유·평등의 기본원칙에 의한 법치주의적 통치질서의 유지를 어렵게 만드는 것으로서 구체적으로는 기본적 인권의 존중, 권력분립, 의회제도, 복수정당제도, 선거제도, 사유재산과 시장경제를 골간으로 한 경제질서 및 사법권의 독립 등 우리의 내부체제를 파괴·변혁시키려는 것이다.

【통합진보당 해산심판사건(헌재 2014. 12. 19. 2013헌다1)】

헌법 제8조 제4항이 의미하는 '민주적 기본질서'는, 개인의 자율적 이성을 신뢰하고 모든 정치적 견해들이 각각 상대적 진리성과 합리성을 지닌다고 전제하는 다원적 세계관에 입각한 것으로서, 모든 폭력적·자의적 지배를 배제하고, 다수를 존중하면서도 소수를 배려하는 민주적 의사결정과 자유·평등을 기본원리로 하여 구성되고 운영되는 정치적 질서를 말하며, 구체적으로는 국민주권의 원리, 기본적 인권의 존중, 권력분립제도, 복수정당제도 등이 현행 헌법상 주요한 요소라고 볼 수 있다.

특별한 언급은 없었어도 헌법재판소는 자유민주적 기본질서와 민주적 기본질서를 같은 것으로 이해한다. 그렇게 보면 우리 헌법 세 군데에서 언급되는 자유민주적 기본질서는 무엇인가? 자유민주적 기본질서라는 표현은 독일 헌법학으로부터 수입한 용어이다. 독일 연방헌법재판소는 전통적인 자유민주주의와 다른 용어인 자유민주적 기본질서를 기본법에 도입하였다. 우리 말로 번역하면 동일하지만, 독일어로 보면 자유민주주의는 liberal democracy로 이해되는 반면, 자유민주적 기본질서는 free and democratic(Freiheitliche demokratische Grundordnung)으로 표현하는 것이다. 양자가 다른 개념인 것이다. 자유민주적 기본질서는 독일 헌법(기본법)에서 제정 당시에는 3개 조문에서 표현되었고, 그 후 세 조문이 더 늘어 지금은 6개 조문으로 늘어났다. 그리고 이 개념에 대하여 독일에서는 헌법학자들 간에 첨예한 논쟁이 벌어졌다.[3]

---

3) 국순옥, 『민주주의 헌법론』, 아카넷, 2015, 211쪽 이하 참조.

그런데 우리나라에서는 양자를 거의 구별하지 않고 있다. 번역이 '자유민주주의', '자유민주적 기본질서'로 유사하기 때문에 구별할 수도 없게 되어 있다. 구별하지 않아서 좋은 점도 있고 나쁜 점도 있다. 다만, 독일에서 자유민주적 기본질서가 나타난 시대배경과 그 적용용례를 살펴보면서, 우리가 장단점을 취사선택하는 것이 반드시 필요하다고 본다.

우선 전통적인 자유민주주의는 순수 자유민주주의이다. 즉, 무제한의 자유와 민주주의가 결합된 것으로 이해한다. 민주주의는 가치관적으로 상대주의에 입각한다. 서로 다른 세계관, 가치관을 가진 사람들이 모여 토론하고 합의함으로써 더 좋은 결론에 이르게 된다는 것에 대한 믿음이 민주주의의 본질이다. 그런데 시대를 지나면서 독일은 나치즘과 사회주의를 심하게 겪게 되었다. 나치즘을 극우사회주의라고 한다면, 사회주의(공산주의)는 극좌사회주의라고 평가된다. 이 두 개의 입장을 민주주의를 파괴하는 정치세력으로 규정짓고, 그 대책으로 나온 것이 방어적 민주주의 개념이다. 방어적 민주주의란 "민주주의는 원래 상대주의이지만, 민주주의 자체를 파괴하는 입장과 세력에 대해서는 용인하지 않는다"는 조건이 붙은 상대주의이다. 현실 사회에서는 방어적 민주주의가 불가피하다는 것을 인정하지 않을 수 없다. 다만, 방어적 민주주의가 조건 설정을 최소한에 그치지 않고 마구 확장해 나가면 그것은 이미 민주주의가 아니라는 점을 주의해야 한다. 실제로 방어적 민주주의는 전투적 민주주의로 개명될 정도로 이데올로기 투쟁의 선봉에 나선 적도 있었다. 체제 도전적인 정파, 정당이라는 이름으로 공식적으로 해산하는 일이 생긴 것이다. 방어적 민주주의 역시 상대주의적 세계관을 유지하지 못하고 절대주의적 세계관과 가치관으로 전환된다면 그것은 민주주의로서의 한계를 넘어서고, 자칫 잘못하면 전체주의 사회로 접어들 위험조차 생긴다는 점을 유의해야 한다.

우리나라는 독일의 자유민주적 기본질서를 3차례 수입하였는데, 1960년 개헌 시 현재의 정당조항과 관련해서 '민주적 기본질서를 위배한' 정당은 해산될 수 있는 요건으로 정한 것이 그 첫 번째 예이다. 당시의 이 규정은 이승만 집권 시절의 정당탄압 사례(특히 조봉암의 사형과 진보당 해산사건)를 방지하고 정당을 헌법적 차원에서 보호하기 위해 도입한 것이었다. 두 번째는 1972년 유신헌법에서 헌법 전문에 도입한 것이다. "자유민주적 기본질서를 더욱 공고히 하는 새로운 민주공화국을 건설함에 있어서"가 바로 그 표현이다. 당시 도입을 주도했던 사람들의 의도가 무엇인지는 알 수 없다. 1987년 개헌에서는 "자율과 조화를 바탕으로 자유민주적 기본질서를 더욱 확고히 하여"라는 표현으로 남았고, 동시에 제4조 "대한민국은 통일을 지향하며, 자유민주적 기본질서에 입각한 평화적 통일정책을 수립하고 이를 추진한다"로 한 문장이 더 추가되었다. 특히 1991년 이후에 '자유민주적 기본질서'는 「국가보안법」(특히 제5조~제8조)에 편입되어 「국가보안법」의 근거로 활용되고 있다.

이상에서 살펴본 바와 같이 우리나라에서는 자유민주적 기본질서나 자유민주주의나 별 문제의식 없이 같이 사용하고 있는 상황이다. liberal이나 free나 구별 없이 '자유'로 번역되기 때문인데, 당연히 헌법학상으로는 더욱 천착을 해야 할 사항이지만, 현실에서는 자유민주주의에 근접한 해석으로 자유민주적 기본질서를 운영하는 것이 선진국가형 민주국가로서 바람직하다고 하겠다.

03
법의 지배와 법치주의

3.1. 법치주의의 의의

법치주의 원리는 헌법원리 중의 하나이다. 법치주의를 중시하는 이유는 이 원리가 국민의 자유와 권리를 보장하기 때문이다. 법치주의 혹은 법치국가는 독일의 용어인 데 비해, 영국에서는 법의 지배(rule of law)라고 한다. 영국에서는 일찍부터 법원의 판결에 의해 축적된 보통법(common law)과 의회의 법률이 군주까지도 구속시키는 원리로 자리 잡았다. 물론 이를 위해서는 의회와 군주 사이에 일전이 불가피하였다. 에드워드 코크(Edward Coke)는 "군주도 법 아래에 있다"는 말을 남긴 것으로 유명한데, 이는 군주도 법원의 커먼로(common law)와 의회의 법률(act)을 지켜야 한다는 의미였다. 이 사건이 유명한 1628년의 권리청원이고, 이는 청교도혁명의 발단이 된다. 군주의 자의적(恣意的) 지배(rule of arbitrariness)가 아닌 법의 지배 원리를 확립함으로써 의회와 법원을 통한 시민지배의 시대를 열었다는 의미를 가진다. 따라서 우리는 법의 지배를 단순히 법에 의한 지배(rule by law)라고 생각해서는 안 된다. 국민주권과 기본권 보장을 위한 법의 지배를 생각해야 하는 것이다. 이렇게 해서 영국의 법의 지배는 처음부터 실질적 법치주의에 부합하는 방향으로 발달하였다.

영국에서 법의 지배의 전통을 헌법적 차원에서 재정리한 학자는 다이시(Albert Dicey)이다. 그는 영국은 성문헌법전이 없어도 오히려 그것이 더욱 장점이라고 하면서, 영국의 민주주의와 권리 보장에 대한 오랜 전통이 바로 법의 지배이자 헌법이라고 보았다. 국가권력은 법률에 의하지 않고는 시민의 권리를 침해할 수 없으며, 법률은 의회주권의 원칙에 입각해서 제정되는 것이고, 국가권력의 행사에서 재량을 최소화하며, 법 앞의 평등원칙이 관철되어 국민이나 국가기관을 불문하고 일반 법원에서 재판을 받아야 하며, 국가기관의 지위는 국민들 사이에 공유된 헌법적 관습이나 불문의 전통과 신념에 의하여 정해져 있다. 입법, 사법, 행정, 그리고 국민의 기본권에 해당하는 모든 것이 영국 헌법이자 법의 지배라는 것이다. 요컨대 법의 지배는 불문헌법 국가인 영국에서 입헌주의를 대신하고 있는 것이다.[4]

그에 비하면 독일의 법치국가(Rechtsstaat)원리는 대단히 형식적이었다. 즉, 독일은 법률의 우위, 법률에 의한 행정(=행정법치주의), 법률에 의한 재판이라는 3박자로 표현된 형식적 법치국가였다. 의회가 제정한 법률을 중시한 것인데, 그렇게 제정된 법률의 목적이나 내용을 묻지 않았다. 이와 같은 형식적 법치주의는 나치스의 등장과 함께 그 허점이 드러났다. 절차와 형식의 합법성을 갖춘 채 나치스는 600만 유대인을 학살하고 전 세계를 전쟁으로 몰아갔다는 불법의 책임에서 벗어날 수가 없었다.

제2차 세계대전 이후 독일은 실질적 법치국가원리로 전환하였다. 실질적 법치국가라 함은 인간의 존엄성 존중, 실질적 평등과 같은 정의의 실현을 그 내용으로 하는 법에 의거한 통치원리를 기반으로 하

---

4) 알버트 다이시, 안경환·김종철 옮김, 『헌법학입문』, 경세원, 1993.

는 국가이다. 이제는 통치의 형식적 합법성보다 실질적 정당성을 더 강조하는 시대로 전환된 것이다. 시기적으로 보면 과거의 근대 시민 국가 헌법에서 현대 사회복지국가 헌법으로 넘어오면서 함께 이루어진 현상이다.

미국은 독립과 함께 성문헌법전을 가졌으며, 헌법의 최고성을 인정하였고, 동시에 사법심사제를 정착시킨 나라이다. 미국의 입헌주의는 그 후 전 세계로 확대되었고, 유럽 국가들조차 위헌법률심사제가 보편화되었다. 오늘날의 법의 지배는 단순히 의회 법률의 우위 차원을 넘어서 헌법의 우위 시대에 들어섰다고 말할 수 있다.

3.2. 형식적 법치주의

영국에서 법의 지배 관념이 의회주권을 배경으로 구축되고 있던 반면, 의회주권이 확보될 수 있는 정치적 기반을 형성하지 못한 독일에서는 의회주의 원리를 간접적으로 실현하기 위한 방편으로 법치국가 관념이 형성되었다.

일반적으로 법치국가 용어를 가장 처음 사용한 사람으로 알려진 몰(Robert v. Mohl)은 법치국가를 "개인의 계약으로 구성되고 그 활동이 개인의 자유를 위해 제한되는 새로운 형태의 국가로서 명확한 법률을 제정하고 신민을 보호하기 위하여 법원을 설치하는 국가"로 봄으로써 이성법에 기초한 이성의 국가를 법치국가로 여겼다. 19세기 초반의 이러한 이성법적 법치국가론은 1848년 3월혁명과 그 성과물인 1849년의 프랑크푸르트 헌법이 시행되지 못하게 되자, 의회주권을 확립하지 못한 시민계급이 법률의 지배를 통해서 의회주의 원리를 실현하기 위한 정치적 방어 개념으로 축소되었다. 즉, 법치국가의 핵심을 '행정에 대한 사법적 통제'나 '행정의 법률적합성' 등으로 간주했던 것이다. 이러한 자유주의적 법치국가의 기본전제는 무엇보다도 국가와 사회의 이원적 대립구조이다.

형식적 법치국가 관념은 비스마르크체제에서는 물론 바이마르체제에 와서도 주류 헌법교재의 저자들이었던 국법실증주의자들에 의해 유지되고 있었다. 그러나 의회가 더 이상 국왕의 들러리 기관이 아니고 민주적으로 구성됨으로써 진정한 의미의 의회주권이 확립된 상황에서는 법치국가의 기능도 전혀 달라지게 된다. 형식적 법치국가의 연장선에 있는 바이마르 헌법체제에 대해 부정적인 시선이 적지 않음에도 불구하고 바이마르 헌법체제의 민주주의적 잠재력은 과소평가될 수 없다. 의회주권이 확립되었기 때문에 이때의 법치국가는 의회주의를 확인하고 보완하는 법기술적 장치에 지나지 않게 되었다. 이 상황에서는 영국과 마찬가지로 형식적 법치국가와 실질적 법치국가의 구별은 불필요해지고, 법치행정과 법치사법은 '민주주의적 법치국가'의 징표로 기능하게 된다. 그러나 바이마르 헌법상의 의회 중심의 민주주의 성격은 아쉽게도 히틀러에 의해 유린당하였고, 제2차 세계대전 이후에는 독일도 본격적인 위헌법률심사제 시대로 접어들었다.

3.3. 실질적 법치주의

형식적 법치국가는 기본적으로 법률국가이다. 법률국가인 형식적 법치국가의 지양(止揚; Aufheben)형태인 실질적 법치국가는 헌법국가의 형태를 띤다. 본 기본법체제에서 법치국가의 확장은 두 가지 방향에서 진행되었다. 하나는 국민대표기관인 의회의 주권적 지위를 부정하고 헌법의 최고규범성을 선언하는 방식이었다. 독일 기본법 제20조 제3항 전단("입법은 헌법질서에 구속된다")과 제1조 제3항("이하의 기본권들은 직접적으로 효력 있는 권리로서 입법, 집행권 그리고 사법을 구속한다")이 그것이었다. 다른 하나는 위헌법률심판을 제도화하는 것으로 이를 통해 실질적 법치국가를 실현했다.

실질적 법치주의는 사회복지국가 헌법과 함께 생각해야 한다. 법치주의도 헌법의 발달과 더불어 변화하는 것인데, 시민국가 헌법에 형식적 법치주의가 부합되었다면, 사회복지국가 헌법에는 실질적 법치주의가 대응하고 있다고 보면 된다. 사회복지국가란 실질적 평등, 실질적 정의를 추구한다. '모든 사람을 동일하게'라는 원칙은 형식적 법치주의의 슬로건이다. 특권계층을 폐지하고 만인은 법 앞에 평등할 것을 선언한다. 그런데 사회복지국가에서는 이제 보편적 국민을 분절하기 시작한다. '집단인지적 인권(group-differentiated human rights)'의 개념이 나오면서 실질적 정의를 실현하는 것이다. 눈을 감은 정의의 여신상이 형식적 법치주의의 표상이라면, 실질적 법치주의 시대의 정의의 여신은 눈을 뜨고 구체적으로 집단과 개인의 차이에 따라 배분하고자 나서는 것이다. 노동자의 몫, 농민의 몫, 장애인과 노인, 여성, 과거사 피해자 등으로 계속 집단을 분절해서 그에 해당하는 정의를 실현하고자 한다. 따라서 실질적 법치주의는 아주 작고 폭이 좁은 집단에 대해서도 법의 원칙을 개발한다. 처분적 법률이 많이 출현한다. 법률은 일반성과 추상성의 형식을 갖추어야 하지만, 실질적 법치주의에 이르면 국민의 생존과 복지를 충분히 보장하고 또 비상적 위기상황에도 적절히 대처하기 위한 특수하고 구체적인 대상을 위한 처분적 성격의 법이 많이 나타난다는 것이다. 처분적 법률에는 일정 범위의 국민만을 대상으로 하는 개별인적 법률, 개별적이고 구체적인 상황 또는 사건을 대상으로 하는 개별사건적 법률, 시행기간이 한정된 한시적 법률 등의 유형이 있다. 최고법으로서의 헌법은 이렇게 현실에서는 아주 미세한 원칙으로 전환되어 작동한다. 명확성의 원칙, 비례의 원칙, 신뢰보호의 원칙, 이중기준의 원칙, 명백하고 현존하는 위험의 원칙, 공적 인물의 원칙, 무죄추정의 원칙, 일반심사와 엄격성 심사 등 크고 작은 원리들이 최일선의 현실에서 만나게 되는 헌법들이다. 이런 원칙들은 이하에서 소개하는 원칙 외에도 개별 기본권마다 기본권의 특성을 보장하기 위해 다양한 원칙이 개발되어 있다(예컨대 언론의 자유와 관련해서는 이중기준의 원칙, 명백하고 현존하는 위험의 원칙, 내용차별금지, 견해차별금지 등으로 세분화된다).

이렇게 법이 원칙으로 그리고 원칙이 더욱 세분화되는 이유는 결국 국민의 기본권을 보장하기 위해서이다. 추상성과 개방성이 강한 기본권조항을 국가권력 담당자의 재량에 맡기지 않기 위해서 더욱더 세밀한 원칙을 제시하는 것이다. 물론 이와 같이 세밀한 원칙 개발로도 권력남용과 재량권의 일탈은 막기 힘들다. 한편으로는 고의적으로 회피도 하고, 또 한편으로는 실질적 정의와 법을 찾는 것이 쉽지 않기 때문이다. 결국 헌법의 적용단계에서 발견되는 헌법은 합리성(reasonable)으로 귀착된다는 점을 인식해야 한다. 법이 발달하면 법은 법조문의 존재 목적과 관련해서 해석되고 적용된다는 것이다. 법의 수준이 높은 사회에서는 이성으로서의 법(law as reason)이 작동하게 된다. 헌법＝헌법조문＝이성＝조리＝양심(헌법 제103조)의 연결관계가 있는 것이다.

실질적 법치주의는 배분적 정의를 법적으로 한다. 적극적 평등실현조치 혹은 우선적 처우(affirmative action)도 행해야 하고, 벌금차등

납부제나 징벌적 손해배상제도 시행해야 하며, 기본소득도 강구해야 한다. 양심적 병역거부자에 대해서는 대체근무제를 생각해야 하고, 시설에 수용된 장애인에 대해서는 탈시설 자립생활을 하도록 해야 한다. 노동조합을 활성화시키고, 노동자에게 경영참가 기회를 열어야 한다. 배분적 정의의 이념을 법에 실현하고자 하는 실질적 법치주의는 시민 모두가 보다 정직하고, 시민의 덕성을 쌓으며, 합리적이면서 자율적이 되어야 가능한 사회이다.

3.4. 과잉금지의 원칙(비례의 원칙)

과잉금지의 원칙, 즉 비례의 원칙은 모든 법에서 자주 원용되는 원칙이다. 이는 특히 행정법학에서 발달한 원칙이 헌법에 적용된 예라고 할 수 있다. 우리 헌법재판소는 초창기부터 이 원칙을 가장 많이 활용하고 있다. 헌법 제37조 제2항은 "국민의 모든 자유와 권리는 국가안전보장·질서유지 또는 공공복리를 위하여 필요한 경우에 한하여 법률로써 제한할 수 있으며, 제한하는 경우에도 자유와 권리의 본질적인 내용을 침해할 수 없다"라고 하여 기본권 제한을 까다롭게 규정하고 있는데, 특히 '필요한 경우에'는 재량의 폭이 클 위험성이 있는 표현이다. 그래서 이 불확실한 개념을 보다 명확하게 통제하기 위해서 과잉금지의 원칙이 도입되었다. 즉, 국가의 공권력에 의해서 기본권이 제한될 때 설사 그 목적과 법률적 근거가 마련되었다고 하더라도 동원된 수단의 적절성, 피해의 최소성, 얻어지는 공익과 상실된 개인의 기본권 사이에 비례성이 존재하는가 여부를 보다 세분화된 기준에 따라 심사함으로써 공권력의 남용 방지와 국민의 기본권 보장에 충실을 기하고자 한 것으로 이해된다.

【형사소송법 제331조 단서규정에 대한 위헌사건(헌재 1992. 12. 24. 92헌가8)】

국가작용 중 특히 입법작용에 있어서의 과잉입법금지의 원칙이라 함은 국가가 국민의 기본권을 제한하는 내용의 입법활동을 함에 있어서 준수하여야 할 기본원칙 내지 입법활동의 한계를 의미하는 것으로서, 국민의 기본권을 제한하려는 입법의 목적이 헌법 및 법률의 체제상 그 정당성이 인정되어야 하고(목적의 정당성), 그 목적의 달성을 위하여 그 방법이 효과적이고 적절하여야 하며(방법의 적정성), 입법권자가 선택한 기본권 제한의 조치가 입법목적 달성을 위하여 설사 적절하다 할지라도 보다 완화된 형태나 방법을 모색함으로써 기본권의 제한은 필요한 최소한도에 그치도록 하여야 하며(피해의 최소성), 그 입법에 의하여 보호하려는 공익과 침해되는 사익을 비교형량할 때 보호되는 공익이 더 커야 한다(법익의 균형성)는 법치국가의 원리에서 당연히 파생되는 헌법상의 기본원리의 하나인 비례의 원칙을 말하는 것이다. 이를 우리 헌법은 제37조 제1항에서 "국민의 자유와 권리는 헌법에 열거되지 아니한 이유로 경시되지 아니한다", 제2항에서 "국민의 모든 자유와 권리는 국가안전보장·질서유지 또는 공공복리를 위하여 필요한 경우에 한하여 법률로써 제한할 수 있으며, 제한하는 경우에도 자유와 권리의 본질적인 내용을 침해할 수 없다"라고 선언하여 입법권의 한계로서 과잉입법금지의 원칙을 명문으로 인정하고 있으며 이에 대한 헌법위반 여부의 판단은 헌법 제111조와 제107조에 의하여 헌법재판소에서 관장하도록 하고 있다.

과잉금지의 원칙을 통하여 우리는 헌법을 보호하기 위하여 법치주의 원리가 얼마나 세분화되고 있는가를 살펴보았다. 그런데 이런 세분화 추세는 여기에 그치지 않는다. 목적의 정당성, 방법의 적정성, 피해의 최소성, 법익의 균형성 같은 기준들은 다시 또 세분화되어 검토를 거치고 있다. 예컨대 방법의 적정성은 입법자가 입법을 할 때 수반되는 예측평가권이 일정한 원칙에 기속될 것을 요구한다. 그 원칙은 세 가지이다.

1) 명백성통제: 입법자가 선택한 수단이 목적을 실현시키는 데 명백히 부적합한 것인지 여부에 대해 심사한다. 이것은 입법자의 예측평가권의 재량을 상당한 정도 인정하게 된다. 경제적 자유에 대한 제한입법에 대해서 적용된다.

2) 상대적 타당성통제: 이것은 명백성통제에서 더 나아가서 보다 확실한 예측이 가능한지까지를 심사한다. 수단 결정에서의 절차적 타당성을 갖출 것을 요구한다. 경제적 인권영역에 적용된다.

3) 심화된 내용통제: 법률효과가 확실하게 전망될 경우만 인정하는 것이다. 그만큼 입법자의 예측결정권의 선택 폭은 좁아진다. 주로 생명과 신체의 자유를 제한할 때 적용된다.

이와 같은 과잉금지의 원칙과 그 세분화된 원칙들은 비단 헌법재판소의 판단의 기준에 그쳐서는 안 된다. 헌법과 법률, 행정입법, 집행, 사법 그리고 국가긴급사태 등 모든 단계에서 비례의 원칙은 존중되어야 한다. 그것은 이 원칙이 바로 헌법을 밑에서 지탱하고 있는 국민의 건전한 상식이자 조리(條理)이기 때문이다.

04
사회국가 원리

4.1. 사회복지국가 일반론

4.1.1. '새로운 사회'

1951년에 출판된 에드워드 핼릿 카(E. H. Carr)의 『새로운 사회 (*The New Society*)』는 제2차 세계대전 직후의 유럽의 변모를 소개하고 있다.[5] 이 책은 원래 카가 영국 BBC 라디오방송을 통해 대중에게 강의한 것을 모아 엮은 것이라고 한다. 역사학자 카가 두 차례의 세계대전을 겪으면서 변화된 세상을 보며 그것을 '새로운 사회'로 명명한 것이다. 변화된 세상이란, 우선 카 자신의 조국이었던 영국의 시대가 끝나고 미국이 주도하는 시대가 왔다는 것, 둘째, 서유럽은 완전 몰락의 분위기로 들어선 반면에 러시아나 아시아 국가들이 부상하고 있는 것, 셋째, 프랑스혁명 이후 유럽의 자본주의 경제가 크게 변화하고 있다는 사실, 즉 종전의 자유주의 경제는 더 이상 유지될 수 없으며 경제에 대한 국가의 계획과 통제가 불가피한 복지국가 사회로 바뀌고 있다는 것, 마지막으로 개인주의 사회에서 대중민주주의 사회로 진입했다는 것 등이 새로운 사회의 모습이라고 설명하였다. 카는 전쟁으로 지치고 실의에 빠진 영국 국민들에게 이 사

---

5) 우리나라에는 1972년에 번역되었다. 카, 박상규 옮김, 『새로운 사회』, 서문당.

실을 직시하고 결코 과거로 돌아갈 수 있을 것이라는 불필요한 몽상에 젖어서는 안 된다는 것과, 이미 떠나온 폐허만 남은 뒤편 강안(江岸)에의 미련을 떨쳐 버리고, 좌절과 절망에 빠지지 말고 미래에 대한 목표를 분명히 해서 새로운 사회에 적응해야 한다는 내용의 계몽강연을 했던 것이다.

카가 '새로운 사회'로 부른 지 어느덧 60여 년이 지난 현재이다. 그동안 서구 사회도 엄청난 변화를 겪었다. 유럽연합(EU)의 성립, 신자유주의의 출현, 정보사회 등장, 세계화, 사회주의 국가들의 붕괴 등 카가 당시에는 생각하지도 못했던 일들이 전개되었다.

그 사이에 우리나라는 어떠했는가? 우리도 해방과 함께 새로운 사회를 맞이하였다. 그러나 카가 말한 '새로운 사회'와는 매우 다른 위치에서 새로운 사회와 대면하였다. 영국이 이미 오랜 세월 민주주의와 산업혁명을 배경으로 해서 이제는 과거와 같은 방식의 자유주의적 시장경제나 국가운영 방식에서 탈피해야만 할 때였다면, 우리의 경우는 민주주의와 자유주의 경제조차 경험하지 못한 근대화의 출발지점에 서 있었던 것이다.

이렇듯 서구와 우리나라는 대단히 다른 역사적 경로를 거쳐 오늘에 이르렀다. 여기에서 결코 지나칠 수 없는 것이 우리의 헌정사에 대한 평가의 문제이다. 잘 알다시피 우리 헌법은 제헌 당시부터 현대 사회복지국가 헌법의 내용을 담고 있었기 때문에 적어도 헌법전만큼은 현대에 서 있었다. 결국 헌법규범과 헌법현실의 엄청난 괴리는 불가피했음이 분명하다. 경제도 발전단계가 있고 법도 발전단계가 있다. 경제는 근대의 출발점에 있는데, 헌법이 저만큼 앞에 복지국가 형태로 가서 손짓을 한다고 해서 첫 주자가 비약을 해서 단숨에 다음 주자에게 바통을 넘겨줄 수는 없는 상황이었다.

바로 여기에서 우리 헌정사의 왜곡과 비극과 우여곡절, 시행착오 등등이 연출되었다. 다행히도 우리는 비슷한 여건에 있었던 제3세계 국가 중에서는 드물게 산업화와 민주화 모두 성공한 나라가 되었다. 이른바 '압축성장'의 신화를 이룬 나라로 꼽히는 것이다. 생각해 보면 영국이나 프랑스 정도를 제외한다면 대부분의 국가들은 후발 국가로서 선발 국가를 따라잡기(catch-up)한 나라들이다. 독일만 해도 후발 자본주의 국가로서 빠른 성장을 위해서 비스마르크체제와 같은 독특한 반(半)민주주의 국가를 거쳐 오늘에 이르렀다. 미국도 마찬가지이다. 미국이 독립 직후는 물론 남북전쟁으로 나라가 정비된 이후 한참까지도 선진 유럽 국가들을 따라잡기 위해 간난(艱難)을 무릅쓴 이야기가 전해진다. 일본도 유럽을 따라가기 위해 독일 방식을 취하는 동시에 거기에 군국주의 방식까지 더해 부국강병을 이룬 것으로 보인다. 러시아의 경우는 아주 색다른 방향, 즉 사회주의 방식으로 경제와 정치를 시작한 예이다. 지금은 선진 강대국이 된 이런 나라들과 비교해 볼 때 우리는 '초(超)'압축성장을 한 셈이다. 서구가 겪은 300여 년의 역사를 불과 60년 동안에 축약했으니까 말이다.

이렇게 외국의 예를 돌아보면 우리도 우리 나름의 방식이 있을 수 있다는 것을 알게 된다. 그런데 금방 알게 되는 것이 위에서 언급한 나라들의 경우 자기 방식을 선택했다고 해도 그들은 헌법도 그에 맞추어 운영했다는 사실이다. 그것은 적어도 헌법의 중요성이나 법치주의의 테두리를 정해 놓고 그에 맞추어 나라를 운영했다는 의미이다. 그에 비하면 우리는 헌법과 국가의 운영이 완전히 겉돈 경우라는 차이점이 발견된다. 그래서 우리나라에서는 유독 과거사 정리문제가 심각할 정도로 남아 있다. 우리에게 입헌주의와 법치주의는 1987년 민주화운동 이후에나 작동하기 시작했다. 그로부터 다시 30

여 년이 지난 요즈음 우리는 민주주의에서도 비교적 좋은 성적을 거두고 있다. 물론 만족해서는 안 되지만, 적어도 우리는 형식적 민주주의, 형식적 법치주의, 형식적 평등, 자유권 분야는 자부해도 좋을 만큼 상당 정도 달성한 나라가 되었다.

2010년대에 이르러 복지국가로의 진입이 시급한 시대정신으로 떠올랐다. 자유국가로서의 과제가 모두 잘 정리되었다는 말은 아니다. 압축성장한 나라는 정리되지 않은 채 지나친 과제들이 많은 법이다. 봉건적 잔재나 형식적 법치주의에 위반되는 불법적 관행들이 그대로 방치되고 있다. 이런 숙제들과 현대적 과제를 동시에 진행할 수밖에 없는 것이 압축성장 국가의 운명이다. 이제는 복지국가로의 본격적 착수 없이는 그동안 벌여 놓은 일조차 수습할 수 없는 상황에 이르렀다. 착수되지 않았다는 점에서 복지국가는 우리에게 '새로운 사회'로 남아 있다. 복지국가는 헌법학에서는 '사회국가'로 부른다. 우리가 독일 법학을 따르기 때문이다. 양자에 차이가 있기는 하지만, 이 책에서는 사회국가, 복지국가, 사회복지국가라는 용어를 같은 것으로 혼용하기로 한다.

4.1.2. 복지국가의 역사

카가 말한 새로운 사회로서의 복지국가가 1950년대에 처음 등장한 것은 아니다. 복지국가는 이미 19세기부터 싹이 튼 것이었다. 더 멀리는 프랑스혁명 당시의 바뵈프(Gracchus Babeuf, 1760~1797)로 소급된다.[6] 영국에서는 일찍이 오웬(Robert Owen, 1771~1858)이 산업

---

6) 바뵈프는 프랑스혁명 당시 정치적 민주주의의 자유와 평등은 경제적 자유와 평등을 갖

혁명의 대두와 함께 닥칠 위험에 대하여 경고하면서, 그에 대비할 국가 차원의 조치의 필요성을 주장했다. 1817년 오웬은 "국내에 제조 공업이 널리 보급되면 개인과 일반의 행복에 대해 아주 불리한 성격이 형성될 것이기 때문에 이를 억제할 만한 입법적 간섭이나 지도가 꼭 필요하다"는 취지의 표현을 남겼다. 영국에서는 1840년대에 인도주의 운동이 전개되어 공장법 제정을 통해 처음에는 연소자와 부인 노동자를, 그다음에는 노동자 전체를 대상으로 극단적인 육체적 착취로부터 보호했다. 소년의 굴뚝소제 취업금지, 예방접종 강제시행, 지방세에 의한 무료 공립도서관 설립 등의 입법이 시행되었다. 1890년대에는 최초의 사회보험제도가 생겼다. 영국의 처칠 연립정부는 전쟁 중이던 1942년 11월 '사회보험 및 사회 서비스에 관한 각부 위원회'가 마련한 '베버리지 플랜'을 발표했다. 위원장이었던 베버리지(W. H. Beveridge)는 '5가지 사회악'과 현대의 복지기둥(pillars of welfare)을 통해 사회복지정책을 제시했다. 그는 결핍(want), 무위(idleness), 불결(squalor), 무지(ignorance), 질병(disease)을 5대 사회악으로 꼽았다. 그리고 결핍(소득의 위험)에 대해서는 사회보장으로, 무위(실업)에 대해서는 고용으로, 불결(열악한 주거환경)에 대해서는 주거정책으로, 무지에 대해서는 교육으로, 질병(건강의 위험)에 대해서는 보건·의료정책을 제시하였다. 이것이 제2차 세계대전 이후 영국에서 복지국가의 시작이었다.

독일에서는 비스마르크가 사회보험제도를 도입하였다. 라살레(F. Lassalle)의 사회민주주의가 복지국가의 밑거름이 되었다. 1919년 독일공화국 헌법(바이마르 헌법)은 최초의 사회국가 헌법으로 평가되

추지 않는 한 공허한 것이라고 주장하여 1797년 처형당했다.

었다.

프랑스는 1944년 말부터 1945년까지 프랑스공화국 임시정부가 1944년 3월에 레지스탕스 전국평의회가 채택한 '강령'의 정신에 따라 사회보장 총무장관 라로크의 주도하에 입안한 '사회보장의 조직에 관한 계획'(일명 라로크 플랜)이 기초가 되었다.

사회보장이라는 용어는 1935년 미국 연방정부가 뉴딜정책의 일환으로 제정한 사회보장법(Social Security Act)에서 처음 공식적으로 사용되었다. 물론 이 법은 이전의 다른 나라들과 여러 주의 제도를 모은 것이었다.

파시즘과 싸운 연합국들은 전후 재건정책의 주춧돌로서 사회보장 계획을 실시하면서 복지국가로 전환하였다. 전쟁이 끝나면서 유럽의 경제적 부흥을 위한 미국의 마셜 플랜은 여기에 큰 힘이 되었다.

그리고 1950~1974년에는 서구 자본주의가 부흥한 시기이자 복지국가가 최고조로 발달한다. 1974년과 1979년 두 차례에 걸쳐 석유파동이 일어났다. 산유국들이 이스라엘에 대항하여 자원민족주의를 내세우면서 석유가격이 4배 정도 올랐던 것이다. 이로 인해 OECD 국가들의 실업률이 급격히 높아졌다.[7] 이에 따라 영국의 대처 수상은 하이에크와 같은 자유주의 경제학자를 이론적 배경으로 해서 신자유주의로 회귀한다. 동시에 미국도 레이건 대통령 이후 영국과 같은 노선을 걸었다. 여타의 유럽 국가들 역시 이 시기에 신자유주의의 강풍 속에서 복지국가의 후퇴 혹은 수정을 거치면서 각자의 길을 걷게 된다. 그 결과 오늘날의 복지국가의 형태는 영미형, 유럽 대륙

---

7) 신광영, 「복지국가는 도덕적 해이를 가져올까」, 『대한민국복지: 7가지 거짓과 진실』, 두리미디어, 2011, 133쪽.

형, 북구형 등 세 가지로 나뉘었다.

4.1.3. 복지국가의 세 형태

1) 앵글로색슨 모델

자유주의 복지유형이다. 영국은 일찍이 빈민에 대한 정책으로 구빈법을 제정하였다. 구빈법 초기에 애덤 스미스는 이에 대해 반대하며, 빈곤도 시장의 원리에 맡겨야 한다고 주장했다. 국가에서 관리하면 비용과 세금이 들어가므로 비효율적이라는 생각이었다. 그러나 제1차 세계대전 직전에 영국은 정책을 바꾸었다. 빈곤이 개인책임이라는 논리가 더 이상 타당하지 않게 된 것이다. 당시 남아프리카공화국에서의 전쟁으로 인해 수많은 실업자가 생기면서 자유당은 불가피하게 실업보험을 제정하였다(1911). 일하는 사람은 누구나 의무적으로 가입하도록 한 것으로 오늘날의 실업보험의 시작이었다. 그리고 빈곤에 대한 새로운 관점이 지속적으로 제기되었는데, 특히 찰스 부스(Charles Booth)와 시봄 라운트리(Seebohm Rowntree)의 역할이 컸다. 부스는 19세기 말부터 활동하면서 17년 동안 조사연구를 통해 런던의 빈곤지도를 만들어 빈곤이 특정인에게만 오는 것이 아니라 누구에게나 닥칠 수 있다는 것을 보여 주었다. 라운트리는 1930년대부터 1940년대 사이에 영국 요크 지역의 빈곤지도를 작성하면서 동일한 결론에 도달했다. 즉, 빈곤은 개인의 문제가 아닌 사회의 문제라는 인식이었다. 국가가 이 문제를 해결해야 한다는 인식의 전환이 생기기 시작한 것이다. 그래서 빅토리아 시대(1837~1901)의 자유방임주의를 마감하고, 국가의 적극적인 개입을 강조하는 새로운 자유주의(New Liberalism)에 발맞추어 단행된 사회개혁의 근거를 제공하였다. 19세기 말 영국에서 등장한 새로운 자유주의 혹은 사회자유주의(social liberalism)는 자유권에 사회적 요소가 포함되어야 한다는 정치 이데올로기이다. 즉, 개인적 자유와 사회정의가 균형을 이룰 때 자유권이 완성된다는 의미이다. 새로운 자유주의는 고전적 자유주의(classical liberalism)에 뿌리를 두고 있었으나, 빈곤과 실업 같은 사회문제에 대해 정부의 책임과 역할을 강조하는 점에서 차별성을 갖는다. 따라서 1970년대 후반 세계사의 전면에 등장한 신자유주의(neo-liberalism)와는 반대의 것이다. 새로운 자유주의로 무장한 당시의 자유당정부(Liberal Government: 1906~1914)는 학교 무상급식(1906), 노령연금(1908), 실업보험(1911), 건강보험(1911)제도를 도입하였으며, 무엇보다도 부자들에 대한 조세를 강화하여 노동자들과 노동이 불가능한 사람들에게 보조금을 지급할 수 있도록 설계된 재정법(Finance Bill; 국민예산 The People's Budget라 불림)을 제정하였다. 라운트리는 '복지국가의 아인슈타인'이라고 불렸다. 빈곤이라는 사회현상을 과학적으로 규명하면서 현대 복지국가가 시작되었다는 의미이다.

여기에 1942년 베버리지 보고서가 나오면서 법과 제도의 차원으로 변화하기에 이르렀다. 복지국가(welfare state)라는 용어는 영국 성공회 대주교였던 윌리엄 템플이 1941년 처음 사용했는데, 당시의 적국이었던 독일을 '전쟁국가(warfare state)'로 규정지으면서 대조적으로 영국인들에게 자부심을 주기 위한 것이었다.

한편 미국의 경우 테오도어 루스벨트(Th. Roosevelt, 1858~1919)가 20세기 미국 자본주의의 발달에 가장 크게 공헌한 인물이다. 1901년 부통령 재임 시절 매킨리 대통령이 암살당하자 42세의 나이에 미국 대통령이 된다. 보수적 성향의 공화당 출신이었지만 그는 진보적 개혁가였다. 루스벨트는 대기업을 불신하여 록펠러가 소유한 스탠더드 오일을 비롯해서 40개의 독점기업을 강제 분할시켰다. 그는 기업들의 부패와 불법행위를 반대하는 것이지 자본주의 원리 자체를 부정하는 것이 아님을 명백히 했다. 대기업의 횡포를 제어했기 때문에 미국의 시장경제가 온전하게 발달했다. 1913년 우드로 윌슨 대통령 때에는 미국의 중앙은행인 연방준비제도(FRB, Federal Reserve System)가 창설되었다. 이어서 누진소득세가 도입되기에 이른다. 1929년 대공황이 닥치고, 1933년 프랭클린 루스벨트가 대통령에 취임한다. 프랭클린 루스벨트는 부자 증세, 저소득층 감세를 시행하고 노동조합 활동을 보장했다. 기업가의 세력이 막강했기 때문에 이에 대한 대항력 (countervailing power)을 키우기 위해 노동조합을 활성화시킨 것이다. 또 루스벨트는 1935년에 사회안전망을 만들었다. 오늘날의 미국 연금제도인 social security도 이때 시작되었다. 여기에는 연금에 의료보험도 포함시켰는데, 의료보험 분야에 대한 위헌판결로 인해 시행까지는 이르지 못했다. 소득세 누진 최고세율이 한때 90%까지 올라간 적도 있고, 상속세와 증여세율도 높았다. 그 무렵 장학재단이 많이 설립되었는데, 상속세와 증여세를 피하기 위한 수단이기도 했다. 당시 카네기 재단과 록펠러 재단 등이 그런 연유로 설립되었다.

독일의 히틀러는 루스벨트와 같은 시기에 등장했다. 히틀러 역시 막대한 규모의 재정지출로 경제를 회복시켰다. 고속도로 아우토반을 건설하고, 청년들에게 결혼자금을 지원해 내수 증가를 꾀했다. 이에 따라 실업자 문제가 단기간에 해소되었으며, 1936년 베를린올림픽까지 성공적으로 치렀다. 1936년은 케인스(John Maynard Keynes, 1883~1946)가 『고용·이자 및 화폐의 일반이론』을 출간한 해였다. 케인스에 앞서 히틀러가 성공을 거둔 측면도 있다. 루스벨트의 뉴딜정책의 기반은 케인스의 이론과 『번영에의 길』이었다. 케인스 경제학은 고전경제학파와의 결별이었고, 이를 케인스혁명이라고까지 부르고 있다(수정자본주의).

1952년까지 민주당의 집권은 계속되었고, 트루먼에 이은 공화당의 아이젠하워도 정책만큼은 지속시켰다. 케네디 암살 이후 대통령이 된 존슨은 '위대한 사회(great society)' 운동 속에서 메디케어(medicare: 노인 의료혜택)와 메디케이드(medicade: 저소득층 의료혜택) 제도를 도입했다. 1965년 무렵 미국에서 케인스 이론이 절정에 이른다. 그러던 것이 1973년 제1차 오일쇼크가 터지자, 스태그플레이션(저성장 고물가)이란 말이 나올 정도로 케인스 이론이 작동하지 않았다. 정부가 재정지출을 아무리 늘려도 고용이 증가하지 않았던 것이다. 이런 상황에서 대통령이 된 카터는 독점통신기업인 AT&T를 해체시켜 이후 미국의 IT산업이 발전할 수 있는 경쟁체제를 구축한 공적을 남겼다. 레이건 대통령 이후에 이런 기조가 다시 바뀌었다. 이 시기는 신자유주의에 입각한 레이거노믹스로 불린다. 신자유주의의 등장은 레이건에 1년 앞서 집권한 영국의 마거릿 대처 수상이 시행하기 시작했다.[8]

2) 대륙형 조합주의 모델

1880년대 중반 비스마르크에 의해 시작된 사회복지정책은 전 유럽에 영향을 미쳤으나, 그 동기는 평등주의와는 무관한 것이었다. 초기 독일의 사회정책은 권위주의적이며 조합주의적인 성격을 지녔으며, 제2차 세계대전 이후 복지국가로의 발전 또한 중도우파와 기

---

[8] 김종인, 『지금 왜 경제민주화인가』, 동화출판사, 2012, 66~74, 115~116쪽.

독교민주당이 주도적 역할을 함으로써 보수성에서 크게 벗어나지는 못했다.

대륙형의 특징은 사회보험 위주의 복지체계이다. 사고, 질병, 장애, 노령, 실업 등이 발생할 경우 이에 대한 소득보장과 건강보장을 중심으로 한 사회보험이 강하며, 사회서비스 체계가 대단히 약한 점이 특징이다. 이 모델은 완전고용을 목표로 한 산업사회 발전과정에서는 나름의 기능과 효과를 거두었다고 볼 수 있다. 그러나 대륙형 모델의 문제는 후기 산업사회에서 뚜렷이 나타난다. 예를 들면 탈산업화와 고실업에 대한 국가적 접근방식에 있어서 스칸디나비아 국가들이 공공부문의 고용창출과 적극적 노동시장 전략을 제공하는 대신, 유럽 대륙 국가들은 노동공급 감축을 통해 시장의 갈등을 완화시킨다. 즉, 남성 노동자의 조기퇴직과 노동시간 감축을 통해 청년실업을 완화시키거나 여성노동의 억제를 유급 육아제도로 대체하는 식이다. 2000년 독일의 복지정책 개혁내용 중 눈에 띄는 것은 높은 실업률에 대한 대응으로 여성을 장기간의 유무급 육아휴직으로 노동시장에서 물러나게 한 제도이다. 돌봄서비스 체계 대신 이들이 선택한 방법은 육아를 여성에게 전담시킴으로써 주 소득원인 남성에 대한 의존적 관계를 키움으로써 노동시장 참여를 요구하는 여성에게 또 하나의 사회적 갈등을 야기하였다. 독일은 유럽에서 가장 낮은 출산율(1.34)과 동시에 저출산의 장기화를 보이고 있어 이는 독일 사회가 풀어야 할 중요한 과제로 남아 있다.

3) 북유럽 포괄주의 모델

산업화 초기 특히 스웨덴은 비스마르크와는 달리 평등주의를 바탕으로 한 '국민의 집'을 역설했다. 사회민주당이 주도적으로 이끈

복지국가 건설은 공동체 민주주의를 목적으로 하며, 보편주의와 포괄적 방식을 특징으로 한다. 북유럽 모델의 특성은 가족정책과 노동시장정책의 두 기둥을 중심으로 소득보장과 사회서비스가 포괄적으로 설계된 고유의 디자인이라는 점이다. 즉, 잘 발달된 가족정책 덕분에 북유럽 지역의 여성 취업률은 독일보다 현저히 높으며 이를 통한 이인소득자 모델(부부가 모두 취업하는 모델)은 빈곤퇴치와 중산층화에 가장 중요한 기여를 했다고 할 수 있다. 또한 여성의 취업률 증가가 출산율 감소로 이어진다는 잘못된 상식과 달리 여성경제활동 증가는 오히려 안정적인 출산율 증가로 이어졌음을 스웨덴의 사례가 보여 준다.[9]

4.1.4. 사회복지국가의 이념적 위상

1) 네 가지 흐름

19세기 중반부터 자본주의의 모순에 대한 비판이 부각되기 시작했다. 여러 갈래의 사회정의론이 추구되었고, 다수의 사회주의 사상가들이 출현하였다. 1848년의 『공산당선언』도 그 일환이라고 할 수 있다. 자본주의의 문제를 해결하기 위한 이후의 전개과정은 네 가지 흐름으로 분류할 수 있다. ① 사회주의(공산주의), ② 사회민주주의, ③ 복지국가, ④ 자유방임주의이다. 사회주의는 1917년 러시아혁명을 통해서 전 세계로 확산되었다. 사회민주주의(사민주의)는 두 개의 입장이 있다. 하나는 의회를 통한 점진적 개혁을 통해 사회주의로 진입하겠다는 강한 사민주의 좌파 입장이다. 다른 하나는 완화된 사

---

9) 이종오, 『어떤 복지국가인가?』, 한울, 2013, 38~39쪽.

민주의이다. 사민주의 우파인 이 입장은 중좌파의 정치지형을 가졌는데, 복지국가 혹은 사회국가는 대부분 이 입장을 취한다. 사회복지국가는 자본주의를 인정하면서 다만 자유방임적 자본주의의 모순과 폐해를 줄이고자 하는데, 우리 헌법이 지향하는 바도 이에 해당한다.

2) 상품화, 탈상품화

폴라니(Karl Polany)는 상품으로 만들지 않아야 하는 노동, 화폐, 토지를 자본주의가 상품으로 만드는 것에서 시민들의 비극적 삶이 시작되었다고 하였다. 마르크스는 상품 물신주의가 되면서 인간이 소외되었다고 하였다. 이들의 주장에 따르면 상품은 인간을 불행하게 할 수 있다. 이러한 점에서 자본주의의 대안을 모색하는 논의는 생산수단의 사회화부터 탈상품화(decommodification) 주장까지 다양하게 나타난다. 폴라니가 상품화하지 않아야 할 항목을 들어 자본주의를 비판하고 있다면, 마르크스는 적대적 계급에 기반을 두어 벌어지는 상품 물신주의의 토대 자체를 없애는 혁명을 꿈꾸었다. 사회민주주의자들은 탈상품화의 목록을 정치시장을 통해 작성하고 그 꿈을 실현시킴으로써 인간과 자본주의를 구하고자 했다. 탈상품화의 목록에는 의료, 교육, 빈곤, 주거 등과 아동, 저소득층, 노인, 장애인 등의 노동력이 등재되었다. 사회권과 사회적 임금이라는 명목으로 소득과 서비스 등의 현금과 현물이 탈상품화의 정치를 통해 형성되고 전달되었다. 이와 같이 자본주의 정치는 상품화와 탈상품화를 둘러싼 대립과 타협으로 구성되었다.

계급갈등의 결과 자본주의가 파국의 드라마로 귀결될 것이라는 사회주의자들과는 달리, 사민주의자들은 '보이는 손'의 타협의 정치를 통해, 즉 보이지 않는 손의 상품화를 보이는 손(법, 제도, 정책)의 탈상품화를 통해 자본주의가 치료될 것이라고 보았다. 타협의 정치가 자본주의의 파국을 막는다고 본 것이다. 따라서 계급 간 타협의 정치는 교육, 의료 등을 탈상품화시켜 무상교육, 무상의료 등을 실현했으며, 아동수당, 노령연금, 장애연금 등을 통해 노동력 상품을 판매하지 않고도 소득(사회적 임금)이 발생할 수 있도록 했다. 사회민주주의자들에게 타협의 정치는 시장을 어떻게 순화시키는가에 있다. 즉, 모든 것을 상품화하고 축적하는 과정에서 소수자를 위한 체제로 가려는 자본주의를 어떻게 계급타협을 통해 살 만한 세상으로 만들 것인가에 초점을 맞추었다. 이것은 정치적으로 계급 간의 사회적 타협체제, 즉 사회적 코포라티즘(corporatism) 또는 삼자협의주의 (tripartism)를 통해 가능했다. 즉, 타협의 정치는 계급 간의 갈등을 타협을 통해 복지국가로 자신을 실현했다. 사회민주주의자들에게는 민주주의가 시장에 대한 국가의 개입을 통해 상품화의 일부 영역을 탈상품화해야 한다는 것을 의미한다. 이들이 보기에는 현실적으로 자유주의의 보이지 않는 손은 허구이고, 시장은 언제나 국가와 정치의 개입 속에 존재해 왔다. 탈상품화를 지향하는 국가(사회적 관계)는 사회 구성원들이 국가에로의 자유(freedom to state)를 누릴 수 있는 토대를 만든다. 즉, 조건의 평등이라는 가치 아래 사회권의 확보를 통해 시민들이 자유로울 수 있는 삶의 조건을 그들의 권리로서 보장해 주고자 한다.[10]

3) 제3의 길

영국은 노동당의 블레어(Tony Blair)가 수상이 되면서 제3의 길을

---

10) 유범상, 『사회복지개론』, 한국방송통신대학교출판부, 2014, 24~31쪽.

선언한 바 있다. 제3의 길이란 그간의 제1의 길(구좌파에 의한 사민주의)과 제2의 길(신자유주의) 모두 잘못되었다는 전제에서 출발한다. 기든스(Anthony Giddens)의 이론에 기초한 제3의 길은 사민주의와 신자유주의의 사잇길에 해당한다. 제3의 길은 사회투자국가라 할 수 있는데, 사회투자국가는 전통적 복지국가와 달리 경제적 부양비를 직접 제공하기보다는 가능한 한 인적 자본(human capital)에 투자하는 국가이다. 근로연계 복지정책과 적극적 노동시장정책, 역량형성(capacity-building), 고용을 통한 자활 등을 전략으로 하는 국가이다. 우리나라 김대중정부 시절에 답습한 정책이 바로 이것이다. 신자유주의가 모든 것을 상품화하려는 경향을 가지고 있고, 사민주의는 탈상품화의 수준을 높이는 데 관심을 가지고 있는 것과 달리, 제3의 길은 시장으로 진입시키기 위해 또는 시장에서 탈락한 사람들을 재상품화(recommodification)시키는 데 몰입한다. 그런 점에서 사민주의보다는 신자유주의에 더 가까운 입장이라고 평가할 수 있다.[11]

4.1.5. 선별주의, 보편주의

과거의 사회복지는 사회적으로 불행한 사람(과부, 노인, 고아, 장애인 등)이나 낙오자, 빈곤자, 병자 등을 주요 대상으로 한 선별적 복지가 대세였다. 이는 급여나 서비스의 수급 시 자산조사(means test)나 욕구조사(need test)를 받아야 하는 경우이다. 보편주의(universalism)는 자산이나 욕구에 관계없이 특정 범주에 해당하는 사람 모두가 급여나 서비스를 받을 수 있는 경우이다.

---

11) 위의 책, 44~45쪽.

선별주의(selectivism)는 사회복지를 최소화할 뿐만 아니라 사회복지를 통한 소득재분배를 비판한다. 그 비판의 핵심 담론이 복지병이다. 한편 보편주의는 사회복지를 통한 소득이전을 적극적으로 찬성한다. 선별주의가 연대를 통한 공동책임이라는 사회복지의 근본적인 태도에 대하여 비판적이라면, 보편주의는 소득이전을 핵심으로 하는 사회복지를 적극적으로 찬성하는 입장이다. 사회복지를 통한 분배의 효과는 보다 온전한 민주주의, 즉 실질적 민주주의의 실현이다. 절차적 민주주의를 넘어선 경제적(실질적, 내용적) 민주주의는 경제적 영역에서의 불평등을 해소하는 것이다.[12]

선별주의는 사회적 위험을 주로 개인의 책임이라고 보면서 취약계층에 대한 최소한의 사회복지를 도입해야 한다는 견해이다. 이것은 그동안 신자유주의, 시장자유주의 등의 입장에서 주로 표명되어 왔다. 보편주의는 사회적 위험을 기본적으로 사회와 공공의 책임으로 보고, 일반시민들을 대상으로 하는 사회복지를 실현하려는 견해이다. 이것은 진보적 자유주의, 사회민주주의 등의 입장으로 표명되어 왔다. 선별주의가 시민 참여보다는 정부 주도에 기반을 두어 취약계층만을 사회복지의 대상으로 삼는다면, 보편주의는 시민 참여의 거버넌스에 기반을 두어 시민 일반을 위한 보편주의적 사회복지를 제도화하려는 경향을 가진다.

선별주의는 보편주의보다 상대적으로 비용이 훨씬 적게 들고, 그 비용은 대체로 조세로 충당된다. 많은 비용을 필요로 하는 보편주의는 높은 세금을 통해 유지되는데, 소득이 많은 사람일수록 세금을 많이 부담한다. 그리고 정부는 이 세금을 소득, 교육, 의료, 주거 등의

---

12) 위의 책, 12쪽.

사회적 임금 형태로 차등적으로 지급한다. 즉, 사회적 위험이 많은 사람에게 유리한 분배가 이루어지는 것이다. 따라서 보편주의는 연대와 협동의 원리에 따라 부자로부터 중산층과 빈곤층으로 소득이전을 달성한다. 이와 같이 차등적으로 세금을 내고 차등적으로 혜택을 보는 보편주의 때문에 조세부담을 보다 많이 감당해야 하는 부자나 시장세력은 이것을 선호하지 않는 경향이 있다. 즉, 선별주의는 경향적으로 시장세력이 지지하고, 보편주의는 시민 일반에 이익을 줄 개연성이 크다.

복지정책은 대부분 세 가지 선별 기제를 가진다. 첫째, 65세 이상인가, 자녀가 있는가 같은 인구사회학적 특성을 기반으로 대상자를 선별한다. 둘째, 기여도에 따라 급여권한을 부여한다. 국민연금을 납부해 왔는지의 여부에 따라 대상자를 선별하는 것과 같은 방식이다. 셋째, 자산과 소득에 따라 대상자를 선별한다. 돈이 있는 사람과 없는 사람을 구분하는 것이다. 모든 복지정책은 이 세 가지 가운데 하나를 내세워 대상자를 선별하는 원칙으로 적용하기도 하고, 둘 이상의 원칙을 조합해서 대상자를 선별하기도 한다. 예를 들어 국민연금에서 노령연금을 수급하기 위해서는 최소 20년 이상 보험료를 납부해야 하고, 연령 또한 65세 이상이어야 자격이 부여된다. 인구사회학적 기준과 기여 여부라는 두 가지 선별원칙이 결합된 경우이다. 복지 대상자를 선별하는 데 앞서 언급한 두 가지 원칙이 작동한다면 일반적으로 보편주의 원리가 적용되는 것으로 간주한다. 반면 세 번째 원칙이 수급 대상자를 선별하는 원리로 작동할 경우에는 잔여주의 복지정책이라고 한다.

이처럼 대상자를 선별하는 원칙은 보편주의 원칙과 대립되지 않는다. 보편주의 복지에 대립되는 것은 잔여주의 복지이다. 보편주의

복지에서도 차이를 인정한다. 잔여주의 제도는 보편주의 제도를 보
완하는 데 머물러야 한다. 잔여주의 복지가 보편주의 복지를 대체해
서는 안 된다. 보편적 복지가 무조건 퍼주자는 것이 아니라는 비판
을 피하기 위해서는 선별주의 복지를 보편주의의 반대말로 설정하
면 어려워진다.[13)

4.1.6. 사회보장, 사회보험, 공공부조

사회보장은 사회보험과 공공부조로 나뉜다.

1) 사회보험

사회보험은 질병, 산재, 실업, 노령 등의 사회적 위험에 대하여 보
험적 방식으로 사회적(공적)으로 대응하는 것이다. 사회보험은 국가
의 강제에 의해 보험가입을 하는 것으로, 갹출료(보험료)의 기여 정
도가 할당(급여)의 기준이 되며, 국가가 직접 관장 또는 감독한다. 갹
출료 부담은 노동자와 사용자 양자 부담이거나 노동자·사용자·국
가의 3자 부담으로 한다. 사회보험은 국가가 법으로 제도를 강제할
뿐 실제 비용은 노사가 부담하므로 국가 책임보다는 개인적인 자조
와 노사 간 사회연대원칙을 강조하고 있다. 사회보험은 공적 연금,
건강보험, 실업보험, 산재보험 등으로 구성되어 있다. 독일, 일본, 한
국 등의 국가는 4대 사회보험제도에 장기요양보험제도를 추가해서
운영하고 있다.

---

13) 윤홍식, 「보편적 복지는 무책임한 퍼주기일까」, 『대한민국복지: 7가지 거짓과 진실』,
두리미디어, 2011, 117~174쪽.

2) 공공부조

공공부조는 사회보험제도와 더불어 사회보장제도의 양대 기둥으로 평가되어 왔다. 공공부조는 사회보험과 같이 소득보장이라는 동일한 목적을 가지고 있다. 사회보험이 모든 계층을 대상으로 한다면, 공공부조는 절대빈곤층, 다시 말해 일부 계층을 대상으로 한다. 공공부조는 사회보험을 보완하는 것으로, 보통 사회보험의 비대상자가 대상이 된다. 즉, 국가가 정해 놓은 최저생계수준 이하의 저소득층을 대상으로 한다. 그리고 저소득층을 선별하기 위해 자산조사를 실시한다. 이와 같이 공공부조는 대상자의 재정상태와 욕구에 따라 급여를 결정하고, 정부의 일반 세입에서 재정을 충당한다.[14]

[기본소득]

1. 개념

소득불평등 문제와 기술발달로 인한 일자리 감소를 해소하는 방안으로 '일하지 않고도 일정 소득을 보장'받는 기본소득이 주목받고 있다.

기본소득(basic income)이란 국가(또는 지방자치단체)가 개인의 노동 여부, 재산의 많고 적음에 관계없이 사회 구성원 모두에게 무조건적으로 지급하는 소득을 말한다. 기본소득은 수급에 특별한 자격요건을 요하지 않으며, 개인단위로 지급된다는 점에서 기존의 사회보장과 차이가 있다. 즉, 기본소득은 모든 구성원에게 인간다운 삶을 보장한다는 점에서 보편적 복지라 할 수 있다.

2. 재원

기본소득의 핵심 쟁점 중 하나는 재원 마련에 관한 방법이다. 이에 대해서는 여러 방안이 제시되고 있다. 노벨상 수상자인 제임스 미드

---

14) 유범상, 앞의 책, 170~171쪽.

(James E. Meade)는 『아가토피아(*Agathotopia*)』에서 자본과세와 투자신탁으로 재원을 조달하면 된다고 주장했다. 자본거래세(토빈세)를 재원으로 삼자는 주장도 있고, 온실가스 배출이나 환경오염에 대해 재원을 부담시키자는 의견도 있다.15)

우리나라 녹색당은 현재 24.6%인 국민부담률(조세＋사회보장기여금)을 OECD 평균 수준인 34.4%까지 끌어올리는 방법을 제시하고 있으며, 같은 맥락에서 소득세와 부가가치세 및 불로소득에 대한 과세강화를 통해 기본소득의 재원을 마련하는 방법16)이 주장되고 있다.

3. 기본소득 도입으로 인한 효과

1) 찬성론

기본소득 도입을 찬성하는 측17)의 주장은 다음과 같다. ① 보편적 복지제도 시행으로 기존 복지혜택에서 소외된 사각지대를 없앨 수 있다. ② 제도의 도입으로 인해 많은 사람들이 원하는 노동을 하게 되어 노동력이 증대된다. '기본소득 스위스'의 공동 설립자이자 대변인인 체 와그너는 "기본소득이 노동에 대한 동기 부여를 강화하고, 더 인간적이고 안정적이며 생산적인 경제로 이끌 것"이라고 주장한다. 기본소득이 노동력 상실을 부추길 것이라는 우려에 대해서 런던대학의 시범연구는 "공포를 원동력 삼아 노동하지 않을 때 인간은 더 생산적인 존재가 된다"고 하였다. ③ 절대빈곤을 철폐하고 상대적 빈곤 역시 감소시킬 수 있다. 기본소득 재원 마련과정에서 소득을 재분배함으로써 빈부격차를 감소시킬 수 있다는 것이다. ④ 그간 무임노동으로 여겨졌던 가사노동에 대한 대가가 지불됨으로써 여성의 자율성과

---

15) 하승수, "'베짱이'에게 왜 국가가 돈을 주는가", 『한겨레21』 제994호, 2014.

16) 강남훈, 「기본소득 도입 모델과 경제적 효과」, 『진보평론』 2010년 가을(제45호), 2010, 14~20쪽 참조.

17) 박석삼, 「기본소득을 둘러싼 쟁점과 비판」, 『노동사회과학』 제3호, 노동사회과학연구소, 2010, 26~29쪽 참조.

권리가 증진될 수 있다. ⑤ 기본소득을 받은 사람은 추가소득을 위해 노동을 할 수도 있지만, 노동을 하지 않고 그 시간에 사회참여나 자아실현을 위한 활동을 할 수도 있어 일·생활 균형이 이루어질 것을 기대한다.

2) 반대론

반면, 기본소득 반대론자[18]는 ① 노동의욕에 미칠 부정적 영향을 지적한다. 기본소득을 도입하면 일정 소득이 꾸준히 발생하기 때문에 노동활동을 하지 않는, 이른바 '베짱이'가 될 가능성이 높다는 것이다. ② 기존 복지가 감소할 수 있다는 우려도 만만찮다. 핀란드의 경우처럼 실업급여와 각종 수당 등을 폐지 또는 통합하고 낮은 수준의 기본소득을 지급한다면 전체적인 복지급여 수준이 하락하고 복지제도가 축소될 수 있다는 것이다. ③ 기본소득 도입에 따른 정부의 일자리 창출의지 감소 역시 문제가 될 수 있다. ④ 재정적 부담을 이유로 제도 도입을 반대한다. 기본소득에 필요한 재원을 확보하기 위해 가장 유력한 방안인 세금 인상은 부유층뿐 아니라 노동자에게도 부담을 가중시킬 수 있다는 이유이다.

4. 외국에서의 논의

유럽에서는 기술발달에 따른 일자리 감소 문제가 현재의 사회보장제도로 대응하기 힘들다는 판단에 따라 중앙정부나 지방정부 차원에서 기본소득 논의를 진행하고 있다.

스위스는 2016년 6월 5일 모든 성인에게 매월 2,500스위스프랑(한화 약 300만 원), 어린이와 청소년 등 미성년자에게는 매월 650스위스프랑(한화 약 78만 원)을 지급하는 방안을 놓고 국민투표를 시행하였다.[19]

---

18) 김은표, 「기본소득 도입 논의 및 시사점」, 『이슈와 논점』 제1148호, 국회입법조사처, 2016.
19) 국민투표 잠정집계 결과, 반대 76.9%로 부결되었다. 이는 재원 마련 방안과 기본소득

4.1.7. 현대 사회복지국가의 정의론

현대 국가가 되면 이전의 개인주의에 기초한 민주주의, 즉 자유주의 사회에서 대중민주주의 사회로 변모한다. 여기에서의 이론적 기초도 따라서 변모하고 있다. 민주주의 역사를 보면 현대에 들어서기 전까지는 소수 특권계급이나 사회의 일부 집단에 대해서만 선거권 등이 주어졌다. 고대 그리스 페리클레스 시대의 민주주의도 그랬고, 근대의 자유주의적 민주주의에서도 소수 유산자에게만 선거권이 주어졌다. 로크(John Locke, 1632~1704)의 자연법론과 개인주의는 18세기 영국 휘그당에 의한 과두정치의 사상이었다. 민주주의의 개인주의적 사상은 개인이 자연법에 근거한 생득적 권리를 지니고 있다는 신앙에 입각해 있다. 이 견해는 정치에서 소수파의 권리가 왜 중요시되어야 하는지를 잘 설명해 준다. 동시에 이 견해는 자유방임주의와 유사해서 모든 종류의 연합에 대해 적대적 입장을 취한다. 그 결과 정당의 관념을 부인하고 이를 도당으로 취급하였다.

로크의 개인주의적 민주주의 견해에 대해 프랑스에서는 루소의 일반의지론이 강하게 비판하고 나섰다. 일반의지론은 집단주의를 강조한다. 루소는 직접민주주의를 선호했는데, 그 단위가 큰 국가에서 인민이 주권자가 되려면 반드시 일반의지의 규율에 복종하지 않으면 안 된다고 생각하였다. 이런 사상의 연장선에 자코뱅당이 있는데, 이는 일반의지를 구현하기 위하여 단일정당을 창당한 것이다. 일반의지는 덕과 정의의 원천이었고, 국가는 이것을 시행하는 일반의지의 도구였다. 이 일반의지에 반항하는 개인은 사회로부터 배제되고 스

실시에 따른 사회적 부작용 등에 대한 우려가 작용한 결과라 할 수 있다. 그러나 스위스 국민 4명 중 1명이 기본소득 도입에 동의했다는 사실은 큰 의미를 가진다.

스로 사회에 대한 배반자라는 성명을 내는 것과 같았다.

개인주의는 과두정치의 사상이다. 즉, 대중 속에 빠져들기를 원치 않는 선택된 소수의 진취적인 기상을 가진 사람들의 사상인 것이다. 자연법에 뿌리 박은 개인의 권리에 입각한 사상은 과두정치적이고 보수적인 18세기의 자연적 산물이었다. 이 사상이 인민주권을 선언한 혁명의 격동 속에서 전도될 수밖에 없었던 것은 자연스러운 일이었다.

대중민주주의의 출현은 산업혁명과 관련된다. 물론 산업혁명도 초기에는 개인기업에서 출발한 것이다. 애덤 스미스가 이 시기의 대표적 사상가이다. 산업혁명은 조만간에 기계가 인간을 압도하고 대량생산이 경쟁상 유리해져 표준화 시대로 들어섰으며, 경제단위가 점점 더 확대되는 시대로 들어갔다. 매머드 트러스트, 매머드 언론기관, 매머드 정당, 매머드 국가 등으로 변화하였다. 대중사회로 변모한 것이다.

영국에서 자연법을 포기함으로써 개인주의적 전통을 포기하고, 대중사회 민주주의의 이론적 기초를 놓은 것은 공리주의였다. 공리주의자들은 최초의 급진적 개혁가이기도 했다. 대중민주주의는 다수가 소수를 압박한다는 문제점을 노정한다. 이 점은 토크빌이 1830년대의 미국에서 발견한 것이고, 1850년대에 존 스튜어트 밀이 영국에서 발견한 것이었다. 물론 일반의지론에 입각해서 건설된 소련의 경우도 마찬가지이다. 일반의지는 당에 대한 충성을 요구하기에 이른다. 충성은 개인이 정당 내지 집단의 일반의지에 복종하는 것을 의미한다. 그에 비해 공리주의는 보다 실증적인 원칙을 제시한 것이다. 그리고 공리주의의 원칙을 다시 발전시켜 나온 것이 현대의 정의론이고, 그 대표적인 저서가 롤즈의 것이다.

[롤즈의 정의론]

제1원칙: 각인은 모든 사람의 자유를 위한 동일한 방안과 양립할 수 있는 동등한 기본적인 자유들에 대한 충분히 적정한 방안을 동일하게 요구할 수 있는 유효한 권리를 가진다(기본적 자유의 원칙).

제2원칙: 사회적·경제적 불평등은 다음 두 조건을 충족하여야 한다. ① 그 불평등은 공정한 기회균등의 원칙 아래 모든 이에게 개방된 직책과 직위에 결부되어야 하며(공정한 기회균등의 원칙), ② 그 불평등은 사회의 최소 수혜자인 구성원에게 최대의 이익이 되어야 한다(차등의 원칙).

1981년에 최종 정리된 정의의 원칙이다. 이것은 1971년 『정의론(A Theory of Justice)』에서의 표현을 약간 수정한 것이다. 정의의 원칙 중 제2원칙에서 특히 차등의 원칙은 복지국가적 정의라 할 수 있다.

롤즈의 정의론은 노직의 자유지상주의에 의한 반론도 제기되었고, 다른 한편 매킨타이어(Alsadair C. McIntyre, 1929~), 왈저(Michael Walzer, 1935~), 마이클 샌델(Michael J. Sandel, 1953~)의 정의론으로 발전되기도 했다.[20]

4.2. 헌법과 사회국가 원리

4.2.1. 헌법상 연혁

사회국가에 대한 정의는 여러 가지로 표현할 수 있다. 우리 헌법

---

20) 최봉철, 『현대법철학』, 법문사, 2007, 제8장. 샌델의 입장에 관한 설명은 안민영, 「마이클 샌델의 정의론에 대한 비판적 고찰」, 『인권법연구』(제2호), 한국방송통신대학교 법학과, 2016 참조.

재판소의 판례는 다음과 같이 표현한 바 있다. "사회국가란 한마디로 사회정의의 이념을 헌법에 수용한 국가, 사회현상에 대하여 방관적인 국가가 아니라 경제·사회·문화의 모든 영역에서 정의로운 사회질서의 형성을 위하여 사회현상에 관여하고 간섭하고 분배하고 조정하는 국가이며, 궁극적으로는 국민 각자가 실제로 자유를 행사할 수 있는 그 실질적 조건을 마련해 줄 의무가 있는 국가이다."[21]

우리나라는 헌법규정에서 사회국가 원리를 명시적으로 언급하고 있지는 않다.[22] 하지만 사회국가 원리가 구체화된 여러 조문들이 있기 때문에 사회복지국가 헌법 국가라고 할 수 있다.[23]

4.2.2. 사회정의와 경제민주화

건국헌법 이래 존속해 온 '사회정의'라는 표현과 1987년 현행 헌법 이후에 규정된 '경제의 민주화'는 사회국가 이념의 주요 징표라고 할 수 있는데, 양자의 개념을 이해하기 위해서는 법철학이나 경제학 이론의 힘을 빌리지 않을 수 없다. '사회정의'라는 표현은 제헌 당시의 헌법기초자인 유진오의 작품이다. 유진오는 제헌국회에서 제안이유를 다음과 같이 밝혔다.

> • 제6장 경제장에 규정된 몇 개의 조문은 대체로 자유경제에 대한 국가적 통제의 원칙을 표시한 것입니다. 그러므로 일견 이 경제장을 보면

---

21) 헌재 2002. 12. 18. 2002헌마52(저상버스 도입의무 불이행 위헌확인)
22) 독일 기본법 제20조 제1항은 "독일 연방공화국은 민주적, 사회적 연방국가이다"라는 표현으로 사회국가 원리를 하나의 일반조항으로 규정하고 있다.
23) 헌재 2002. 12. 18. 2002헌마52(저상버스 도입의무 불이행 위헌확인) 결정문에서도 같은 취지의 표현이 나온다.

경제에 관한 국가적 통제가 원칙이 되고 자유경제는 예외가 되어 있는 것 같은 인상을 받을는지 모르지만, 그런 것이 아니라 적어도 중소상공업에 관해서는 자유경제를 원칙으로 하고, 대규모 기업, 독점성·공공성 있는 기업, 이런 기업을 국영 또는 공영으로 하는 동시에, 국방상 또는 국민생활상 긴절한 필요가 있는 때에는 법률로써 사기업을 국영 또는 공영으로 이전시킬 수 있다는 소위 기업사회화의 원칙을 이 경제장에서 게양해 본 것입니다. 즉, 경제적 활동은 원칙적으로 자유입니다. 그러나 그 경제적 활동이 공공성을 띠는 정도로 이를 때, 그때에는 국가권력으로써 경제문제에 간섭을 한다, 이것이 제장의 기본정신이겠습니다.

특히 제83조는 이 경제문제에 관한 우리나라의 기본원칙을 게양한 것입니다. 모든 사람의 경제상 자유를 인정하지마는, 그 경제상 자유는 사회정의의 실현과 균형 있는 국민경제의 발전이라는 그 두 가지 원칙하에서 인정되는 것입니다. 사회정의라는 것은 대단히 막연한 것 같습니다마는, 이 조문에는 사회정의의 내용에 관해서 정의를 내리고 있습니다. 즉, 모든 국민에게 생활의 기본적 수요를 충족할 수 있게 하는 사회정의입니다. 자유경쟁을 원칙으로 하지마는 만일 일부 국민이 주리고 생활의 기본적 수요를 충족시키지 못한다고 하면 그것을 광정할 한도에서 경제상의 자유는 마땅히 제한을 받을 것입니다. 우리 헌법은 그러므로 균등경제의 원칙을 기본정신으로 하고 있다고 말씀할 수가 있겠습니다. 이러한 사회정의의 실현과 또 균형 있는 국민경제의 발전 … 다시 말씀하면 경제상의 약자를 다만 도와줄 뿐만 아니라, 국민경제의 전체에 관해서 균형 있는 발전을 하는 것을 우리나라 경제의 기본정신으로 하는 것입니다. 국가적 필요로 보아서 어떠한 부문의 산업을 진흥시킬 필요가 있는 경우 또 국가적 필요로 보아서 어떤 산업을 제한할 필요가 있는 경우, 그러한 때에는 국가권력으로써 이 모든 문제에 관해서 조정을 할 것입니다. 대개 이러한 것이 경제에 관한 기본적 제 원칙이라고 말씀하겠습니다.

유진오, 「대한민국헌법 제안이유 설명」 중에서.

1987년 헌법에서는 '경제민주화'라는 용어가 들어왔다. 개헌과정에서 이 용어의 도입을 주도했다고 주장하는 김종인의 입장을 보자.

• 헌법 제119조 제2항의 '경제의 민주화를 위하여'란 부분은 재벌기업을 지나치게 규제하기 위한 것이 아니다. 양극화 등으로 경제 사회적 긴장이 고조되어서 자본주의와 민주주의가 근본적으로 위협받거나 흔들릴 우려가 커질 때 정부가 자본주의와 민주주의의 붕괴를 막기 위해 원용할 수 있는 비상안전장치를 염두에 둔 것이다. 강자만 살아남고 약자는 다 쓰러지는 적자생존의 원리가 지배하는 시장만 가지고는 사회가 온전히 유지될 수 없다. 대한민국은 정치체제로 자유민주주의, 경제체제로 시장경제를 추구한다. 시장은 경쟁을 전제로 하는 데 비해 민주주의 정치질서는 평등을 전제로 한다. 양자가 서로 잘 부합되지 않는다. 따라서 이를 조화롭게 부합되도록 하려면 정부가 보완적인 기능을 해야 한다. 그렇지 않으면 약자의 불만이 누적되어 폭발하게 되고 사회 전체가 혼란에 빠지게 된다. 사람들은 흔히 헌법 제119조 제1항과 제2항을 별개로 생각하는데 제1항과 제2항이 함께 가지 않으면 시장경제가 이뤄지지 않는다. 시장경제의 효율을 극대화하되 시장경제가 지속적으로 안정적으로 발전하기 위해서는 제2항이 함께 작동하지 않으면 안 되게 되어 있다. 여기에서 경제민주화의 뜻은 어느 특정 경제세력이 나라를 지배하지 않도록 하자는 것이다. 지나친 탐욕을 억제해 특정 거대경제세력이 시장을 지배하는 구조를 차단함으로써 시장 전체의 효율을 높이자는 것이다. 경제민주화를 한마디로 요약하면 거대경제세력이 나라 전체를 지배하지 않도록 하자는 것이다. 국민 각계각층 모두를 아울러야 한다. 미국 등 선진국에서는 노동자와 사용자 사이의 '민주적 협조(democratic cooperation)' 체제가 개별 기업과 경제 전체의 생산성과 효율성을 제고한다는 것을 잘 알고 있다.

김종인, 「지금 왜 경제민주화인가」, 동화출판사, 2012.

건국헌법 이후 내내 존재했던 사회정의와 1987년 헌법 이후의 경제민주화와 사정이 다른 것은 재벌의 존재 여부이다. 그런 점에서 경제민주화는 사회정의의 의미를 내포하면서 아울러 거대경제세력(재벌)의 독재를 막자는 취지가 깊게 배어 있는 용어로 받아들일 수 있다.

4.2.3. 사회국가, 민주국가, 법치국가

민주주의와 법치국가 원리, 그리고 사회국가 원리는 실질적인 자유와 평등을 실현시키기 위한 우리 헌법의 핵심적인 기본원리이며, 상호 맞물려 작용한다. 사회복지국가에서는 실질적 민주주의, 실질적 법치주의가 상응해야 하는 것이다. 이에 대한 설명을 보기로 한다.

 • (1) 자유주의적 법치국가론이 의미하는 인간은 정치적으로는 성숙되고 경제적으로는 독립적인 인간이었다. 경제적으로 종속적인 사람들에게는 일정한 시민적 기본권이 주어지지 않았는데, 그 이유는 재산보유자만이 세금을 내고 이 세금으로 운영되는 공적인 일을 결정하는 데 참가하는 것은 당연하다는 것이다. 또한 합리적인 판단을 하기 위해서는 일정한 정도의 교육이 필요한데, 이를 위하여 충분한 경제적 여유가 필수불가결하였다. 칸트는 "이에 요구되는 조건은 자연적인 것(아이나 여자가 아닐 것) 외에도, 스스로의 생계를 영위할 수 있는 일정한 정도의 재산(혹은 예술, 기술, 학식)을 가져야 한다. 예를 들어 하인이나 점원, 일용노동자, 이발사 등은 시민이 될 수 없다"고 하였다. 이를 근거로 당시에는 선거권을 제한하였다. 영국을 봐도, 1688년 혁명 이후 겨우 전 인민의 2%만이 선거권을 가지고 있었다. 1832년 첫 번째 선거법 개정 이후에도 5%에 그쳤고, 피지배계급의 강력한 압력에 의해 실시된 1884년 선거법 개정에도 여전히 전 남성의 1/3 그리고 여성의 전부가 선거권에서 제외되었다. 시민적 법치국가에서는 사유재산권의 보장이 민주주의보다 항상 우위에 선 법칙이었다.

 (2) 형식적 법치국가는 법률의 내용과는 관계없이 법률의 형식만을 갖추면 된다는 법실증주의적 세계관에 입각한 탓으로 독재국가의 수단으로 사용되었다. 나치스 시대의 긴급명령과 포괄적 수권법이 그 예이다. 제2차 세계대전 이후 독일의 헌법이론은 이제 자유, 평등, 정의의 실현을 핵심적 내용으로 하는 실질적 법치국가를 강조하는 쪽으로 중점이 주어졌

다. 이러한 실질적 법치국가의 제도적 표현이 독일 기본법의 '사회적 법치국가'라는 개념이다. 이 개념은 원래 바이마르공화국 시대에 헬러(Hermann Heller)에 의해서 실질적 자유와 평등의 관념하에 전통적인 자유주의의 형식적 요청과 새로이 주장되는 사회주의의 내용적 요청을 결합시켜 보려는 의도에서 주장되었다. 헬러는 자유주의적 법치국가와 사회적 법치국가와의 차이를 평등의 원칙에 대한 이해의 상이함에서 찾았다. 전자에서는 평등의 원칙은 단순히 형식적인 의미를 지닐 뿐이다. 그러나 사회적 법치국가에서는 평등의 원칙은 자유를 단순히 형식적으로만 보장하는 것이 아니라 실질적으로 보장하여야 한다. 이를 위하여 국가는 사회적 강자의 권리를 통제하고 사회적 약자를 위해서는 여러 가지 법적 보호조치를 통하여 자유를 실질적으로 보장받을 수 있도록 하여야 한다는 것이다. 프랑스, 이탈리아 등도 제2차 세계대전 이후 사회국가 원리를 채택하였다.

(3) 민주주의와 법치국가 원리, 그리고 사회국가 원리는 실질적인 자유와 평등을 실현시키기 위한 우리 헌법의 핵심적인 기본원리이며, 서로를 규정하는 3면경과 같다. 즉, 민주주의가 국민의 의사에 기초한 국가질서의 형성을 그 내용으로 하는 것이고, 법치국가 원리가 민주적 의사결정 과정을 통하여 마련된 법규범을 통하여 사회적 정의를 보장하는 것이라면, 사회국가 원리는 국민의 실질적인 자유와 평등을 실현시키는 데 적합한 사회구조를 형성하는 것을 그 내용으로 한다. 즉, 민주주의가 자유와 평등의 통치형태적 실현수단이고, 법치국가가 자유와 평등의 국가기능적 실현수단이라면, 사회국가는 자유와 평등이 실질적으로 이루어질 수 있는 사회구조를 추구한다. 이렇게 3개의 원리는 우리 헌법의 핵심적인 기본원리이며, 서로를 규정하는 3면경과 같다고 할 수 있다.

(4) 사회국가 원리는 국민의 실질적인 자유와 평등을 실현시키는 데 적합한 사회구조를 형성하는 것을 본질로 하고 있기 때문에, 국가는 경제·조세·노동·교육·의료·복지·주택·환경 등 정책 전반에 걸쳐 사회적 불평등을 해소하는 데 우선순위를 두어야 한다. 국가의 이런 의무에 기인하는 국가의 급부는 일종의 자선행위(Akt der Gnade)가 아니라, 개개인이 국민의 한 사람으로서 국가에 대하여 지원을 요구할 수 있는 하나의 권리로 인정되고 있다. 사회적 정의는 사회적 관계의 개선행위와 개선요구에

관한 사회국가적 활동의 의무적 규범의 근거기준이 된다. 그러므로 사회적 정의는 사회국가의 법적 규정 및 가치척도를 정하는 지도목표(Leitziel)가 되며, 동시에 실제적 법적용에 있어서 사법과 행정의 해석규정(Auslegungsregel)이 된다[BVerfGE 1, 97 105(1952)].

복지국가나 급부국가에서는 국가에서 제공하는 복지나 급부에 중점이 두어져 있고, 사회국가에서 국민이 가지는 사회적 기본권의 주체성이라든가 참여권의 성격이 상대적으로 소홀해질 수 있다. 사회국가가 복지국가나 급부국가와는 달리 국민이 국가의 일방적인 급부의 대상이 아니라 국가에게 실질적인 자유와 평등을 요구할 수 있는 권리와 국가가 제공하는 급부에 동등하게 참여할 수 있는 권리를 보장해 주는 것으로 이해한다면, 사회국가 원리는 '민주적으로 지속 가능한 참여'를 보장하는 다양한 형태의 민주주의의 발전을 통하여 구체적으로 실현될 수 있다고 할 것이다. 따라서 사회국가는 단순히 복지국가의 다른 표현이 아니라 좀 더 광범위하고 적극적인 의미에서 주권자인 국민이 국가의사 결정과정에 민주적으로 참여하여 실질적인 자유와 평등을 추구하는 국가사회체계를 뜻한다. 사회국가 원리는 국가와 사회를 분리하는 근대 자유주의적 국가개념을 극복하고, 주권자의 기본권을 법적으로 보장하는 '국가'와 자유 평등 연대를 근본가치로 하는 '사회' 사이의 관계를 결합시켜 주는 헌법상의 기본원리로 발전해 가고 있다는 것이다.

박병섭, 「사회국가 원리의 역사적 전개와 법적 의미」, 『민주법학』 제54호, 2014.

4.2.4. 사회적 기본권의 보장

우리 헌법은 전문에서 "모든 영역에 있어서 각인의 기회를 균등히 하고 … 안으로는 국민생활의 균등한 향상을 기하고"라고 표현하면서 사회국가 원리의 내용을 밝히고 있다. 이러한 내용을 구체화하는 것이 헌법 제31조부터 제36조에 걸쳐 규정되어 있는 사회권이다.

인간다운 생활을 할 권리(제34조 제1항)를 위시해서 사회보장, 사회복지 증진을 위한 국가적 노력의 의무(제34조 제2항, 제6항), 생활무

능력자의 국가적 보호(제36조 제5항), 근로자의 고용증진과 적정임금의 보장 및 최저임금제의 실시(제32조 제1항), 인간의 존엄성에 합치되는 근로조건기준의 법률제정주의(제32조 제3항), 여자와 연소자의 근로의 특별보호(제32조 제4항, 제5항), 근로3권의 보장(제33조 제1항), 환경권(제35조), 근로의 권리(제32조 제1항), 보건에 관한 국가적 보호(제36조 제3항) 등이 규정되어 있다.

4.2.5. 재산권의 사회적 구속성

건국헌법 이래 일관된 규정 중 하나인 헌법 제23조 제1항은 재산권의 내용과 한계를 법률로 정하도록 하고 있다. 이는 자유권에 관한 일반적 규정양식과 매우 다른 것이다. 자유권에 있어서는 근대 입헌주의 시민헌법 이래 그 한계만을 법률로 정하도록 할 뿐 자유권의 내용을 법률로 정하도록 하지는 않는다. 우리 헌법도 다른 자유권의 경우 제37조 제2항에서 그 한계를 법률로 정하도록 하고 있다.

이와 함께 바이마르 헌법 제153조 제3항(소유권의 사회적 의무규정)과 맥락이 이어지는 우리 헌법 제23조 제2항(재산권의 공공복리 적합성 의무규정)도, 제3항의 사회화규정도 사회국가 원리의 구체적 표현이다. 이외에도 사유재산제의 수정조항으로 제121조와 제126조 등이 있다. 제121조에서는 농지의 소작제도를 금지하고 농지의 임대차와 위탁경영은 법률이 정하는 바에 의해 인정된다. 제126조도 국방상 또는 국민경제상 긴절한 필요가 있으면 법률을 통해 사영기업을 국유화 또는 공유화할 수 있음을 밝히고 있다.

4.2.6. 사회적 시장경제질서의 추구

우리 헌법에서 사회국가 원리가 포괄적으로 구현되어 있는 부문은 무엇보다도 제9장(경제)이다. 흔히 사회적 시장경제질서라고 부른다.

경제질서의 유형에는 크게 자본주의적 시장경제질서와 사회주의적 계획경제질서가 있다. 자본주의적 시장경제질서는 ① 사유재산제, ② 직업선택의 자유, ③ 이윤추구원리, ④ 시장경제와 가격기구, ⑤ 노동의 상품화 등을 특징으로 한다. 이와 달리 사회주의적 계획경제질서는 ① 생산수단의 사회화, ② 사유재산제의 부인, ③ 이윤추구의 불인정, ④ 계획경제, ⑤ 공동생산·공동분배 등을 그 특징으로 한다.

양자의 절충으로서 사회적 시장경제질서는 사유재산제의 보장과 자유경쟁을 기본원리로 하는 시장경제질서를 근간으로 하되, 사회복지·사회정의·경제민주화 등을 실현하기 위하여 부분적으로 사회주의적 계획경제 또는 통제경제를 가미한 경제질서를 말한다. 그에 따라 자유와 평등, 직업의 자유, 계약의 자유, 집회의 자유, 소유권의 자유, 기업의 자유, 자유경쟁과 자유노동계약에 근거하고 있으면서 사회적 악습과 불공평 및 사회적 부정의를 배제하기 위해 필요한 경우에는 자유영역에 국가가 개입할 수 있고 더 나아가 개입이 요구된다.

4.2.7. 경제에 대한 규제와 조정의 사유

경제에 대한 국가개입의 일반 조항인 제119조에 따르면 국가개입의 사유를 다음과 같이 나열하고 있다.

첫째, 균형 있는 국민경제의 성장 및 안정과 적정한 소득의 분배를 유지하기 위함이고, 둘째, 시장의 지배와 경제력의 남용을 방지하기 위함이며, 마지막으로 경제주체 간의 조화를 통한 경제의 민주화를 이루기 위함이다.

균형 있는 국민경제의 성장 및 안정과 적정한 소득의 분배를 유지한다는 것은 국가가 극단적인 선성장 후분배 정책을 펴서는 안 된다는 것을 포함하여 성장과 분배의 조화를 추구한다는 것을 의미한다. 국가 주도의 자본주의 국가에서 불균등 경제정책을 배경으로 극단적인 성장정책을 추진하면 균형 있는 국민경제를 도모할 수 없기 때문이다.

시장의 지배와 경제력의 남용을 방지한다는 것은 독과점규제를 통해 자유경쟁을 왜곡시키는 기업결합 행위와 지배력을 남용한 경쟁제한 행위를 규제함으로써 실질적인 자유경쟁을 도모하겠다는 것이다. 이는 자본주의의 속성상 자본의 집중과 집적으로 인해 시장의 왜곡이 필연적으로 발생한다는 점을 인식한 데 따른 대응이다. 즉, "국가목표로서의 '독과점규제'는 스스로에게 맡겨진 경제는 경제적 자유에 내재하는 경제력 집중적 또는 시장지배적 경향으로 말미암아 반드시 시장의 자유가 제한받게 되므로 국가의 법질서에 의한 경쟁질서의 형성과 확보가 필요하고, 경쟁질서의 유지는 자연적인 사회현상이 아니라 국가의 지속적인 과제라는 인식에 그 바탕을 두고 있는 것이다."[24] 또한 헌법재판소는 "헌법 제119조 제2항에 규정된 '경제주체 간의 조화를 통한 경제민주화'의 이념도 경제영역에서 정

---

24) 헌재 1996. 12. 26. 96헌가18

의로운 사회질서를 형성하기 위하여 추구할 수 있는 국가목표로서 개인의 기본권을 제한하는 국가행위를 정당화하는 헌법규범"[25]이라고 한다.

경제주체 간의 조화를 통한 경제의 민주화란 경제활동에 관한 의사결정 방식이 민주적인 방식으로 행해져서 국가, 기업 그리고 노동자(조직) 간에 힘의 균형이 이루어져야 한다는 것을 의미한다. 경제민주화의 영역은 비단 국가경제적 영역만 문제가 되는 것이 아니다. 경제민주화는 기업의 민주화, 즉 기업경영의 민주화를 포함하는 것이기도 하다. 기업경영의 공동결정권이나 기업이익균점권을 추구하는 근거규정으로 기능할 수 있는 것으로서 사용자의 기본권을 제한하는 국가행위를 정당화하는 규범이다. 독일의 경우 1952년에 연합국이 강요하다시피 해서 노사공동결정제도(Mitbestimmung)가 도입되었다. 이 제도는 1952년 몬탄공동결정법에 따라 철강과 석탄산업에 먼저 도입되었는데, 거기에는 철강과 석탄 재벌들이 전쟁의 특수를 노렸다는 점이 작용했다. 전략산업 분야에서 자본가를 견제하기 위해 근로자도 의사결정에 참여하도록 하는 체계를 갖추도록 한 것이다. 제도를 운영한 결과 노사관계의 안정은 물론 기업경영에도 효율적이라는 점이 입증되면서 1976년 공동결정법에 따라 종업원 2,000명 이상의 산업으로 확대하였다. 경제민주화를 헌법상 권력분립의 이론에 따라 국민의 기본권에 영향을 미치는 국가권력 외에 경제와 사회권력까지 포함시켜야 하는 것이 현대 헌법의 과제라 한다면, 이와 같은 노동자의 경영참가, 근로자이사제 등이 자연스러운 추세라고 말할 수 있다.

---

25) 헌재 2003. 11. 27. 2001헌바35

● 근로자이사제는 간단히 이야기하면 기업이사회 차원에서 노사 간 경청과 소통, 협치의 제도화라고 할 수 있다. 현재 사업장 수준에서는 노사협의회라는 것을 통해 노사가 일정 사안을 협의하도록 되어 있다. 그러나 누구도 이걸로는 주인의식을 느끼지 못한다. 공동합의가 아닌 단순 협의 수준인데다 그나마 이사회 사안은 처음부터 비껴가기 때문이다. 만약 사업장은 물론이고 이사회에서까지 노사가 머리를 맞대고 공동결정을 한다면 이야기는 달라진다. 근로자이사제는 이사회 차원의 노사 협치를 유도하는 장치이다. (중략)

더 적극적으로 보자면, 근로자이사제는 근로자가 '경영혁신의 공동주체'가 되는 길이자 근로자와 사용자가 '공동운명체'가 되는 길이다. 근로자이사제는 노사갈등 비용 감축과 노동자 경영혁신 촉진을 통해서 '새로운 경제성장 동력'이 된다. 기업의 지속 가능성을 최고도로 확보하는 길이기도 하다. 요컨대, 오늘날의 지속 가능한 기업경영은 '노사가 경영의 성과와 책임을 공유하고 소통하는 경영구조'로 패러다임 전환을 요구하며 이를 위해서 근로자이사제가 필수적이라는 것이다.

근로자이사제는 영국과 이탈리아 등 예외가 없는 것은 아니지만 유럽의 주요 국가들에서 이미 보편화된 제도라 할 수 있다. 지역적으로도 유럽 전역에 고루 확산되어 있다. 중서부에선 독일, 프랑스, 오스트리아, 체코, 북부에선 네덜란드, 덴마크, 스웨덴, 동부에선 슬로베니아, 헝가리, 폴란드, 남부에선 스페인, 그리스, 포르투갈 등 유럽의 18개 국가에서 시행 중이다. (중략)

18개국 중 독일만 이사정수의 절반을 근로자이사로 두도록 하고 나머지 나라들은 일반적으로 1/3선, 2~3인의 근로자이사를 두도록 규정한다. 근로자이사라고 통칭하지만 반드시 당해 기업의 근로자여야 하는 것은 아니고 근로자들이나 노동조합이 외부전문가를 추천할 수도 있다. 산별노조의 간부들(=전문가들)이 근로자이사로 활동하는 경우가 많다. 이런 나라들에선 일반적으로 노조조직률이 3, 40%대를 기록하고 있을 뿐 아니라 사업장 수준에서도 근로조건과 생산성 향상에 대한 안정적이고 강력한 노사공동결정제도가 뿌리 내린 경우가 대부분이다. (중략)

당연히 근로자이사는 자본의 관점보다는 노동의 관점에서 안건을 분석, 평가하고 대안을 내놓게 될 것이다. 그에 따라 일하는 보통 사람들의 관점과 이해관계가 이사회에서 대변되고 증진될 것이다. 마땅히 그래야 한다. 더욱이 대기업이 준법책임을 넘어 사회책임을 다하려면 이사회의 의사결정 과정에서 노동, 인권, 환경, 협력업체, 지역사회 등에 미치는 사회적 영향과 비재무적 효과까지 감안하지 않으면 안 된다. 그렇지 않을 경우 그로 인한 기업리스크를 감당할 길이 없다. 대기업의 사회책임혁명이 진행되는 21세기에 근로자이사제는 기본이다.

곽노현, "근로자이사제, 경제민주화의 새 모델", 허핑턴포스트, 2016.6.7.

또한 경제민주화와 관련해서는 국민연금 등 각종 기금을 통한 사회복지국가의 실현이 중요하다. 국민연금의 제1차 목적은 국민의 노령, 장애 또는 사망에 대하여 연금급여를 실시함으로써 국민의 생활 안정과 복지 증진에 이바지하는 것이다(「국민연금법」 제1조). 다른 한편 연금의 보험료와 급여액, 급여의 수급요건 등의 적절한 조정을 통하여 소득재분배의 효과도 가져온다. 또한 기금의 안정된 관리를 위하여 일정한 기업에 투자를 하게 되는데 기금 규모가 워낙 크기 때문에 때에 따라서는 해당 기업의 경영에 관여할 여지가 생긴다. 이와 관련하여 연금의 기업관여의 한계에 관한 질문이 제기된다.

• 국민연금은 헌법 제34조와 헌법 제119조 제2항을 근거한 국민연금법을 준수할 의무와 법적 근거를 가지고 있다. 따라서 이러한 국민연금법의 헌법적 근거는 국민연금으로 하여금 연금의 주인인 국민을 위한 경제민주화의 실현의무를 부여하였다고 할 것이다. 그리고 국민연금기금의 구체적 사회적 책무의 이행을 위하여 다음에 기술하고 있는 한국판 스튜어드십 코드(stewardship code)를 반드시 도입하여야 하며, 이 코드의 원칙과 기준을 통하여 국민연금은 지금의 우리 사회가 갈망하고 있는 경제민주화 실현이라는 시대적 사명을 이룩하는데 적극 행동하여야 할 것이다. (중략) 우리나라는 영국에서 출발한 스튜어드십 코드제도를 도입하고자 한국기업지배구조원에서 '기관투자자의 수탁자 책임에 관한 원칙'을

제정하였다. 이것은 국민연금 등 기관투자자들은 투자기업의 주주총회에서 소극적으로 의결권에 참여하는 것에서 벗어나 앞으로는 이 원칙에 따라서 투자기업의 경영에 관여(engagement)하고 주주총회에서 적극적으로 의결권을 행사하라는 것이다.

박동욱, 「경제민주화를 위한 국민연금의 헌법적 의무」, 한국방송통신대학교 대학원
법학과 석사학위논문, 2017.

【증권거래법 제191조의7 제3항 등 위헌소원사건(헌재 2003. 11. 27. 2001헌바35)】

다른 모든 기본권과 마찬가지로 재산권도 공익상의 이유로 제한될 수 있음은 물론이며, 특히 대형 금융기관과 같은 대기업의 주식의 경우 입법자에 의한 보다 광범위한 제한이 가능하다. 기본권의 전체 체계에서 재산권은 기본권의 주체가 각자의 생활을 자기 책임하에서 자주적으로 형성하도록 이에 필요한 경제적 조건을 보장해 주는 기능을 한다. 이로써 재산권의 보장은 자유실현의 물질적 바탕을 의미하고, 자유와 재산권은 상호 보완관계이자 불가분의 관계에 있다. 재산권의 이러한 자유보장적 기능은 재산권을 어느 정도로 제한할 수 있는가 하는 사회적 의무성의 정도를 결정하는 중요한 기준이 된다. 재산권에 대한 제한의 허용 정도는 재산권 행사의 대상이 되는 객체가 기본권의 주체인 국민 개개인에 대하여 가지는 의미와 다른 한편으로는 그것이 사회 전반에 대하여 가지는 의미가 어떠한가에 달려 있다. 즉, 재산권의 행사의 대상이 되는 객체가 지닌 사회적 연관성과 사회적 기능이 크면 클수록 입법자에 의한 보다 광범위한 제한이 정당화된다. 다시 말하자면 특정 재산권의 이용과 처분이 그 소유자 개인의 생활영역에 머무르지 아니하고 일반 국민 다수의 일상생활에 큰 영향을 미치는 경우에는 입법자가 공동체의 이익을 위하여 개인의 재산권을 제한하는 규율권한을 더욱 폭넓게 가진다(헌재 1998. 12. 24. 89헌마214 등, 판례집 10-2, 927, 945). 이러한 관점에서 볼 때, 대기업의 자본지분인 '주식'에 대한 재산권의 경우 재산권이 개인의 인격발현에 대하여 지니는 의미는 상당히 미소한 데 반하여 사회적 연관성이나 사회적 기능이 뚜렷하므로, 국가에 의하여 보다 폭넓게 제한될 수 있다. (중략)

헌법상의 경제질서에 관한 규정은, 국가행위에 대하여 한계를 설정함으로써 경제질서의 형성에 개인과 사회의 자율적인 참여를 보장하는 '경제적 기본권'과 경제영역에서의 국가활동에 대하여 기본방향과 과제를 제시하고 국가에게 적극적인 경제정책을 추진할 수 있는 권한을 부여하는 '경제에 대한 간섭과 조정에 관한 규정'(헌법 제119조 이하)으로 구성되어 있다.

특히 헌법 제119조는 개인의 경제적 자유를 보장하면서 사회정의를 실현하는 경제질서를 경제헌법의 지도원칙으로 표명함으로써 국가가 개인의 경제적 자유를 존중해야 할 의무와 더불어 국민경제의 전반적인 현상에 대하여 포괄적인 책임을 지고 있다는 것을 규정하고 있다. 우리 헌법은 헌법 제119조 이하의 경제에 관한 장에서 "균형 있는 국민경제의 성장과 안정, 적정한 소득의 분배, 시장의 지배와 경제력 남용의 방지, 경제주체 간의 조화를 통한 경제의 민주화, 균형 있는 지역경제의 육성, 중소기업의 보호육성, 소비자보호 등"의 경제영역에서의 국가목표를 명시적으로 언급함으로써 국가가 경제정책을 통하여 달성하여야 할 '공익'을 구체화하고, 동시에 헌법 제37조 제2항의 기본권 제한을 위한 법률유보에서의 '공공복리'를 구체화하고 있다(헌재 1996. 12. 26. 96헌가18, 판례집 8-2, 680, 692-693). 따라서 헌법 제119조 제2항에 규정된 '경제주체 간의 조화를 통한 경제민주화'의 이념도 경제영역에서 정의로운 사회질서를 형성하기 위하여 추구할 수 있는 국가목표로서 개인의 기본권을 제한하는 국가행위를 정당화하는 헌법규범이다.

그러나 이 사건 법률 조항이 자본금감소의 명령을 할 수 있도록 한 것은 금융거래의 보호와 예금자보호라는 공익을 실현하기 위한 것으로서 헌법 제119조 제2항의 '경제민주화'와 아무런 연관이 없을 뿐이 아니라, '경제민주화'의 이념이 경제영역에서의 국가행위의 한계를 설정하고 청구인의 기본권을 보호하는 헌법규범이 아니라 개인의 경제적 자유에 대한 제한을 정당화하는 근거규범이라는 점에서도 헌법 제119조 제2항의 '경제민주화'는 이 사건 법률 조항의 위헌성을 판단하는 근거로서 고려될 수 없다.

05
문화국가의 원리

5.1. 문화국가의 개념

문화국가의 원리란 문화의 자유를 인정하면서 국가에 의한 문화의 급부, 즉 문화에 대한 국가적 보호·지원·조정 등을 실현하고, 문화에 대한 요구가 국민의 권리로 인정되는 원리를 말한다. 전통적인 관점에서 중요한 의미를 갖는 것은 국가로부터의 문화의 자율성과 문화에 대한 국가의 포괄적 권한 사이의 균형문제이다. 최근에는 문화에서 평등의 문제가 새롭게 부각되고 있다.[26]

헌법재판소도 문화국가의 원리를 헌법원리의 하나로 선언하고 있다. "우리나라는 건국헌법 이래 문화국가의 원리를 헌법의 기본원리로 채택하고 있다. 우리 현행 헌법은 전문에서 '문화의 … 영역에 있어서 각인의 기회를 균등히' 할 것을 선언하고 있을 뿐 아니라, 국가에게 전통문화의 계승·발전과 민족문화의 창달을 위하여 노력할 의무를 지우고 있다(제9조).

또한 헌법은 문화국가를 실현하기 위하여 보장되어야 할 정신적 기본권으로 양심과 사상의 자유, 종교의 자유, 언론·출판의 자유, 학문과 예술의 자유 등을 규정하고 있는바, 개별성·고유성·다양성

---

26) 김수갑, 「헌법상 문화국가 원리에 관한 연구」, 고려대학교 박사학위논문, 1993.

으로 표현되는 문화는 사회의 자율영역을 바탕으로 한다고 할 것이고, 이들 기본권은 견해와 사상의 다양성을 그 본질로 하는 문화국가 원리의 불가결의 조건이라고 할 것이다."[27]

5.2. 문화국가 원리의 내용

5.2.1. 문화의 자율성

문화국가에서 가장 기초가 되는 것은 문화의 자율성이다. 문화의 본질적 특성이 개성과 다양성에 기초하여 창조적 활동을 영위하는 것이므로 국가가 일방적으로 특정한 문화만을 강제하고 획일화를 시도하는 것은 원칙적으로 허용되지 아니한다. "과거 국가절대주의 사상의 국가관이 지배하던 시대에는 국가의 적극적인 문화간섭정책이 당연한 것으로 여겨졌다. 그러나 오늘날에 와서는 국가가 어떤 문화현상에 대하여도 이를 선호하거나 우대하는 경향을 보이지 않는 불편부당의 원칙이 가장 바람직한 정책으로 평가받고 있다. 오늘날 문화국가에서의 문화정책은 그 초점이 문화 그 자체에 있는 것이 아니라 문화가 생겨날 수 있는 문화풍토를 조성하는 데 두어야 한다.

문화국가 원리의 이러한 특성은 문화의 개방성 내지 다원성의 표지와 연결되는데, 국가의 문화육성의 대상에는 원칙적으로 모든 사람에게 문화창조의 기회를 부여한다는 의미에서 모든 문화가 포함된다. 따라서 엘리트문화뿐만 아니라 서민문화, 대중문화도 그 가치를 인정하고 정책적인 배려의 대상으로 하여야 한다."[28]

---

27) 헌재 2004. 5. 27. 2003헌가1
28) 헌재 2004. 5. 27. 2003헌가1

5.2.2. 국가에 의한 문화의 보호와 육성

오늘날과 같이 문화의 전파 속도가 매우 빠른 상황에서, 문화의 종속 내지 문화제국주의 문제는 고유한 문화를 지키려는 이들에게 심각한 현안이 되고 있다. 이런 경우 국가가 자율적 문화의 보존과 육성에 적극적으로 기여할 필요성이 생긴다. 이를 위해 국가는 전통 문화, 특수분야의 문화, 대중문화 등 다양한 영역의 문화에 대하여 창작과 보존을 위한 재정적·행정적 지원을 수행해야 한다.

그러나 한편으로 문화에 대한 국가의 지원이 문화의 자율성을 제약하는 방향으로 작용할 수도 있다. 따라서 문화의 창조자, 문화의 전달자 그리고 문화의 수용자 등의 관점을 두루 감안하는 합리적인 정책을 도모해야 한다.

【학원의 설립·운영에 관한 법률 제22조 제1항 제1호 등 위헌제청사건
(헌재 2000. 4. 27. 98헌가16, 98헌마429)】

헌법은 자유권적 기본권의 보장을 통하여 개인이 자유를 행사함으로써 필연적으로 발생하는 사회 내에서의 개인 간의 불평등을 인정하면서, 다른 한편, 사회적 기본권의 보장을 통하여 되도록 국민 누구나가 자력으로 자신의 기본권을 행사할 수 있는 실질적인 조건을 형성해야 할 국가의 의무, 특히 헌법 제31조의 '교육을 받을 권리'의 보장을 통하여 교육영역에서의 기회균등을 이룩할 의무를 부과하고 있다. 따라서 헌법 제31조의 '능력에 따라 균등한 교육을 받을 권리'는 국가에 의한 교육제도의 정비·개선 외에도 의무교육의 도입 및 확대, 교육비의 보조나 학자금의 융자 등 교육영역에서의 사회적 급부의 확대와 같은 국가의 적극적인 활동을 통하여 사인 간의 출발기회에서의 불평등을 완화해야 할 국가의 의무를 규정한 것이다. 그러나 위 조항은 교육의 모든 영역, 특히 학교교육 밖에서의 사적인 교육영역에까지 균등한 교육이 이루어지도록 개인이 별도로 교육을 시키거나 받는 행위를 국가가 금지하거나 제한할 수 있는 근거를 부여

하는 수권규범이 아니다. 오히려 국가는 헌법이 지향하는 문화국가 이념에 비추어, 학교교육과 같은 제도교육 외에 사적인 교육의 영역에서도 사인의 교육을 지원하고 장려해야 할 의무가 있는 것이다. 경제력의 차이 등으로 말미암아 교육의 기회에 있어서 사인 간에 불평등이 존재한다면, 국가는 원칙적으로 의무교육의 확대 등 적극적인 급부활동을 통하여 사인 간의 교육기회의 불평등을 해소할 수 있을 뿐, 과외교습의 금지나 제한의 형태로 개인의 기본권 행사인 사교육을 억제함으로써 교육에서의 평등을 실현할 수는 없는 것이다.

5.2.3. 문화의 평등

다양한 집단의 문화는 상호 충돌하는 양상을 띠기도 하고, 사회경제적 지위에 따라 문화의 향유 가능성에서 편차가 커지기도 한다. 국가는 국민이 창조하고 향유하는 문화가 소수의 이익으로만 귀착되지 않도록 배려하지 않으면 안 된다. 다양한 문화의 공존을 위해서도 문화의 창조와 전달 그리고 문화의 향유에서 부당한 차별화가 이루어져서는 안 된다. 최근 문화적 향유권의 문제가 평등권의 구체적 내용으로 진지하게 논의되고 있다.

5.3. 헌법문화

공화국 시민은 시민의 덕성(civic virtue)을 가져야 한다. 개인의 생활에서는 자립적이고 전문적인 직업 생활인이지만, 직장과 사회의 공적 정신을 유지하는 인간형이다. 헌법이 보장하는 권리의 향유자인 동시에 국가와 사회에 대한 책임과 의무도 수행하는 품성을 가진 시민이다. 헌법에 명시된 것으로 말하면 양심의 발동이다. 양심과 더불어 정직을 강조하고 싶다. 특히 정직하지 못한 공직자에 대한 사회적 비난의 문화가 필요하다. 공직에 발을 들이지 못하도록 하는 분위기가 조성되어야 그것이 일반시민들에게도 하나의 문화로 잡아가리라고 본다. 이를 위해 민주시민교육이 필요하다. 민주시민교육을 위해서 헌법소양은 필수적이다. 초등학교부터 헌법에 대한 기초소양을 넓히는 것이 꼭 필요하다고 본다.

우리나라의 경우 전례 없이 많은 외국인들이 이민의 형태로 들어오고 있다. 단일민족의 역사를 가지고는 감당할 수 없는 다국적 문화를 체험하고 있는 것이다. 폐쇄주의적(xenophobia) 관점이 아닌 문화상대주의와 개방주의적(xenophile) 자세로 타국의 문화를 섭취할 수 있어야 한다.

문화국가는 나라가 선진국이 되면 될수록 더욱더 고양되어야 할 조건이다. 그래서 국민주권의 초기 단계에서보다도 사회복지국가의 단계로 접어들 때에는 국민들 각자가 성숙한 민주주의 문화가 몸에 밴 그런 시민이 되어야 한다. 문화국가는 실질적 법치국가와 짝을 이룬다. 그리고 실질적 법치주의를 완성시키려면 제도화 외에도 민주적 헌법문화의 성숙이 뒷받침되어야 하는 것이다. 생활과 직장 등 모든 분야에서 일(work)이 곧 작품(work)이 되는 사회가 되어야 한다.

• '문화민주화'란 용어가 다소 생소할지는 몰라도 역사적으로 거슬러 올라가면 19세기 영국의 윌리엄 모리스(William Morris)를 예로 들 수 있다. 사회주의자인 그는 당시 산업혁명의 과정을 통해 드러난 경제적 불평등과 이에 따른 빈곤의 가속화 그리고 노동의 윤리적 타락을 목격하고 지적 반성의 계기를 갖게 된다. 그러나 공교롭게도 그의 대응방식은 사회운동이 아닌 문화운동이었다. 한 국가의 사회적 문제가 그 나라의 문화예술 수준과 무관하지 않으며, 반면에 문화예술의 문제 또한 그 나라의 사회적

수준과 무관하지 않다는 유기론적 문화이론에 입각해 내린 결론이었다. 그의 문화운동은 이후 '예술민주화 사상'과 '미술공예운동'으로 이어지는 데, '예술민주화 사상'이 운동의 이념적 토대였다면 '미술공예운동'은 구체적 실천의 과정이었다. 예술민주화 사상의 기본개념은 예술이 어느 특정인에게만 소유되거나 향유되는 것을 거부하고 나아가 상업주의 극복을 통해 문화의 정직한 생산과 공평한 분배를 추구하고 있다. 또한 '모든 노동자가 예술가가 되는 세상'을 제시함으로써 문화향유의 방식이 소수의 전문예술가에 의존하기보다 스스로 만들어 사용하는 문화를 강조하였다. 그가 특별히 '수공예'를 중요하게 다루었던 것도 이러한 이유에서이다.

　그러나 모든 노동자가 예술가가 되는 세상을 꿈꾸었던 윌리엄 모리스의 이상은 결국 실패했다. 하지만 그의 꿈이 우리에게 의미하는 바는 여전히 크다. 모든 노동자가 예술가가 된다는 것은 무엇을 의미하는가? 그것은 한마디로 자율성에 기초한 삶의 보장을 의미한다. 오늘날 우리의 삶은 자본주의 시장과 의존적인 지배관계 속에 놓여 있다. 생산을 위한 노동은 물론이고 소비행위조차 자유롭지 못하다. 노동의 시간으로부터 자유로울 것 같은 여가시간조차 상품과 화폐의 그늘로부터 벗어나기 어렵다. 돈이 아니면 의식주 중 어느 하나 스스로 해결할 수 있는 게 없고, 자력과 자율성이 불가능한 가운데 국민 개개인의 내면적 성숙 또한 기대하기 힘들다. 이를 해결하기 위해 무엇이 필요한가? 스스로 제작하고 사용하는 문화를 키워 나가야 한다. 국민 개개인이 공예가이거나 디자이너가 되고 또는 연주자가 될 수 있어야 한다. 그러기 위해선 문화향유의 방식이 과거 소비적 문화향유에서 생산적 문화향유로 전환되어야 한다. 문화정책은 이를 지원하기 위해 수립되어야 하며 이것이 곧 '문화민주화'를 가리킨다. 문화의 불평등 구조를 없앤다는 것이 단순히 시장에서 양질의 문화상품을 많이 구입하게 하거나 고급한 예술의 관람 기회를 늘린다고 해서 해결되는 것은 아니다. 근원적으로 불평등의 문제는 문화소비의 양극화에 있는 것이 아니라 자율성의 부재에 있기 때문이다. 따라서 문화민주화 정책의 목적은 단지 문화소비의 시장을 늘리는 데 있지 않고 국민 개개인을 문화생산자로 거듭나게 하는 데 있다. 그리고 이 같은 자율적 활동을 보장하기 위한 문화공간 조성을 지원하는 데 있다.

정연택, "'문화민주화' 시대를 향해", 허핑턴포스트, 2016. 3. 7.

06
법 앞에 평등

제11조 ① 모든 국민은 법 앞에 평등하다. 누구든지 성별·종교 또는 사회
적 신분에 의하여 정치적·경제적·사회적·문화적 생활의 모든 영역에
있어서 차별을 받지 아니한다.
② 사회적 특수계급의 제도는 인정되지 아니하며, 어떠한 형태로도 이를
창설할 수 없다.
③ 훈장 등의 영전은 이를 받은 자에게만 효력이 있고, 어떠한 특권도 이
에 따르지 아니한다.

6.1. 의의

근대의 시작은 자유를 희구하고 확산하는 데 있었다. 군주와 귀
족, 봉건제도 등에 의한 강제에 대한 시민의 저항은 자유를 얻고자
함이었다. 자유는 인간의 본성에서 기인한다. 자유는 타율의 고통에
대한 항의를 통해서 확보된다. 그 결과 근대 자유주의 국가가 들어
섰다.

미국 독립선언서에서도 생명, 자유, 행복추구권을 양도할 수 없는
천부인권이라고 했다. 그런데 자유에는 반드시 평등이 수반된다. 로
마의 정치가이자 법률가인 키케로(Cicero)는 다음과 같이 양자의 관
계를 정리했다. "어떤 나라를 막론하고 국민이 최고권력자가 아닌

한 자유는 있을 곳을 찾지 못한다. 자유보다 아름다운 것은 없다. 그러나 평등이 없는 경우에는 자유도 있을 수 없다." 시대는 군주시대로부터 오늘날 국민주권시대까지 왔다. 국민이 최고권력자가 된 것이다. 국민 한 사람 한 사람이 최고권력자라는 것은 바로 모든 국민이 평등하다는 뜻이다. 평등해야 모든 국민이 자유롭다는 것이다. 그래서 자유와 평등은 한 꾸러미로 이해된다. 현대 헌법은 어떻게 하면 국민이 최고권력자가 될 것인지를 추구한다. 그 논리가 통치기구와 기본권 모두에 관류한다. 다수인 국민들이 함께 사는 방법으로 누구든지 예외 없이 법 아래에 있다는 원칙, 즉 법의 지배(rule of law) 혹은 법치주의를 통해 자율과 자유를 확보했고, 동시에 법은 국민 모두에게 평등해야 한다는 결론에 이르렀다. 이것이 법 앞에 평등(equality before the law) 원칙이다.

6.2. 개념

6.2.1. '법'의 뜻

법 앞에 평등이라 할 때 '법'은 국회에서 제정하는 법률뿐만 아니라 국가의 모든 법규범을 말한다. 즉, 성문법과 불문법, 국내법과 국제법을 포함한다.

6.2.2. '법 앞에'의 뜻

법 앞에 평등에 대한 설명도 시대를 따라 확대되어 왔다. 초기에는 국민의 대표기관인 입법부 우위 사상에서 출발했기 때문에 의회에서 제정된 법률을 적용하는 기관인 행정부와 사법부로 하여금 법적용을 평등하게 해야 한다는 원칙으로 이해하였다(법적용 평등설). 그러나 현대 헌법에서는 입법부의 법률도 평등한 내용이 될 것을 요구하였다(법내용 평등설). 따라서 헌법 제11조의 법 앞에 평등은 양자 모두를 포함하는, 즉 국가권력 전체가 국민을 평등하게 대우해야 함을 뜻한다.

【특정범죄 가중처벌 등에 관한 법률 제5조의3 제1호 헌법소원사건(헌재 1992. 4. 28. 90헌바24)】

　우리 헌법이 선언하고 있는 '인간의 존엄성'과 '법 앞에 평등'은 행정부나 사법부에 의한 법적용상의 평등만을 의미하는 것이 아니고, 입법권자에게 정의와 형평의 원칙에 합당하게 합헌적으로 법률을 제정하도록 하는 것을 명하는 법내용상의 평등을 의미하고 있기 때문에 그 입법내용이 정의와 형평에 반하거나 자의적으로 이루어진 경우에는 평등권 등의 기본권을 본질적으로 침해한 입법권의 행사로서 위헌성을 면하기 어렵다.

6.2.3. '평등'의 뜻

　평등의 뜻에는 절대적 평등과 상대적 평등이 있다. 절대적 평등이란 평균적 정의론의 입장에서 모든 인간을 무차별 또는 균등하게 대우해야 한다는 것이다. 그리고 상대적 평등이란 배분적 정의론에 입각해서 모든 인간을 평등하게 처우하되, 정당한 이유 혹은 합리적 근거가 있는 경우에는 차별적 처우가 용인된다는 것이다. 우리가 비난하는 차별(discrimination)은 불합리한 차별대우를 말한다.

　보통선거와 평등선거와 같이 정치적 영역에서는 연령이나 학력 등의 차이를 고려하지 않는 절대적 평등이 요구되지만, 일반 사회의 영역에서는 오히려 합리적 차별이 더 많이 요구된다. 그것은 모든 사람의 형편과 능력과 경력 등이 다르므로 그 차이를 고려하지 않은 동일한 대우는 오히려 부정의한 결과로 인식되기 때문이다. 그래서 대부분의 경우에는 상대적 평등이 일반적이라 할 수 있다. 상대적 평등이란 불합리한 차별은 배척하지만, 합리적 차별은 용인하는 입장이다. 그렇다면 평등=상대적 평등=합리적 차별=불합리한 차별 금지 등식이 일반적으로 성립된다. 다시 말해 평등은 '각자의 차이에 따른 합리적 차별'을 말한다. 이때 가장 중요한 점이 '합리'와 '불합리'를 가르는 판단기준은 무엇인가를 발견하는 일이다. 합리적이라는 정당화(justification)가 필요한 것이다. 이에 관하여 헌법이론은 ① 인간의 존엄성 존중의 원리에 반하지 않으며, ② 입법목적이 공공복리의 실현에 있는 것이고, ③ 입법목적 달성을 위한 수단도 적정한 것이면 합리적 차별이고, 이상의 요건을 갖추지 못한 경우에는 자의적(恣意的) 차별, 즉 불합리한 차별이라고 정리한다.[29]

6.3. 평등의 원칙

6.3.1. 평등의 원칙

평등의 원칙이란 법적용의 대상이 되는 모든 인간을 원칙적으로 공평하게 다루어야 한다는 법원칙이다. 평등의 원칙은 '같은 것은 같게, 다른 것은 다르게' 대우하는 원칙이다. 따라서 평등의 원칙은 정의의 원칙과도 긴밀한 관계를 가진다.

6.3.2. 평등의 원칙의 규범적 성격

평등의 원칙은 민주국가의 법질서를 구성하는 요소로서 국민의

---

29) 권영성, 『헌법학원론』, 법문사, 2010, 392쪽.

기본권 보장에 관한 헌법의 최고원리이다. 평등의 원칙은 헌법해석의 지침인 동시에 입법·집행·사법 등 모든 공권력 발동의 기준이 된다.

6.4. 평등심사의 기준

전통적으로 평등심사의 기준으로 차별은 '불합리한 차등'을 의미하기 때문에 무엇이 '합리적(reasonable)'이고 '불합리적(unreasonable)'의 기준이냐를 탐색하는 데 집중하였다. 독일 연방헌법재판소는 일반적 평등원칙을 '본질적으로 서로 같은 것을 자의적으로 불평등하게 또는 본질적으로 서로 다른 것을 자의적으로 평등하게 취급하는 것의 금지'라는 자의금지(Willkürverbot)원리를 기본으로 삼았다. 우리 헌법재판소는 합리적 근거 심사[30]와 자의금지의 원칙[31] 모두를 평등심사의 기본으로 삼아 왔다.

이렇게 소박한 평등원칙에서 출발한 것이 그 후 소수자 보호와 관련하여 더욱 엄격하게 대처할 필요가 생기면서 오늘날에는 차별심사가 보다 세밀화되었다.

6.4.1. 미국

유색인종에 대한 차별의 문제에 대처하기 위해서, 1938년의 Carolene Products 판결은 합리적 근거 심사기준을 넘어 엄격심사

---

30) 헌재 1999.5.27. 98헌바26
31) 헌재 1996.12.26. 96헌가18

(strict scrutiny)의 대상이 되는 세 가지 분야를 제시하였다. 첫째는 헌법상 특수한 금지조항으로 되어 있는 최초의 수정헌법 10개 조항에 관한 사항, 둘째는 정치적 과정을 규제하는 법률, 셋째는 소수자의 권리를 규제하는 법률이었다. 그 후 1976년 Craig v. Boren 판결에서는 전통적인 합리적 근거 심사와 엄격한 심사 사이에 중간심사(intermediate scrutiny)의 기준을 제시하였다.

6.4.2. 독일

기존의 자의금지원칙만 가지고 대처하기가 곤란해지자, 독일 연방헌법재판소는 1980년 새로운 정식을 제시하였다. 두 집단 간의 차별적 대우를 정당화할 만한 차이가 존재하지 않음에도 불구하고 양 집단을 다르게 대우하는 경우, 특히 인적 평등이 문제되는 경우에는 보다 엄격한 비례성심사를 적용해야 하며, 물적 평등의 경우에는 기존의 자의금지원칙을 적용해서 판단하도록 한다는 것이었다.[32] 독일에서는 차별심사기준이 완화된 심사와 엄격한 심사라는 이중의 심사기준으로 정착되었다. 엄격한 심사는 우선 직접 또는 간접적으로 특정 집단에 대해 차등대우를 할 경우에는 이러한 대우와 그 논거 사이에 적절한 비례성이 존재해야 함을 의미한다. 엄격한 심사는 차등대우가 기본법 제3조 제3항이 열거하고 있는 사유에 해당하는 경우에 적용된다. 또한 입법자가 스스로 선택한 규율체계에서 벗어난, 즉 체계 정당성에 위배되는 입법을 한 경우에도 엄격한 심사의 대상이 된다. 그리고 문제가 되는 차등대우가 개별 기본권을 심각하게

---

32) BVerfGE 55, 72, 88.

제한하는 경우에도 보다 정밀한 심사를 하게 된다.[33] 1993년의 결정에서 최신의 정식(Neueste Formel)을 제시하였다.

6.5. 차별금지의 사유와 영역

헌법 제11조 제1항에서는 "모든 국민은 법 앞에 평등하다. 누구든지 성별·종교 또는 사회적 신분에 의하여 정치적·경제적·사회적·문화적 생활의 모든 영역에 있어서 차별을 받지 아니한다"라고 규정하고 있다.

헌법이 말하는 "성별·종교 또는 사회적 신분에 의하여"와 "정치적·경제적·사회적·문화적 생활의 모든 영역에 있어서"라는 표현은 예시적 표현일 뿐 차별금지의 사유와 영역은 제한이 없다(한정설이 아닌 예시설).

「국가인권위원회법」 제2조 제3호가 정한 '평등권 침해의 차별행위'는 훨씬 구체적이다. "'평등권 침해의 차별행위'란 합리적인 이유 없이 성별, 종교, 장애, 나이, 사회적 신분, 출신 지역(출생지, 등록기준지, 성년이 되기 전의 주된 거주지 등을 말한다), 출신 국가, 출신 민족, 용모 등 신체 조건, 기혼·미혼·별거·이혼·사별·재혼·사실혼 등 혼인 여부, 임신 또는 출산, 가족 형태 또는 가족 상황, 인종, 피부색, 사상 또는 정치적 의견, 형의 효력이 실효된 전과(前科), 성적(性的) 지향, 학력, 병력(病歷) 등을 이유로 한 다음 각 목의 어느 하나에 해당하는 행위를 말한다."

---

33) 송석윤, 『헌법과 사회변동』, 경인문화사, 2007, 93쪽.

6.5.1. 성차별

성별에 의한 차별금지, 즉 성차별 금지는 곧 남녀평등을 뜻하는데, 여성에 대한 차별을 없애기 위한 줄기찬 노력의 결과, 성차별 금지 및 남녀평등을 위한 다양한 입법이 1980년 이후 마련되기 시작하였다. 노동과 관련하여 제헌 이후 줄기차게 유지되어 온 "여자와 소년의 근로는 보호를 받는다"라는 헌법의 규정은 현행 헌법에서 "여자의 근로는 특별한 보호를 받으며, 고용·임금 및 근로조건에 있어서 부당한 차별을 받지 아니한다"와 같이 소년의 근로와 분리시켜 규정하였다. 또한 1980년 헌법과 현행 헌법은 "혼인과 가족생활은 개인의 존엄과 양성의 평등을 기초로 성립되고 유지되어야 한다"고 하여 양성평등을 강조하였다. 1987년 12월에는 「남녀고용평등법」이 제정되었다. 이 법률은 2001년 8월 전면개정될 때 여성에 대한 차별금지 규정들을 남녀에 대한 차별금지규정으로 변경시켰다. 그리고 2008년 7월에는 「남녀고용평등과 일·가정 양립지원에 관한 법률」로 명칭이 변경되었다. 종래의 「모자복지법」은 2003년 6월에 「모·부자복지법」으로, 2008년 1월에는 「한부모가족지원법」으로 변경되었다. 2005년 3월의 개정으로 「가족법」상의 여성차별규정들이 대폭 삭제되었고, 2007년 12월의 개정으로 약혼과 혼인의 최저연령이 '남자 18세 이상, 여자 16세 이상'에서 '남녀 모두 18세 이상'으로 남녀간 차등을 시정하였다. 성차별을 시정하려는 적극적인 노력은 남성만의 의무라 생각되었던 병역의무에 대한 위헌확인 헌법소원을 제기하는 데까지 나아갔다. 성차별과 관련한 분쟁처리는 법원과 헌법재판소 외에도 국가인권위원회, 노동위원회에서 담당하고 있다.

성별에 의한 차별이 모두 평등권 위반은 아니다. 사물의 본성상 여성에게만 해당하는 '생리적 차이'에 기인하는 차별대우는 정당화된다. 이에 대하여 남녀 사이의 '기능상의 차이'는 차별대우를 정당화할 수 없다. 우리 사회에 전통이나 관습같이 남아 있는 수많은 남녀간의 역할분담(대표적으로 가사일은 여성 몫, 힘든 일은 남성 몫 등)은 법 앞에 평등에서 정당화될 수 없는 경우가 많을 것이다.[34]

【전문대학 간호과의 입학생을 여성으로 제한한 사례(국가인권위원회의 결정(2012.9.17. 결정 12진정0486102))】

간호사라는 직업이 전통적으로 여성에게 특화되어 있던 업무영역이었다고 하더라도 간호과 모집대상을 여학생만으로 한정하는 것은 성역할에 관한 사회적 고정관념에서 기인한 것이라 볼 수 있으며, 실습이 제한되거나 졸업 후 남자간호사로 취업하는 것이 제한적이라는 등의 이유로 남학생의 입학 자체를 제한하는 것은 합리적 이유 없이 성별을 이유로 교육사설 이용을 배제하는 것이다.

남성과 여성의 역할과 능력에 관한 고정관념에 기초하여 간호사를 전적으로 여성의 직업으로 보는 고정관념을 영속화하는 것은 온당치 않다. 미국 연방대법원에서도 미시시피 주립여자대학교가 간호대학에 여성만의 입학을 허용하고 남성에 대해서는 청강만 허용하는 것은 수정헌법 제14조의 평등보호조항에 위반된다는 판결을 내렸다[Mississippi University for Women v. Hogan, 458 U.S.718(1982)].

6.5.2. 간접차별

「남녀고용평등과 일·가정 양립지원에 관한 법률」 제2조 제1호

---

34) 김엘림, 『성차별 관련 판례와 결정례 연구』, 에피스테메, 2013.

"'차별'이란 사업주가 근로자에게 성별, 혼인, 가족 안에서의 지위, 임신 또는 출산 등의 사유로 합리적인 이유 없이 채용 또는 근로의 조건을 다르게 하거나 그 밖의 불리한 조치를 하는 경우[사업주가 채용조건이나 근로조건은 동일하게 적용하더라도 그 조건을 충족할 수 있는 남성 또는 여성이 다른 한 성(性)에 비하여 현저히 적고 그에 따라 특정 성에게 불리한 결과를 초래하며 그 조건이 정당한 것임을 증명할 수 없는 경우를 포함한다]를 말한다"에서 괄호에 해당하는 사항이 간접차별을 의미한다. 간접차별은 모든 대상에게 동일하고 중립적인 기준을 적용하지만, 사회적 고정관념 혹은 관행으로 인해 그 결과 불평등한 처우로 발생하는 경우를 말한다. 예를 들면, 회사에서 부부 근로자에 대해서 한 사람의 퇴사를 요구하는 경우, 대부분 여성(부인)이 직장을 포기하게 된다면 이것은 성차별을 야기하는 간접차별이라는 것이다. 간접차별 여부에 대한 심사기준은 무엇일까? 미국 고용평등위원회는 4/5 규칙을 적용한다. 어떤 고용상의 기준에 의해 소수집단 비율이 다수집단 비율의 4/5 미만일 경우 그 기준은 소수집단에게 불평등 효과를 야기한 것으로 간접차별에 해당한다고 판단하고 있다. 즉, 성별 간 격차가 20% 이상이 될 경우 불평등 효과가 발생한 것으로 추정한다.[35]

【금융기관의 연체 대출금에 관한 특별조치법사건(헌재 1998. 9. 30. 98 헌가7)】

  헌법 제11조 제1항은 "모든 국민은 법 앞에 평등하다. 누구든지 성별·종교 또는 사회적 신분에 의하여 정치적·경제적·사회적·문화적 생활의 모든 영역에 있어서 차별을 받지 아니한다"라고 규정하고 있다. 이러한 평

---

[35] 성낙인, 『헌법학』(제16판), 법문사, 2016, 1054~1055쪽.

등의 원칙은 일체의 차별적 대우를 부정하는 절대적 평등을 의미하는 것이 아니라 입법과 법의 적용에 있어서 합리적인 근거가 없는 차별을 하여서는 아니 된다는 상대적 평등을 뜻하고 따라서 합리적인 근거가 있는 차별 또는 불평등은 평등의 원칙에 반하는 것이 아니다.

평등원칙은 행위규범으로서 입법자에게 객관적으로 같은 것은 같게, 다른 것은 다르게 규범의 대상을 실질적으로 평등하게 규율할 것을 요구하나, 헌법재판소의 심사기준이 되는 통제규범으로서의 평등원칙은 단지 자의적인 입법의 금지기준만을 의미하게 되므로 헌법재판소는 입법자의 결정에서 차별을 정당화할 수 있는 합리적인 이유를 찾아볼 수 없는 경우에만 평등원칙의 위반을 선언하게 된다. 다시 말하면, 헌법에 따른 입법자의 평등실현의무는 헌법재판소에 대하여는 단지 자의금지원칙으로 그 의미가 한정축소되므로 헌법재판소가 행하는 규범에 대한 심사는 그것이 가장 합리적이고 타당한 수단인가에 있지 아니하고 단지 입법자의 정치적 형성이 헌법적 한계 내에 머물고 있는가 하는 것에 국한될 수밖에 없다(헌재 1997. 1. 16. 90헌마110-136 등, 판례집 9-1, 90).

헌법재판소는 제대군인 가산점제도사건(98헌마363 결정)에서 명시적으로 평등심사기준을 두 가지로 구별하였다. 헌법재판소는 출범 이후 1999년까지 평등심사에서 원칙적으로 자의금지원칙을 기준으로 하여 심사하여 왔으나 이 사건을 계기로 법익의 균형성 심사에 이르는 엄격한 심사, 즉 비례심사를 시작했다.

【제대군인지원에 관한 법률 제8조 제1항 위헌확인사건(헌재 1999.12. 23. 98헌마363)】

2) 심사의 척도

가) 평등위반 여부를 심사함에 있어 엄격한 심사척도에 의할 것인지, 완화된 심사척도에 의할 것인지는 입법자에게 인정되는 입법형성권의 정도에 따라 달라지게 될 것이다. 먼저 헌법에서 특별히 평등을 요구하고 있는 경우 엄격한 심사척도가 적용될 수 있다. 헌법이 스스로 차별의 근거로 삼

아서는 아니 되는 기준을 제시하거나 차별을 특히 금지하고 있는 영역을 제시하고 있다면 그러한 기준을 근거로 한 차별이나 그러한 영역에서의 차별에 대하여 엄격하게 심사하는 것이 정당화된다. 다음으로 차별적 취급으로 인하여 관련 기본권에 대한 중대한 제한을 초래하게 된다면 입법 형성권은 축소되어 보다 엄격한 심사척도가 적용되어야 할 것이다.

나) 그런데 가산점제도는 엄격한 심사척도를 적용하여야 하는 위 두 경우에 모두 해당한다. 헌법 제32조 제4항은 "여자의 근로는 특별한 보호를 받으며, 고용·임금 및 근로조건에 있어서 부당한 차별을 받지 아니한다"고 규정하여 '근로' 내지 '고용'의 영역에 있어서 특별히 남녀평등을 요구하고 있는데, 가산점제도는 바로 이 영역에서 남성과 여성을 달리 취급하는 제도이기 때문이고, 또한 가산점제도는 헌법 제25조에 의하여 보장된 공무담임권이라는 기본권의 행사에 중대한 제약을 초래하는 것이기 때문이다(가산점제도가 민간기업에 실시될 경우 헌법 제15조가 보장하는 직업선택의 자유가 문제될 것이다).

이와 같이 가산점제도에 대하여는 엄격한 심사척도가 적용되어야 하는데, 엄격한 심사를 한다는 것은 자의금지원칙에 따른 심사, 즉 합리적 이유의 유무를 심사하는 것에 그치지 아니하고 비례성원칙에 따른 심사, 즉 차별취급의 목적과 수단 간에 엄격한 비례관계가 성립하는지를 기준으로 한 심사를 행함을 의미한다.

6.6. 적극적 평등실현조치

형식적 평등을 넘어 실질적 평등에 착안하게 되면, 우리는 오랫동안의 차별적 사회관행으로 인하여 한 집단이 다른 집단에 비하여 현저하게 차별 내지 불평등한 지위에 방치되어 있었음을 발견하게 된다. 이 경우 개별적 시정에 맡기기에 앞서 집단인지적 시정의 차원에서 적극적으로 평등실현에 나서는 것을 적극적 평등실현조치(affirmative action)라고 한다. 이것은 성격상 기회의 평등보다는 결과의 평등을 통해 실질적 평등을 실현하기 위함이다. 또한 차별에 처했던 집단이 타 집단에 대하여 어느 정도 균형을 잡았다고 생각할 때까지만 계속되는 잠정적 성격을 띤다. 적극적 평등실현조치는 외관상 한 집단에 대한 특별한 애호(favor)를 표현하는 조치인 까닭에 상대 집단에서는 반발할 가능성이 높다. 그래서 시행이 쉽지 않으며, 시행된다고 해도 그 후 역차별(reverse discrimination) 논란에 휩싸일 때가 생긴다. 이 제도는 미국에서 시작되었다. 주로 흑백인종 간의 실질적인 평등을 기하기 위해 대학입학에서 입학정원의 일부를 소수인종학생 할당(quota)으로 한 것과 관련해 전개되었다. 특히 바키(Bakke) 사건은 유명하다.

● **University of California Regents v. Bakke, 438 U.S. 265(1978)**

Davis시의 캘리포니아 주립대학 의과대학은 100명의 신입생 중 16명을 소수인종학생 몫으로 할당하여 별개의 기준을 가지고 신입생을 선발하였다. 백인 Allan Bakke는 좋은 점수를 가지고도 두 번이나 낙방했다. 그래서 주헌법과 1964년 민권법, 헌법의 평등조항을 근거로 주법원에 소송을 제기하였다. 주대법원은 대학의 특별입학기준은 위헌이라며, 바키의 입학을 명하였다. 그러자 대학이 상소하여 연방대법원의 판결을 받게 되었다. 연방대법원에서도 4:1:4의 근소한 판결로 바키의 입학이 허가되었다. 하지만 4인의 대법관은 캘리포니아 대학의 입학제도가 헌법상 허용되는 적극적 인종통합조치(affirmative integration action)라고 평가하였다. 이 판결에서 인종 할당제는 사용될 수 없지만, 인종을 입학심사에서 참작할 수 있는 권은 인정되는 것이어서, 이것을 부인한 주대법원의 판결은 그 부분에 한하여 파기한다는 입장으로 정리되었다. 이 입장을 따라 인종을 하나의 요소로 고려하는 미시간대학 로스쿨의 입학기준은 합헌으로 선고된 바 있다(Gratz v. Bollinger, 539U.S.24, 2003년 6월). 이에 2006년 미시간주는 주민투표를 통해 공립대학들의 소수계 우대정책을 금지하도록 주헌법을 개정하기에 이른다. 이에 대한 소송사건 Schuette v. BAMN에서 2014년 4월 22일 연방대법원은 대법관 6:2의 결정으로 합헌을 선고했다. 이렇게 소수민족을 배려하던 미시간대학의 입학정책에 제동이 걸린 것이다.

미국에서 생긴 이 제도는 전 세계로 전파되었다. 인도에서는 헌법에 우리 헌법의 사회적 기본권에 해당하는 내용을 '국가정책의 지도원리(Directive Principles of National Policy)'로 규정하였다. 여기에서 지정(指定) 카스트, 지정 부족 등 사회적 약자에 대한 교육과 경제적 기회 증대를 국가의 의무로 요구하였다. 헌법의 이 규정에 따라 인도에서는 사회적 약자에 대한 공직취임의 기회, 공공서비스와 교육의 기회를 적극적 우대조치 차원에서 전개하고 있다.

우리나라에도 이와 관련된 법제는 많이 있다. 특히 여성, 장애인, 저소득층 등에 대한 적극적 평등실현제도가 마련되어 있다. 그런데 1995년 12월 「공무원임용시행령」 제11조의3으로 채택된 여성채용목표제는 여성의 공직참여 기회는 확대시켰지만, 남성에 대한 역차별 문제를 야기하였다. 그래서 정부는 이 제도를 개선하여 2003년부터 공직 내 양성평등을 목표로 하는 양성평등채용목표제를 도입하였다. 또한 「정치자금법」에서는 공직진출을 장려하기 위하여 여성과 장애인 추천에 대한 특별 보조금을 지급하고 있다.

07
기본권의 효력

7.1. 기본권효력의 의의

기본권의 효력이란 기본권이 규정되어 있는 의미대로 실현될 수 있는 힘을 말한다. 기본권의 효력은 두 가지 관계영역에서 문제가 되어 왔다. 하나는 국가와 국민의 관계로서 기본권의 대국가적 효력 내지 기본권의 수직적 효력으로 불린다.

우리 헌법에는 독일의 경우처럼 기본권이 직접 효력을 발휘하는 법으로서 입법권, 행정권, 사법권을 구속한다는 명문의 규정은 없다. 그러나 기본권이 모든 국가권력을 구속한다는 것은 학설과 판례가 널리 인정하고 있다. 기본권의 구속력을 받는 수범자가 일차로 국가라는 사실로 인해 기본권의 대국가적 효력이 기본권효력의 가장 중요한 부분이 된다.

헌법상의 기본권규정이 보호하려고 하는 법익은 반드시 국가에 의해서만 침해되는 것이 아니다. 예컨대 인간의 존엄과 가치가 보호하려는 인격체로서의 인간 존재는 국가만이 침해할 수 있는 것이 아니라 사인 특히 사실상 압도적인 힘의 우위에 있는 사인에 의해서도 침해될 수 있고 그 가능성은 오늘날 점차 커지고 있다.

이러한 사정 아래 기본권규정을 통해 사인 상호 간의 관계를 규율할 필요가 제기되었고, 이것을 기본권의 사인 간 효력 혹은 기본권의 수평적 효력이라고 한다. 이것은 종래 기본권의 제3자적 효력이라고 불렸던 것이다. 기본권의 기능이 일차적으로 대국가적 방어권으로 국한되었던 시기를 감안한다면 그러한 한에서 기본권의 사인 간 효력문제는 기본권효력의 확장이라고 불러도 무방하겠다.

7.2. 기본권의 대국가적 효력

7.2.1. 국가작용과 기본권의 효력

헌법 제10조 제2문은 국가의 존립목적이 불가침의 기본적 인권을 확인하고 보장하는 것임을 분명히 함으로써 모든 국가권력이 기본권에 구속됨을 포괄적으로 선언하고 있다. 국가권력에 의한 기본권의 침해는 불법행위를 형성하여 그로 인하여 손해를 입은 경우에는 손해배상책임을 져야만 한다. 그래서 모든 국가권력의 의무로서의 기본권 보장은 입법권·행정권·사법권·통치권·헌법개정권·자치권 등을 구속하며, 특수신분관계에서도 예외는 아니다.

입법권도 기본권에 구속되므로 입법자가 제정하는 법률은 실질적 법치주의에 따라 그 내용이 기본권 보장이념과 합치해야 한다. 물론 입법자에게는 광범한 입법형성의 여지가 인정되지만 법률로 기본권을 제한함에 있어서는 기본권의 본질적 내용을 침해해서는 안 되고 비례의 원칙에 위배해서도 안 된다(헌법 제37조 제2항). 그리고 기본권을 침해하는 위헌법률에 대하여는 헌법재판소의 심판에 의해 그 효력이 상실된다(헌법 제107조 제1항, 제111조 제1항).

사법권도 기본권을 최대한 보장하는 방향으로 재판을 하여야 하며, 기본권을 침해하는 재판은 정당성이 부인된다. 사법권은 독립되어야 하며, 법관은 법률과 양심에 따라 법의 해석과 적용에 있어서 인간의 존엄과 가치의 우월을 인정하여야 한다. 사법권에 의한 기본권의 침해의 경우에는 대체로 자체 내에 구제방법을 갖추고 있다.

입법권이나 사법권과는 달리 행정권의 기본권에의 구속은 행정권의 다양한 행위형식으로 인하여 고려해야 할 내용이 다소 늘어난다. 원칙적으로 국가는 행정력으로써 인간의 존엄과 가치 및 행복추구권을 보장하여야 하므로 인간의 존엄에 반하는 행정처분은 위헌·무효이다.

특히 행정작용 중 권력적 작용으로서 경찰력이나 형집행권, 검찰권 등에 의한 기본권 침해는 금지된다. 행정권에 대한 기본권의 효력은 명령·규칙·처분에 대한 위헌·위법판단에 의해 뒷받침되고 있다(헌법 제107조 제2항).

7.2.2. 비권력적 국가작용과 기본권

행정작용 중 권력적 성격이 없는 행정작용도 기본권규정에 구속되어야 하는가, 즉 관리행위와 국고행위는 어떠한가? 예컨대 행정청이 청사건설을 위해 건설업체와 도급계약을 체결하는 경우를 생각해 보자. 건물을 짓기 위해 건설업자와 계약을 맺는 것은 사인 간에도 얼마든지 있을 수 있는 평등한 계약당사자 사이의 법적 문제이다. 행정청이라고 해서 공권력의 주체로서 우월한 지위를 보장해 주어야 할 이유가 없다. 이런 논리가 정당하다면 행정청은 여러 건설업체 중에서 자신의 이익에 부합하는 건설업체를 아무런 구속 없이 자유롭게 선택할 수 있어야 한다. 이는 계약의 자유의 핵심인 계약상대방 선택의 자유에 해당하기 때문이다. 그렇지만 행정청이 아무런 기준 없이 자의적으로 건설업체를 선택하는 경우 탈락한 업체들로서는 부당하다는 느낌을 갖게 된다. 그 이유는 행정청이 국민의 세금으로 운영되고 행정청의 공무원은 모든 국민의 봉사자로서 차별적으로 행정업무를 보아서는 안 된다고 생각하기 때문이다. 따라서 행정청의 건설업체 선택행위도 헌법 제11조 평등권과 평등원칙 규정에 구속되어야 한다는 논리가 자연스레 나오게 된다.

기본권이 원칙적으로 사인들 사이의 사계약에는 직접 적용되는 것이 아니라는 관점에서 비록 행정청이 하는 행위일지라도 사계약과 같은 행위는 기본권이 직접 적용되지 않는다는 논리가 더 이상 허용되지 않는다면 생각을 좀 더 확장해 보자. 행정청이 아니라 공기업 내지 상사회사의 지분을 갖고 있는 공권력의 주체는 기본권에 구속되는가?

오늘날에는 사법(私法)을 적용하는 방식으로 진행되는 행정작용이 점차 늘어나고 있다. 국·공립박물관에서 입장료를 받고 관람하게 하는 경우, 행정청이 전기나 수도를 공급하고 사용료를 받는 경우, 행정청에서 소모할 사무용품을 사인에게서 구입하는 경우 등이 그러하다. 이것은 성질에 따라 대체로 세 가지로 분류할 수 있다.

첫째는 소위 행정사법(行政私法)으로, 예컨대 국가가 생활보호대상자에게 보조금을 지급하면서 사법적 계약형식을 취하지만 그 진정한 목적이 행정과제의 이행을 위한 것일 경우이다. 두 번째는 사무용품의 조달과 같이 행정의 보조업무를 위한 방편으로 사법이 쓰이는 것이다. 세 번째는 국가권력의 담당자가 자기 사업으로 기업활동을 하거나 기업의 지분을 보유하는 것과 같이 행정이 영리활동을 하는 것이다.

행정사법의 경우에만 기본권 구속성을 인정하고 나머지 두 경우에는 기본권의 적용을 부인하는 견해도 있고, 국고행위는 전체적으로 기본권규정에 직접 구속받지 않으면서 제3자적 효력에 따라 간접적으로만 효력이 미친다고 하기도 한다.

그러나 그렇게 이해하는 경우 사실상 진정한 행정목적을 위해 형식만 사법을 빌리는 소위 '행정의 사법으로의 도피'를 초래하여 기본권규정이 유명무실해질 수 있다. 헌법 제10조가 기본권 보장의무를 부과하는 국가는 공권력의 주체로서의 국가와 비권력적·사경제적 주체로서의 국가를 구별하고 있지 않으며, 국가의 사법적 활동 역시 사인의 사법적 활동과 달리 공적 과제를 수행하기 위한 수단이라는 점 등을 고려할 때 관리행위나 국고행위에 있어서도 기본권은 직접적으로 효력이 미친다고 할 것이다. 이렇게 본다면 행정관청이 사무용품을 구입하면서 비합리적인 이유로 경쟁관계에 있는 다른 물품제공자를 불리하게 대우한다면 헌법 제11조 제1항에 대한 위반이될 것이다.

7.3. 기본권의 사인 간 효력

7.3.1. 서론

헌법이 정한 기본권은 당연히 국가 전체에 대한 규범으로 이해된다. 하지만 종래 기본권의 효력은 주로 국가권력에 대해서만 효력을 미치는 것으로 설명해 왔다. 그것은 국민의 자유와 권리는 주로 국가권력에 의해서 억압과 침해를 당하는 것으로 이해했기 때문이다. 이것은 방어권으로서의 기본권이다. 그렇지만 이런 설명은 현실에 부합되지 않는다. 우리의 기본권은 국가에 의해서만 침해당하는 것이 아니라, 이 사회의 온갖 권력들, 즉 기업이나 사회단체, 조직들에 의해서 침해당하는 경우가 많기 때문이다. 세계화된 오늘날에는 국내의 범위를 넘어 국제적인 관계에 의해서도 기본권이 침해되는 경우가 허다하다.

그래서 기본권의 효력이 사적 관계에까지 확대되어야 한다는 방향으로 이론과 현실이 전개되어 왔다. 이것이 기본권의 효력확장 혹은 기본권의 제3자적 효력, 기본권의 사인 간 효력이 가지는 관심 주제이다.

기본권은 이중적 성격이 있다. 즉, 주관적 공권으로서의 성격과 객관적 법질서(객관적 가치질서)의 성격을 아울러 가진다. 그래서 기본권의 침해는 공사영역을 막론하고 곧 헌법질서의 침해로 이어진다. 사기업에서의 기본권 침해도 당연히 헌법 침해의 문제가 발생한다. 다만, 사적 관계에서 기본권 침해를 할 때 우리가 주의를 기울여야 하는 것은 기본권 침해를 이유로 공권력이 그 시정 차원에서 강제될 때, 자유주의 사회가 금과옥조로 지켜 왔던 '사적 자치의 원칙'이 위협을 받을 수 있다는 것이다. 기본권도 중요하지만 사적 자치의 원칙은 더욱 소중하다는 것이고 이런 주장은 당연히 일리가 있다.

7.3.2. 전통적 입장

1) 간접효력설

현재의 판례와 통설은 기본권의 사인 간 효력에 있어서 간접효력설을 취한다. 간접효력설은 기본권의 효력이 민사법의 일반조항을 통해 '간접적으로' 적용된다는 것을 의미한다. 「민법」에는 사적 자치를 보증하는 최후의 장치로 신의성실의 원칙(제2조 제1항), 권리남용금지원칙(제2조 제2항), 공서양속의 원칙(제103조), 공정의 원칙(제104조), 불법행위책임(제750조) 등을 규정하고 있다. 민법상의 일반조항(공서양속조항, 신의성실조항 등)을 통하여 간접적으로 적용되어야 한다고 한다. 이때 사법상의 일반원칙을 '진입관문(Einbruchstellen)'이라고 한다. 그리고 간접효력설은 공서양속설이라고도 한다. 어떤 민사법규정도 기본권규정에 반해서는 안 되며 기본권의 정신 안에서 해석되어야 한다는 주장은 이들 조항을 매개로 한다는 것이다.

예컨대 종교사학법인 교직원이 개종 혹은 종교를 포기함으로써 해직되었다면, 종교의 자유를 원용하여 해직시킨 행위의 무효를 다투는 것이 아니라, 종교의 자유가 보호하려는 법익을 침해하는 해직행위는, 고용계약을 성실히 준수해야 하고 권리를 남용해서는 안 되며 양속에 반하는 행위를 해서는 안 된다는 등 민법의 강행규범을 위반했기 때문에 무효라는 논리로 다루어진다는 것이다.

2) 미국의 국가행위 의제론

이런 문제의식은 미국에서도 마찬가지였다. 미국은 자유주의 원칙을 철저하게 신봉하는 나라이다. 그래서 경제에서의 사적 자치의 원칙은 철저히 옹호되었다. 그렇지만 사적 자치의 원칙에 대한 지나친 집착이 사회정의의 실현에 오히려 걸림돌이 되었다. 특히 인종차별과 관련해서 이 문제가 지속적으로 제기되었다.

국가행위이론은 Shelly v. Kraemer, 334 U.S.1(1948)에서 처음 나왔다. 일정 지역의 토지소유자들이 백인 외의 사람에게 토지를 양도하지 말 것을 약속하는 제한협정을 맺었다. 흑인 Shelly가 토지 일부를 매수했는데, 다른 백인이 제한협정을 근거로 Shelly의 소유권을 부인하는 소를 제기한 것이다. 주최고법원이 원고의 손을 들어 주자 Shelly는 수정헌법 제14조 '법의 평등한 보호(equal protection of the law)'를 근거로 연방대법원에 위헌심판을 청구하였다. 그런데 제14

조의 "어떠한 주도 그 관할권 내에 있는 어떤 사람에 대해서도 법률에 의한 평등한 보호를 거부하지 못한다"는 규정이 보여 주듯이 제14조는 주에 대한 명령이지, 사인에 의한 차별을 규정한 것은 아니었다. 그 점에서 사인 간의 제한협정은 주(국가)의 행동은 아니다. 하지만 이 협정이 주법원에 의해 강제집행되는 것이란 점에서 주의 행위, 즉 국가행위(state action)에 해당하므로 주최고법원의 결정은 잘못이라고 판단했다. 한편으로는 인종차별금지를 금지해야 하고, 다른 한편으로는 사적 계약, 사적 자치를 존중해야 하는 가운데 고육지책으로서의 판결이 나온 것이다.

유언에 의해서 백인만 이용 가능한 사설공원을 만들 수 있을까? 만약 인정된다면 결과적으로 흑백차별을 하는 셈이고, 부인된다면 민법상의 유언의 자유를 부인하게 된다. 미국에서 1914년 실제로 이런 일이 있었다. Bacon의 유언에 따라 공원이 만들어졌고 그곳은 백인여성과 아동에게만 개방되었다. 이 공원은 자선재단에 의해서 운영되었으며 재단의 이사는 George주 Macon시가 임명하였다. 그리고 이 공원에는 면세혜택이 주어졌다. 이때 6인의 흑인이 이 공원 운영의 위헌성을 다투었다. Macon시가 깊이 관여된 이 공원에 흑인에 대한 입장거부는 위헌적인 국가행위에 해당한다는 요지였다. 대법원은 6:3으로 주장을 인용하였다.

이외에도 국가시설을 임차한 백인이 흑인에게는 물건을 팔지 않는 행위에 대해 국가행위와 동일시하는 국유재산의 이론, 국가로부터의 재정적 원조, 조세감면 또는 그 밖의 공적 부조를 받고 있는 사인의 행위를 국가행위와 동일시하는 국가원조의 이론 등이 있고, 더 나아가 국가와의 관련성이 없음에도 불구하고 정당이나 사립대학과 같이 사인이 하는 행위의 성질이 국가기능을 행사하는 경우에 국가

행위로 간주한다. 어쨌거나 미국 판례에서 전개되는 국가행위 의제론은 기본권은 국가권력에 대해서만 효력을 가진다는 대전제를 고수하는 연장선에 있다.

7.3.3. 공·사법 일원론과 이원론, 그리고 공공성

간접효력설을 주장하는 입장에서는 직접효력설이 헌법의 효력을 지나치게 강조함으로써 사적 자치와 계약의 자유를 부인하고 전통적인 공·사법 이원론의 가치를 깨뜨린다고 비판한다. 공·사법 이원론은 자유주의 시대를 지탱하는 법이론이다. 국가로부터 사적 영역을 보호해야 한다는 중요한 기능을 한 이론이기도 하다. 그에 비하여 공·사법 일원론은 이론적으로는 완벽한 사회를 지향하지만, 현실에서는 전체주의와 독재주의로 흐를 위험성을 내포한다. 사회주의 국가와 나치스 국가가 공히 추구했던 것이 공·사법 일원론이었고, 그 실험은 불가능한 것으로 결론이 났다. 개인의 사적 공간을 무시하는 정치와 법은 온당치 않다. 이렇게 볼 때 간접효력설의 취지가 무의미한 것만은 아니다.

하지만 우리 헌법은 사회복지국가를 지향한다. 사회복지국가는 자유주의를 기초로 하되, 사회주의 사상을 변용해서 도입한 체제이다. 그래서 당연히 공·사법 일원론적 요소가 강할 수밖에 없다. 실제로 사회복지국가 헌법의 특색은 조세국가, 행정국가, 적극국가와 같이 국가가 개인의 행복을 위해서 적극적으로 개입하고 실현하는 정부를 지향하는 데 있다. 공·사법 일원론을 취하면서도 전체주의 사회의 위험을 피하는 방법이 없을까?

우리는 오늘날 '공공성(公共性)'이란 용어를 자주 사용한다. 교육의 공공성, 언론의 공공성, 공공적 시민, 기업의 사회적 책임(즉, 공공성) 등을 언급하는데, 공공성은 국가의 권력적 성격과 사적 영역을 동시에 함의하는 것으로 이해된다. 언론은 사적 기업으로 운영되지만, 언론의 본래 기능을 생각할 때 국가는 물론 일반시민들도 언론사를 외면할 수가 없는 것이다. 따라서 언론은 사적 측면과 공적 측면을 동시에 가진다.

7.3.4. 기본권의 사인 간 효력(수평적 효력)

기본권은 헌법규정이기 때문에 방사적 효력(radiating effect)을 가진다고 했다. 전 사회에 헌법으로서의 영향력을 미친다는 것이다. 이것은 현대사회에서 불가피한 이론이다. 근대 헌법이 17~18세기에 탄생한 것은 맞지만, 사실 당시 헌법의 효력은 선언적 효력에 그쳤다. 근대를 대표하는 법은 민법이었다. 민법은 재산권의 불가침을 선언했고, 계약자유의 원칙, 과실책임의 원칙과 같이 개인주의와 사적 자치와 재산권의 보호를 구체제로부터 방어하기 위한 사실상의 헌법전이었다. 1789년 인권선언은 구속력이 없었고, 오히려 1804년의 나폴레옹 민법전(Code Civil)이 자유주의 헌법원리와 자연권을 수호하는 헌법으로서의 역할을 하였다. 독일의 경우 1848년 프랑크푸르트의 바울교회 헌법은 구속력을 가진 기본권을 포함하였으나 불발로 그쳤다. 1871년 비스마르크 헌법은 기본권을 포함하지 않았다. 1900년에 시행된 독일 민법전(BGB)은 독일제국하에서 자유주의 헌법원칙으로서 역할을 담당하였다. 1919년 바이마르공화국 헌법은 기본권규정을 담았지만 헌법의 기본권은 단지 프로그램적 규정으로 이해되었고 구체적인 실현은 입법자에게 위임되었다. 영국은 민법

전 대신 오랫동안 커먼로(common law)가 빅토리아 여왕 시대의 자유주의 헌법원리를 대신하였다. 이와 같은 민법의 시대는 사회주의의 대두 혹은 사회복지국가가 출범하면서 중단되었다. 이후 민법을 대신해서 헌법의 시대가 본격적으로 열렸다. 특히 제2차 세계대전 이후 독일은 기본법(GG)을 제정하면서 헌법의 서두에 기본권을 규정하였다(제1조~제19조). 이 시대의 민법은 헌법이 되었고, 종전의 민법은 이제 사법(private law)으로 불렸다. 물론 민법은 초기 자유주의 시대의 부르주아 계층의 시민의 의미를 넘어 국민, 인민의 의미로 새겨야 할 것이다.

독일 기본법 제1조 제3항은 "이하의 기본권은 직접 효력을 갖는 법으로서 입법, 집행 및 사법을 구속한다"로 규정되었다. 이 규정은 기본권이 단지 정치적 선언에 그치지 않고 불가침적 인권으로서의 법규범임을 명백히 한 것이다(동조 제2항). 더욱이 1951년에는 연방 헌법재판소가 설치되었고, 많은 헌법판례를 축적하기 시작했다. 특히 헌법소원은 기본권의 가치와 의미를 확고히 하는 데 기여하였다. 이제 독일에서 헌법은 국가의 최고법규범으로서 확실히 자리매김하였다. 그런 점에서 기본권의 제3자적 효력, 간접효력설은 헌법의 규범력을 약화시키려는 시도로까지 보인다. 여전히 민법 시대의 잔영을 지키려는 보수적 태도라고 말할 수 있다. 1958년 Lüth 판결은 이와 관련된 유명한 판례이다.

이제 기본권의 제3자적 효력과 같은 소극적 표현에서 벗어나 기본권의 사인 간 효력 혹은 수평적 효력(horizontal effect)으로 간단히 정리하는 것이 옳다. 1976년 포르투갈 헌법은 제18조 제1항에서 "권리, 자유 및 보장에 관한 이 헌법의 조항들은 공인, 개인, 공공기관 및 민간기관에 직접 적용되며 이들에 대해 구속력을 가진다"라고 규정하기에 이르렀다. 또한 더욱 최근에 제정된 남아프리카공화국 헌법(1996)은 제8조 제1항에서 "권리장전은 모든 법률에 적용되며 입법부, 행정부, 사법부 및 모든 국가기관을 구속한다"라고 하였고, 동조 제2항에서는 "권리장전의 규정은 해당 권리의 속성 그리고 해당 권리에 의해 부과되는 모든 의무의 속성을 고려해 적용이 가능한 경우, 적용이 가능한 범위 내에서 자연인 또는 법인에 대해 구속력을 가진다"고 하였다. 이와 같은 시대적 추이에 따라 유럽연합의 입장은 매우 직설적이다. 유럽인권협약(European Convention on Human Rights)상의 기본권은 유럽연합법의 일반원칙으로 간주되어 모든 회원국의 민사법체계에 효력을 미치는 것으로 본다.[36]

이와 별도로 유엔 차원에서도 기업의 인권존중에 대한 관심이 지속적으로 증대되어 왔다. 기업의 사회적 책임(CSR, corporate social responsibility)은 영리활동을 기본으로 하는 기업에 대해서 일정한 법적·윤리적 책임을 묻는 것이다. 기업인권(business and human rights)도 거론된다. 기업인권 문제가 제기된 것은 다국적 기업에 대한 규제와 관련해서이다. 1970년대에 처음 제기된 이후 유엔경제사회이사회가 이 문제를 검토하기 시작하였다. 1999년에는 사무총장의 제안으로 다국적 기업의 CEO를 주요 구성원으로 해서 유엔 글로벌콤팩트(UNGC)를 구성하였다. UNGC는 인권, 노동, 환경, 반부패에 관한 10개의 원칙을 표방하고, 여러 다국적 기업에 대해 가입을 촉구하였다. 다른 한편으로 기업인권규범의 제정이 추진되었는데, 2011년 「기업인권에 관한 이행원칙: 유엔 '보호, 존중, 구제' 프레임워크의

---

36) *Fundamental Rights and Private Law In the European Union(1), Introduction,* Cambridge Univ. Press, 2010.

실행」이 유엔인권이사회에서 통과되었다. 이 이행원칙은 기업의 인권책임을 '기업의 인권존중책임'이라는 말로 정리했다. 국제표준화기구(ISO, International Organization for Standardization) 26,000은 2010년에 발표되었는데, 조직의 사회적 책임에 관한 표준 정립을 목적으로 만들어졌다. 이것은 기업에 대해 인권존중의 책임을 부여하고 있는데, 국제인권규약의 존중을 내용으로 하고 있다.[37]

우리나라의 법체계를 볼 때 기본권의 사인 간 효력은 다음과 같이 정리될 수 있다. 첫째, 기업과 노동자 사이에 발생하는 기본권 침해에 대해서는 노동기본권이 존재한다. 노동기본권에 대해서는 헌법에서 직접 규정함으로써 직접적 효력을 지닌다. 노동기본권은 사회복지국가로 오는 길목에서 가장 먼저 발달한 기본권이기 때문에 헌법에까지 채택된 것으로 이해된다.

둘째, 여타의 기본권들은 직접적 효력을 인정하더라도 현실에서는 대국가적 효력에 비해 많은 제약이 따른다. 사인 간의 기본권 침해는 국가인권위원회에의 진정, 국민권익위원회에의 민원제기, 더나아가 민형사소송에 의한 해결방식이 있다. 법실무에서 볼 때 사적권리에 관한 분쟁은 통상 민사법원이 담당하는데, 민사법원의 본안판단은 공권력의 행사 자체를 문제 삼는 것이 아니다. 대등한 당사자 간의 분쟁이라는 차원에서 접근하는 민사분쟁과 형사재판이나 행정재판과 같이 공권력의 행사를 본안으로 삼는 공법적 분쟁해결절차는 이질적이다. 소송의 길 자체가 공·사법 이원론체계의 길로 들어서게 된다.

셋째, 헌법소원의 요건에서 제한이 있다. 「헌법재판소법」 제68조

---

37) 존 제러드 러기, 이상수 옮김, 『기업과 인권』, 필맥, 2014.

제1항을 보면, "(국가의) 공권력의 행사 혹은 불행사로부터 침해받은 기본권"만이 헌법소원이 가능하고, 따라서 사인에 의한 기본권 침해는 헌법소원이 불가능하다. 더구나 우리 「헌법재판소법」은 독일과 달리 법원의 재판에 대해서는 기본권 침해를 이유로 한 헌법소원을 제기할 수 없도록 함으로써(「헌법재판소법」 제68조 제1항. 다만, 위헌으로 결정된 법령을 적용하여 기본권을 침해하는 재판의 경우에는 헌법소원 제기 가능. 헌재 1997.12.24. 96헌마172, 173 병합) 설령 민사재판을 통한 이후라도 침해받은 기본권에 대한 구제방법이 약하다. 따라서 장차 입법개정을 통해 사인 간에 발생한 기본권 침해라 하더라도 보충성의 원칙, 즉 사전구제절차를 거친 경우에는 헌법소원의 대상으로 열어 놓는 방법이나 혹은 재판도 헌법소원의 대상으로 포함시키는 논의가 있어야 할 것으로 보인다.

넷째, 가장 중요한 것은 공·사법 이원론체계가 수호하고자 하는 사적 자율의 영역이 침해되지 않으면서도 동시에 공적 질서 특히 헌법적인 기본권의 효력이 준수되는 조화로운 모습이 요청된다는 것이다. 사적 자치의 자유와 자율성 보장도 헌법과 기본권에서 매우 중요한 가치이다. 기본권의 효력 확장을 이유로 사적 자치가 손상을 받는다면 그것은 헌법의 발전이 아니라 후퇴를 뜻한다. 그만큼 사회복지국가를 위해서는 시민 개개인과 사적 집단의 헌법인식 수준이 높아질 것이 요청된다.

기본권이 사인 간에도 직접적 효력을 갖는다고 해서 사적 자치의 영역도 대국가적 효력과 똑같은 기준이 적용된다고 이해하면 안 된다. 오히려 기본권의 충돌이론이 보여 주는 것처럼 하나의 기본권과 사적 자치라는 기본권이 상호 충돌하는 것으로 해결하는 것이 좋을 것이다. 예를 들어, 국가가 공무원을 채용함에 있어서 특정 종교를 신앙하는 사람만을 대상으로 하는 것은 헌법 제20조와 제11조에 의해 직접적으로 위반된다. 따라서 해당 종교를 신앙하지 않는 지원자는 특정 종교를 믿는 사람만을 대상으로 하는 행위가 기본권에 위반되고 그로 인해 그 행위가 무효임을 주장할 수 있다. 그러나 특정 종교를 기반으로 하는 사립학교법인이 해당 종교 신자만을 대상으로 교직원을 선발하는 행위에 대한 평가는 그렇게 단순하지 않다. 종교의 자유가 침해되었다는 이유로 사학법인의 선발행위 자체가 곧바로 무효라고 할 수는 없을 것이다. 그러나 사적 자치의 자유가 남용에 가까운 지경까지 간다면 그것은 당연히 종교의 자유를 침해한다는 판단을 받게 될 것이다.

또 다른 예로, 사적 자치의 원칙에 충실하자면 자신의 자유로운 의사에 따라 고용계약을 체결하면서 제복을 입겠다고 하거나 제한된 지역에 거주하겠다고 하는 것은 헌법 제10조의 일반적 행동자유권이나 제14조의 거주·이전의 자유에 대한 제약이 결코 아니다. 그것은 사적 자치의 자유 보호라는 헌법적 가치가 훨씬 우세한 경우이다.

08
국가의 기본권 보호의무와 국민의 의무

8.1. 기본권 보호의무의 개념

사인으로부터 기본권 혹은 기본권적 법익[38]을 보호해야 할 필요성은 위험사회로 치닫고 있는 현대사회에 점점 커지고 있다. 특히 원자력공학, 유전공학, 나노기술 등 첨단 과학기술의 발달과 이로 인해 커지는 인간의 존엄과 가치에 대한 위협을 입법이 그때그때 적절히 대응하기란 아주 어렵다. 이렇듯 위험이 증대되고 있음에도 불구하고 단지 학문의 자유, 영업의 자유만을 강조하는 것은 또 다른 의미의 자유방임주의를 뜻할 뿐이다. '기본권으로 보장되는 위험'을 제어하기 위해 헌법적 수단이 필요하며, 국가의 기본권 보호의무가 그 필요성에 부응하고 있다고 평가되고 있다.

우리 헌법학계는 기본권 보호의무론에 대하여 헌법 제10조 제2문("국가는 개인이 가지는 불가침의 기본적 인권을 확인하고 이를 보장할 의무를 진다")을 근거로 광의의 기본권 보장의무를 주장하는 측과 독일 판례와 학설에서의 논의를 바탕으로 협의의 기본권 보호의무를 주

---

38) '기본권(적) 법익'이라는 표현은 대국가적 방어권으로서의 기본권을 넘어서는 것을 나타내기 위함이다. 즉, 방어권으로서의 기본권은 국민과 국가의 관계 속에서만 존재하는 반면, '기본권이 보호하려는 법익'은 국가와 국민의 관계와 무관하게 '절대적으로' 존재함을 표상하는 것이다. 따라서 사인에 의한 기본권 침해는 엄밀하게 말하자면 사인에 의한 기본권법익의 침해라고 불러야 한다는 것이다.

장하는 측으로 나뉜다.

우리 헌법재판소는 다소 용어상의 혼란을 보이지만 기본권 보호의무라는 표현도 쓴다.[39] 그러나 독일에서 전개되는 기본권 보호의무가 '기본권을 근거로 한' 국가의 보호의무인 데 반해, 우리 헌법재판소가 사용하는 기본권 보호의무는 '기본권을 보호 내지 실현해야 할' 국가의 포괄적 의무를 지칭한다. 독일에서 전개되고 있는 기본권 보호의무론은 원칙적으로 대국가적 방어권인 자유권이 제3자로부터 위태롭게 된 경우 국가가 해당 자유권에 근거해서 부담하는 보호의무를 지칭하는 까닭에, 사회권도 포함한 기본권 보호의무를 관념하고 있는 우리의 경우 동일한 방식으로 논의할 수는 없다. 그렇지만 생명이나 신체와 같이 중요 법익을 보호하고자 한다는 점에서 상당 부분 일치하고 있으므로 많은 것을 시사한다고 할 수 있다.[40]

8.2. 기본권 보호의무의 내용

8.2.1. 헌법적 근거

기본권 보호의무에 관한 헌법규정은 헌법 제10조 제2문이다. "국가는 개인이 가지는 불가침의 기본적 인권을 확인하고 이를 보장할 의무를 진다"라고 규정함으로써 국가의 적극적인 기본권 보호의무를 선언하고 있는바, 이러한 국가의 기본권 보호의무 선언은 국가가 국민과의 관계에서 국민의 기본권을 침해해서는 안 되고 국민의 기본권 보호를 위해 노력하여야 할 의무가 있다는 의미뿐만 아니라, 국

---

39) 예컨대 헌재 90헌마 110 · 90헌마136(병합) 결정 등.
40) 송기춘, 「국가의 기본권보장의무에 관한 연구」, 서울대학교 박사학위논문, 1999.

민의 기본권을 타인의 침해로부터 보호할 의무, 즉 국가가 사인 상호 간의 관계를 규율하는 사법(私法)질서를 형성하는 경우에도 헌법상 기본권이 존중되고 보호되도록 할 의무가 있다는 것을 천명한 것이다.[41]

헌법재판소는 국가의 기본권 보호의무에 관한 일반규정으로 헌법 제10조 제2문을 들지만, 보호의 대상이 되는 법익에 따라서 해당 기본권이 기본권 보호의무의 근거가 된다는 점을 지적하고 있다. 예컨대 생명권과 신체의 안전에 관한 권리에 있어서 헌법 제10조 제2문 외에 제36조 제3항("모든 국민은 보건에 관하여 국가의 보호를 받는다")을 거론하면서, 국민의 생명·신체의 안전이 질병 등으로부터 위협받거나 받게 될 우려가 있는 경우 국가로서는 그 위험의 원인과 정도에 따라 사회·경제적인 여건 및 재정사정 등을 감안하여 국민의 생명·신체의 안전을 보호하기에 필요한 적절하고 효율적인 입법·행정상의 조치를 취하여 그 침해의 위험을 방지하고 이를 유지할 포괄적인 의무를 진다고 한다.[42]

실정법상의 근거 외에 해석론상으로 기본권의 이중성으로부터 기본권 보호의무의 근거를 구하기도 한다. 기본권의 이중성이란 기본권이 주관적 공권으로서의 성격 외에 객관적 법질서로서의 성격도 가진다는 것으로, 객관적 법질서로서의 성격으로 인해 기본권규정은 사인 간에도 방사효를 갖게 되고 그 결과 사인에 의한 사인의 기본권 침해를 방지해야 할 국가의 의무가 도출된다는 것이다.

---

41) 헌재 2008. 7. 31. 2004헌바81
42) 헌재 2008. 12. 26. 2008헌마419·423·436 병합

8.2.2. 기본권 보호의무의 수범자와 이행의 통제

기본권 보호의무의 수범자는 당연히 국가이다. 기본권이 모든 국가권력을 구속하는 까닭에 기본권 수범자는 모든 국가기관이 된다. 그렇지만 기본권 보호의무가 자연재해나 전쟁과 같이 사인의 책임으로 돌릴 수 없는 경우로부터 유래하는 것이 아니라면 기본적으로 사인 상호 간의 기본권이 충돌하는 듯한 상황이 초래된다. 즉, 사인에 의해 기본권적 법익이 침해되었다고 판단되면 국가는 그 가해자에게 일정한 불이익을 부과하게 된다.

예컨대 낙태금지의 경우 태아의 생명을 보호하기 위해 모(母)의 기본권을 제한하는 문제가 발생한다. 바로 여기에서 기본권 보호의무가 법치국가 원리와 접하게 된다. 입법이 불비되어 있는 경우 법치국가 원리는 곧 입법자에게 입법의 의무를 부과하게 되고, 그 한도에서 기본권 보호의무는 일차적으로 입법의무로 전화된다. 결국 입법이 결여되어 있거나 불충분한 경우 입법자가 기본권 보호의무의 일차적인 수범자가 되고, 제정된 규범을 집행하는 과정에서는 행정기관과 사법기관이 기본권 보호의무의 수범자가 된다.

국가가 소극적 방어권으로서의 기본권을 제한하는 경우 그 제한은 헌법 제37조 제2항에 따라 국가안전보장·질서유지 또는 공공복리를 위하여 필요한 경우에 한하고, 자유와 권리의 본질적인 내용을 침해할 수는 없으며, 그 형식은 법률에 의하여야 하고, 그 침해범위도 필요 최소한도에 그쳐야 한다. 그러나 국가가 적극적으로 국민의 기본권을 보장하기 위한 제반 조치를 취할 의무를 부담하는 경우에는 설사 그 보호의 정도가 국민이 바라는 이상적인 수준에 미치지 못한다고 하여 언제나 헌법에 위반되는 것으로 보기 어렵다. 국가의 기본권 보호의무의 이행은 입법자의 입법을 통하여 비로소 구체화되는 것이고, 국가가 그 보호의무를 어떻게 어느 정도로 이행할 것인지는 입법자가 제반 사정을 고려하여 입법정책적으로 판단하여야 하는 입법재량의 범위에 속하는 것이기 때문이다.

물론 입법자가 기본권 보호의무를 최대한 실현하는 것이 이상적이지만, 그러한 이상적 기준이 헌법재판소가 위헌 여부를 판단하는 심사기준이 될 수는 없다. 헌법재판소는 권력분립의 관점에서 소위 '과소보호금지원칙'을, 즉 국가가 국민의 기본권 보호를 위하여 적어도 적절하고 효율적인 최소한의 보호조치를 취했는가를 기준으로 심사하게 된다. 따라서 입법부작위나 불완전한 입법에 의한 기본권의 침해는 입법자의 보호의무에 대한 명백한 위반이 있는 경우에만 인정될 수 있다. 다시 말하면 국가가 국민의 법익을 보호하기 위하여 아무런 보호조치를 취하지 않았든지 아니면 취한 조치가 법익을 보호하기에 명백하게 부적합하거나 불충분한 경우에 한하여 헌법재판소는 국가의 보호의무의 위반을 확인할 수 있을 뿐이다.[43]

8.3. 헌법재판소의 판례

그간 헌법재판소는 국가의 기본권 보호의무에 관하여 주로 생명과 신체의 안전을 중심으로 중요한 판례를 축적해 왔다.

【교통사고로부터 국민을 보호할 의무사건(헌재 1997.1.16. 90헌마110 · 136(병합))】
국가의 기본권 보호의무의 이행은 입법자의 입법을 통하여 비로소 구체

---

43) 헌재 1997. 1. 16. 90헌마110; 2008. 7. 31. 2004헌바81

화되는 것이고, 국가가 그 보호의무를 어떻게 어느 정도로 이행할 것인지는 원칙적으로 한 나라의 정치·경제·사회·문화적인 제반 여건과 재정사정 등을 감안하여 입법정책적으로 판단하여야 하는 입법재량의 범위에 속하는 것이다. 국가의 보호의무를 입법자가 어떻게 실현하여야 할 것인가 하는 문제는 입법자의 책임범위에 속하므로, 헌법재판소는 권력분립의 관점에서 소위 과소보호금지원칙을, 즉 국가가 국민의 법익 보호를 위하여 적어도 적절하고 효율적인 최소한의 보호조치를 취했는가를 기준으로 심사하게 되어, 결국 헌법재판소로서는 국가가 특정 조치를 취해야만 당해 법익을 효율적으로 보호할 수 있는 유일한 수단인 특정 조치를 취하지 않은 때에 보호의무의 위반을 확인하게 된다.

국가의 신체와 생명에 대한 보호의무는 교통과실범의 경우 발생한 침해에 대한 사후처벌뿐이 아니라, 무엇보다도 우선적으로 운전면허취득에 관한 법규 등 전반적인 교통 관련 법규의 정비, 운전자와 일반국민에 대한 지속적인 계몽과 교육, 교통안전에 관한 시설의 유지 및 확충, 교통사고 피해자에 대한 보상제도 등 여러 가지 사전적·사후적 조치를 함께 취함으로써 이행되고, 교통과실범에 대한 국가형벌권의 범위를 확대한다고 해서 형벌권의 행사가 곧 확실하고도 효율적인 법익의 보호로 이어지는 것도 의문이므로, 형벌은 이 경우 국가가 취할 수 있는 유효적절한 수많은 수단 중의 하나일 뿐이지, 결코 형벌까지 동원해야만 보호법익을 유효적절하게 보호할 수 있다는 의미의 최종적인 유일한 수단이 될 수 없다. 따라서 국가가 취한 제반의 보호조치와 교통과실범에 대한 형사처벌조항을 고려한다면, 단지 일정 과실범에 대하여 형벌권을 행사할 수 없는 법망의 틈새가 존재한다고 하여, 그것이 곧 국가 보호의무의 위반을 의미하지는 않는다.

• 재판관 김진우, 재판관 이재화, 재판관 조승형의 위헌의견

(기본권 보호의무 위반 여부) 생명·신체라는 기본권적 법익이 헌법질서에서 차지하는 의미와 비중의 중대성에 비추어 볼 때, 가해자에 대한 사적 복수를 허용하지 아니하고 국가기관이 공소권을 독점하는 법제도 아래에서는 그 침해의 사전예방 및 그 침해행위에 대한 사후제재를 위하여 형벌이라는 최종적 수단을 이를 대체할 만한 다른 효과적인 방안이 마련되

지 않는 가운데서 포기할 수 없고 이때 비로소 국민의 생명·신체·재산에 대한 국가의 보호의무를 다하는 것이라고 할 것이다. 특례법 제3조 제2항 단서에 해당되지 않는 중대한 과실로 인한 교통사고로 말미암아 피해자에게 신체에 대한 중대한 침해, 즉 생명에 대한 위험을 발생시킨 경우나 불구 또는 불치나 난치의 질병, 즉 중상해에 이르게 한 경우에 교통사고를 일으킨 차량이 종합보험 등에 가입되어 있다는 사정만으로 공소조차 제기하지 못하도록 한 것은 국가의 국민의 생명·신체에 대한 보호로서는 너무도 부족하여 과소보호금지의 원칙에 반한다.

【사용자의 부당한 해고로부터 근로자 보호의무사건(헌재 2002.11.28. 2001헌바50)】

1. 헌법 제15조의 직업의 자유 또는 헌법 제32조의 근로의 권리, 사회국가 원리 등에 근거하여 실업방지 및 부당한 해고로부터 근로자를 보호하여야 할 국가의 의무를 도출할 수는 있을 것이나, 국가에 대한 직접적인 직장존속보장청구권을 근로자에게 인정할 헌법상의 근거는 없다.

● 재판관 윤영철, 재판관 권성, 재판관 주선회의 반대의견

한국보건산업진흥원법에 의한 한국식품위생연구원과 한국보건의료관리연구원의 통폐합은 그 실질에 있어 '한국보건산업진흥원의 손을 빌린 입법적 정리해고'라고 보아야 한다. 그런데도 불구하고 위 부칙 제3조는 해고대상자의 선발기준의 정립 및 구체적 대상자의 선정에 있어 자의성을 배제하고 공정성을 담보할 수 있는 절차, 그리고 해고대상이 됨으로써 직장을 상실하게 된 근로자들에게 불복과 구제의 절차를 전혀 보장하지 않음으로써 근로관계의 존속 보호를 위한 국가의 최소한의 보호의무조차 저버리고 있다.

일반기업의 근로자일 경우 근로기준법에 의한 정리해고 제한법리를 통하여 혹은 합병 또는 영업양도에 관한 판례에 의하여 일정한 실체적, 절차적 요건을 갖추지 않은 부당한 근로관계의 종료(직장상실)로부터 보호되고, 이를 위하여 중앙노동위원회, 법원이라는 구제기관의 도움을 받게 되는 반면, 청구인들과 같이 '특정 법률에 의해 그 사업장이 통폐합당함으로 말미암아 실질적으로 정리해고된 근로자들'에 대하여는 그에 현저히 미치지 못하는 최소한의 보호조치마저 제공하지 않음으로써 일반근로자들에 비하여 합리적 이유 없이 이들을 차별하고 있다.

8.4. 기본권 향유자로서의 국민의 의무

8.4.1. 기본적 의무의 유형

국민의 기본적 의무는 근대 입헌주의 헌법에서 볼 수 있는 고전적 의무와 현대 사회복지국가 헌법에서 추가된 사회국가적 의무로 나눌 수 있다. 납세의 의무(헌법 제38조), 국방의 의무(헌법 제39조 제1항)가 전자의 것이라면, 교육을 받게 할 의무(헌법 제31조 제2항), 근로의 의무(헌법 제32조 제2항), 환경보전의 의무(헌법 제35조 제1항 후단), 재산권 행사의 사회적 구속성(헌법 제23조 제2항) 등은 후자의 것이다. 또한 헌법의 명문 규정과 관계없이 국민들은 국가에 대한 충성의무, 법 준수의무, 헌법 옹호의무 등이 주어진다. 이런 의무가 나오는 것은 헌법의 주인이 국민이기 때문이다. 주인은 헌법이 잘 운용되도록 할 궁극적 책임자인 것이다.

8.4.2. 의무의 바른 이해

공화국에서의 시민은 공동체의 일원으로서 일정한 책무를 가질 수밖에 없다. 역사적으로나 개념적으로 볼 때 대표적인 시민의 의무는 납세와 국방이었다. 이와 같은 의무가 군주주권 시대처럼 신분상의 제약으로 강제적으로 주어질 때, 시민들은 마침내 신분제를 철폐하고 새로운 시민국가를 만들었다. 그러나 시민국가가 만들어진 이후에도 국가를 운영하기 위해 꼭 필요한 것은 국민의 납세와 국방에 대한 책임이었다. 다만, 이제는 그 책임을 국민의 자발적인 결정으로 수행하는 것으로 바뀌었다. 그것이 바로 헌법과 법치주의에 의한 의무의 이행방식이었다.

물론 현실 사회는 이와 같은 이상적인 법치주의 속에서의 자유와 의무와는 다른 모습이다. 법치주의라 하지만 제한선거, 차등선거에 의해 선출된 의원들이 국민의 이름으로 법을 제정하는 대의제민주주의에서 대다수의 국민들은 영문도 모른 채 세금과 병역을 부담하는 형편이었다. 지금도 조세제도와 병역제도에서는 빈익빈 부익부의 논리가 관철되면서 불평등과 부조리의 온상을 면하지 못한 실정이다. 그렇지만 우리는 보다 나은 사회복지국가를 향해 나아가야 한다. 이를 위해서는 다시 한번 공화국 시민으로서의 국민의 바른 자세가 무엇인지 살필 수 있어야 한다.

헌법 제10조 "모든 국민은 인간으로서의 존엄과 가치를 가지며, 행복을 추구할 권리를 가진다. 국가는 개인이 가지는 불가침의 기본적 인권을 확인하고 이를 보장할 의무를 진다"가 말해 주듯이, 국가는 개인의 기본권에 대한 보장의무가 있다. 하지만 국가는 무엇인가? 그것은 국민들이 구성해서 만든 조직체이다. 국민의 기본권 보장을 위한 재정이나 인력 모두 국민들로부터 나온다. 따라서 국민들의 책임과 의무는 국가의 기본권 보장의무의 전제가 된다.

8.4.3. 헌법의 완성자로서의 국민

이상에서 국민주권 국가에서 주권자로서의 국민은 기본권의 최대 보장과 최소제한, 국가의 과소보호금지의 원칙 속에서 살아가야 한다는 것이 헌법원리임을 알게 되었다(헌법 제1조와 제10조의 연결성). 국가는 국민의 기본권 보장을 위하여 최대한 노력해야 한다(헌법 제10조). 그럼에도 불구하고 현실은 아직 국민주권이 충분히 실현되지 않은 상태에 놓여 있다. 따라서 국민들의 기본권 또한 미흡한 수준이다. 이것은 개개인의 형편에 따라 그 위치가 다 다르다. 국민과 국가는 보다 더 좋은 수준으로 향상시키도록 노력해야 한다. 하지만 그 가운데 개개인 스스로 자신의 인간으로서의 존엄과 가치를 누리고자 최선의 방법을 모색해야 한다. 자유와 행복은 결코 타인이 가져다주는 것이 아니다. 결국 스스로 찾아야 하는 것이다. 헌법의 최종 완성자(perfecter)의 역할은 개개인에게 주어져 있다.

09
대의제민주주의와 직접민주주의

9.1. 헌법과 시민

9.1.1. 대의제민주주의

1) 규범론적 대의제

헌법 전문은 대한국민이 헌법제정권력자임을 분명히 하고 있다. 그리고 헌법 제1조에는 우리나라는 민주공화국이며, 모든 국가권력은 국민으로부터 나온다고 한다. 그리고 헌법 제10조는 국민은 인간의 존엄과 가치를 가지며, 국가는 이를 확인하고 보장할 의무를 진다고 했다. 최고법규범인 헌법 중에서도 가장 중요한 이들 규정만 보아도 국민은 나라의 주권자임에 분명하다. 주권자란 대외적으로 독립하고, 대내적으로 최고의 자주적 의사결정권(자결권)을 보유함을 뜻한다. 국민은 바로 이런 자결권을 갖는다. 주권자는 당연히 통치권을 보유한다. 통치권은 가장 압축해서 분류할 때 입법권, 집행권, 사법권이 있다. 이 세 개의 권한은 모두 주권자인 국민의 권한이다. 다만, 국민의 위임으로 입법권은 정치인인 국회의원에게, 집행권은 대통령과 행정 관료들에게, 사법권은 법률가들에게 맡긴 것이다. 그런데 국민은 기본권의 주체이기도 하다. 구태여 모든 사람이 국가의 통치의 일에 골몰할 필요가 없다. 그래서 분업의 원리에 따라 일부가 통치를 담당하고 나머지는 자기의 직업을 통해 생산과 소비를 하면서 행복을 추구한다.

통치작용에 참여하는 사람을 공직자라 할 때, 공직자는 당연히 국민의 봉사자로서 국민의 생명과 재산과 기본권을 보장하는 일을 하게 된다. 국민들은 자신의 직업을 수행하면서 얻은 수입 중 일부를 세금으로 납부해 재정을 채우고, 일부 국민들은 장기간 혹은 단기간 동안 통치작용에 공직자로서 참여하기도 한다. 그리고 나라의 위기를 대비하여 전 국민이 국방의 의무를 진다. 이러한 통치방식이 대의제민주주의이다. 이것이 대의제의 이념론(idealism)이다. 규범학으로 본 대의제란 뜻이다.

2) 현실론적 대의제

대의제의 현실론(realism)은 위와 다르다. 현실의 역사를 보면 한 사람에 집중되었던 군주주권의 어느 시점부터 서서히 의회제도가 두각을 나타내기 시작한 것이다. 영국의 경우 그것은 귀족회의가 존왕에게 마그나 카르타에 서명을 요구하는 것부터 시작되었다. 그 후 귀족회의 외에도 평민회의가 생겼는데, 전자가 상원, 후자가 하원의 전신이다. 시대 흐름에 따라 세력은 상원에서 하원으로 이동되었다. 하원의 권한이 강해진 것은 하원의 지지기반이 커지는 것과 비례했다. 그래서 선거권이 확대될 때마다 하원은 상원을 압도해 나갔고, 마침내 내각도 하원의 다수당이 지배하게 되었다. 제한선거 시대에는 국민들 중에서도 선거권과 피선거권을 독과점한 일부 시민(부르주아)들이 국가권력의 지배세력이었지만, 제한선거 시대가 끝나고 보통선거 시대로 접어들면서부터 의회는 전 국민의 대표기관이 되었다. 그렇다고 해서 대의제가 국민 전체의 것이 된 것은 아니다. 이처럼 대의제는 평민과 군주 혹은 귀족 혹은 계급과의 대결의 역사, 권력투쟁의 역사라고 할 수 있다. 역사를 보면 기득권층이 스스로 의회를 만들고 의회를 확장해 나간 것이 아니다. 정반대로 내놓지 않으려는 것을 강제로 빼앗아 가면서 확대해 나간 것이다. 대의제 역사에서 보면 지금도 여전히 선거권, 피선거권 확대운동은 계속되고 있다. 지금은 실질적 민주주의의 관점에서 전개되고 있다. 1인 1표 가치와 선거구획정에서의 불평등, 비례대표제의 확대, 소외집단에 대한 특별할당제, 합의제민주주의 등과 관련해서 선거법, 정당법 등이 끊임없이 요동치는 것은 이 지점에서의 세력 간 투쟁을 반영하는 것이라고 볼 수 있다.

보통선거 시대에 이르러 의회가 전 국민의 손에 의해 뽑히면서 이제 '다수의 지배(rule of the majority)'라는 민주주의 시대를 구가할 수 있게 되었다. 그런데 동시에 '다수의 횡포(tyranny of the majority)'가 문제로 떠올랐다.[44] 민주주의의 단점에 대한 보완책으로 사법심사제가 도입되었다. 오늘날 위헌법률심사제로 대표되는 헌법재판제도는 사법부의 권위를 한껏 높여 주었다. 헌법재판의 기능도 순기능과 역기능이 있다. 이제 헌법적 관심은 선거에 의해 선출되지도 않은 사법부에서 어떻게 국민의 선거에 의해 구성된 의회의 법률을 폐기시킬 수 있느냐에 모아졌다. 이른바 입헌주의와 민주주의의 관계이다. 양자는 당연히 같은 것이라 여겨지지만, 입헌주의는 모난 민주주의를 잘라 버리고 있는 것이다. 이렇게 해서 사법부의 권한을 민주적으로 통제하는 방안이 모색되고 법관선출제가 거론된다. 부분적

---

[44] '다수의 횡포'란 개념은 토크빌(A. Tocqueville)이 『미국의 민주주의』에서 사용한 것인데, 밀(J. S. Mill)이 『자유론』에서 다시 사용해 유명해졌다.

으로는 타당하지만 선거가 만능은 아니다. 헌법과 민주주의는 같은 목표를 추구한다. 그런데 현실에서는 충돌한다. 그렇다면 양자의 가장 바람직한 관계 설정은 무엇인가를 생각해 보아야 한다.

정당민주주의도 대의제의 의미를 크게 바꿔 놓은 것 중 하나이다. 국민주권론에 입각한 고전적 대의제에 수반되었던 논리들, 예컨대 무기속위임(자유위임)이라고 해도 소속 정당에 대한 강한 기속력을 받는 한편, 유권자인 선거구민에 대한 기속도 일정 부분 받는 것으로 변질되었다. 루소가 당시 영국의 의회제도를 보고 비판했던 대의제의 모습과 오늘날의 모습은 확연하게 달라진 것이 분명하다.

> • 주권은 양도될 수 없는 것처럼 그와 같은 이유로 대표될 수도 없다. 주권의 본질은 일반의사(general will)이며, 의사는 대표될 수 없다. 의사는 스스로의 의사이거나 개인의 의사 그 어느 하나일 뿐 그 중간이라는 것은 있을 수 없다. 국민의 대표자라는 사람들은 국민의 대표자(representatives)도 아니고 대표자로 될 수도 없다. 그들은 단지 국민의 대리인에 지나지 않는다. 그들은 어떠한 일도 최종적으로 결정할 수 없다.
>
> J. J. 루소, 「사회계약론」.

9.1.2. 직접민주주의

서구 대의제민주주의의 부정적 측면을 경험한 후 그 대안으로 떠오른 것이 인민주권론이다. 인민주권론은 사회주의와 결합되어 실제로 사회주의 국가에 도입, 실시되었다. 직접민주주의에 입각한 이상론으로 새판짜기를 시도한 것이다. 하지만 대부분의 현실 인민주권론은 실패로 끝났다고 보아야 한다. 대표자는 인민의 의사에 구속되어야 한다는 기속위임설, 권력분립제가 아닌 권력집중제, 인민에 의한 재판 등은 소기의 목표를 달성하지 못했다. 그러나 인민주권과 직접민주제의 이상, 즉 풀뿌리 민중의 의사가 정치에서 소외되지 않도록 해야 한다는 문제의식만큼은 간직되어야 할 사항으로 남아 있다.

9.1.3. 준(準)대의제, 반(半)대표제, 반(半)직접민주제

국민주권론이 예정하는 순수대표제와 인민주권론의 직접민주주의의 현대적 접목으로 반(半)대표제 이론이 있다. 약 100년 전 프랑스의 에즈맹(A. Esmein)이 제시한 것으로, 반(半)직접민주제라고도 한다.[45] 그런데 반(半)대표제의 내용이 종래의 대의제에 국민투표, 국민발안제 같은 직접민주제의 방식 몇 개를 첨가하는 것에 지나지 않는다면 그것은 큰 의미를 지니지 못한다. 이런 소극적 의미의 반(半)직접민주제보다는 더 적극적 의미의 반(半)직접제를 주장하는 이론도 있다.

> • 순수대표의 법적 의제와 관계없이 우리 의회주의 헌법현실에서 일정 부분 작동하고 있는 반대표제도도 정당민주주의가 제대로 굴러가지 못하고 겉돌기만 계속하는 한, 의회 대표성의 위기를 푸는 데 아무런 도움이 되지 못한다. 남은 유일한 대안은 급진주의적 접근방식이다. 의회 대표성 위기의 이념적 뿌리나 다름없는 국민주권을 인민주권 접경지대로 이동시켜 국민주권의 철옹성에 갇혀 정치적 휴면을 강요당한 선거구 유권자들을 주권의 주체로 다시 세워 그들에게 국가권력의 주인자리를 되돌려 주는 것이다. 이와 관련하여 자유주의적 민주주의의 테두리 안에서 선택이 가능한 현실적 대안은 국민주권에 인민주권의 이념을 접목한 반직접제도이다. 반대표제도의 역사적 진화형태인 반직접제도는 반대표제도 속에 이

---

45) 성낙인, 앞의 책, 332~333쪽. 준대의제는 김학성, 『헌법학원론』, 피엔씨미디어, 2014, 731~733쪽.

미 싹트고 있던 직접민주주의적 경향을 한 단계 끌어올려 제도적 차원에서 구체화하려는 주권이행 과도기 단계의 새로운 대표형태이다. 주목을 끄는 것은 대표자보고제도, 대표자문책제도, 대표자소환제도 등이다. 이 밖에도 의회 대표성의 위기와 관련하여 논란의 대상이 되는 것이 있다. 다름 아니라 국민투표제도, 더 정확히 말하면 인민투표제도이다. 인민투표제도는 그러나 의회 대표성 위기와의 밀접한 연관에도 불구하고 주권이행의 맥락에서 따로 다루어야 할 별개의 문제라 할 수 있다.

국순옥, 「민주주의 헌법론」, 아카넷, 2015, 456~458쪽.

9.1.4. 민주시민

대의제의 성공을 위한 궁극적인 주체는 역시 국민이다. 역사를 보면 아무리 훌륭한 공직자라도 사전에 국민들의 일정한 선행업적이 없이는 아무런 일을 하지 못했다는 것을 알 수 있다.[46] 그런 점에서 헌법을 세우는 일에서 국민이 빠질 수 없다. 대의제나 직접민주제나 그 실행자는 국민이다. 국가의 일을 담당하는 공직자도 국민이고, 공직자들에게 청원과 비판과 조언을 보내는 것도 국민이다. 우리 국민들은 이제 식견이 높아져서 공직자들의 비리와 무절제함에 신물이 날 정도가 되었다. 그래서 대의제의 위기가 형성된 것이다. 대의제의 불신과 위기는 국가의 3권 모두에 걸친 일이지만 특히 국회 정치는 신뢰가 땅에 떨어졌다. 그래서 정치에 대한 혐오감이 만연하다. 아마도 많은 국민들이 하루빨리 한국 정치가 만성적인 늪에서 탈출하기를 염원하고 있을 것이다. 비록 실패로 돌아갔지만 지난 4년 전 대통령선거 직전 불어닥친 '안철수 현상'은 바로 새로운 정치

---

46) 강경선, 「노예제 폐지에 관한 연구: 영국의 경우」, 『민주법학』 제52호, 2013; 강경선, 「노예제 폐지과정에서 나타난 주권적 인간」, 『민주법학』 제58호, 2015 참조.

에 대한 회구가 표출된 것이라 할 수 있다.

그렇다면 어떻게 이 난제를 풀어야 할까? 단기적으로는 정치권력 상의 정권교체라든가 하는 방법을 찾게 되겠지만 장기적인 것은 역시 국민의 성숙이 최상의 정책이다. 그래서 국민들이 공직자에 대해 비난하는 것을 그칠 수는 어렵겠지만, 그에 앞서 자기가 선 자리에서 자기가 바라는 기준을 최대한 실천하는 것부터 시작하는 것이 급선무이다. 다시 말해 자기의 생활 속에서 헌법, 민주주의, 인권 등을 점검하면서 살아가면 사회가 생각보다 빠르게 바뀔 것이라는 것이다. 여기서 꼭 인식해야 할 점이 있다. 그것은 우리 국민 모두 공직자라는 것이다.

사실 모든 성년의 국민은 한편으로는 일반시민의 역할을, 다른 한편으로는 공직자의 임무를 띠고 있다. 공직자의 개념을 국가에서 봉급을 받는 공무원에 국한하지 않고 사회다원론적 관점에서 보면 성년의 국민들은 이 사회에서 공사(公私) 간의 어느 집단에서든 일정한 직책을 맡고 있다. 우리 사회는 수많은 조직, 결사로 이루어졌다. 최소단위로서의 가정에서부터 회사, 노조, 동문회, 동네 반장, 아파트 협의회, 친목회 등 모임은 수없이 많다. 그런 결사체들은 나름대로 조직을 운영하기 위한 회칙을 제정하고 동시에 회장이나 부회장, 총무 등을 뽑는다. 이렇게 많은 조직의 대표자를 맡아 보지 않은 사람은 없으리라고 본다. 그런 의미에서 모든 시민은 평회원이기도 하고, 또 대표자이기도 하다는 것이다.

이런 설명이 의아하거나 불편할 수도 있겠지만, 우리가 일반사회학에서 가끔 접하는 용어 중에 생비자(生費者)라는 말이 있다. 영어로는 프로슈머(prosumer)이고, 생산자(producer)와 소비자(consumer)를 합친 조어이다. 이 용어는 나름대로 변화된 현대사회를 설명하는 요긴한 단어이기도 하다. 예를 들면, 미디어학에서는 모든 국민이 한편으로는 기사를 전달받는 독자이지만, 또 한편으로는 기사를 생산하는 기자라는 이중역할을 설명한다. 인터넷이 발달한 정보화 사회에서 생겨난 새로운 현상이다. 특히 최근의 소셜미디어는 개인블로그나 페이스북, 트위터, 유튜브 등을 통하여 타인과 정보를 주고받는다는 것이다. 기존 제도 속의 매스컴과 달리 이렇게 생활 속에서 이루어지는 미디어도 있는 것이다. 그리고 전자의 기능이 점차 쇠퇴하는 반면, 후자는 전자보다 비록 소규모이기는 하지만 기능은 오히려 더욱 확대되고 있다.[47] 북아프리카 지역의 대표적인 민주화 시민혁명으로 튀니지의 '재스민혁명'과 이집트의 '페이스북혁명' 등은 소셜 저널리즘이 어떻게 정치혁명의 도화선이 되었으며 소셜네트워크 효과를 발휘했는지를 잘 보여 준다. 기존 미디어가 검열과 통제로 시위를 테러리즘으로 몰고 갈 때, 페이스북에서 시민들은 사건과 관련된 사진이나 의견, 영상을 올리고 정부의 검열을 우회할 수 있었다. 페이스북은 이용자들이 매일 일어나는 정치 시위에 관한 자료나 블로그 기사, 선언과 영상정보, 항의시위의 경로 등을 실시간으로 전달, 기록하며 업로드시킴으로써 뉴스매체로 널리 알려졌고 공유되었던 것이다.[48]

그런 의미에서 모든 성인 국민은 부분집단의 대표자이기도 하고

---

47) 설진아, 「'스마트미디어 시대' 미디어 주권에 대한 고찰」, 『언론과 법』 제12권 제1호, 한국언론법학회, 2013.

48) 설진아, 「이집트 민주화 혁명에서 SNS와 소셜 저널리즘」, 『한국언론정보학보』(통권 58호), 한국언론정보학회, 2012, 8~9쪽. 이와 관련된 문헌은 K. John, *Wikileaks Kara Facebook Karumei Made: Gyaku Panopticon Shakai No Tkrai*, 이 책의 번역은 존 김, 한석주 · 이단아 옮김, 『공개와 연대: 위키리크스와 페이스북의 정치학』, 커뮤니케이션북스, 2011.

평회원이기도 하다. 그러므로 모든 국민은 자신이 수시로 접하는 조직에서 평회원으로서의 시민 역할과 대표자로서의 역할 모두를 잘할 수 있는 기초역량을 습득해야 한다. 이것이 곧 민주시민을 위한 교육과 학습이다. 당연히 요람에서 무덤까지 유형·무형의 교육이나 문화, 습관 속에서 민주시민으로서의 교양과 덕을 갖추도록 해야 한다. 일부는 의식적 교육도 필요할 것이고, 일부는 생활 속에서 터득하는 학습도 있을 것이다. 가장 크게 보면 성숙한 민주주의 문화가 이 사회에 뿌리를 내리도록 해야 한다. 그것이 우리가 선진 민주사회로 가는 근본적인 초석이 될 것이다. 우리 「교육기본법」을 보면 제2조에서, "교육은 홍익인간(弘益人間)의 이념 아래 모든 국민으로 하여금 인격을 도야(陶冶)하고 자주적 생활능력과 민주시민으로서 필요한 자질을 갖추게 함으로써 인간다운 삶을 영위하게 하고 민주국가의 발전과 인류공영(人類共榮)의 이상을 실현하는 데에 이바지하게 함을 목적으로 한다"라고 규정하고 있다. 민주시민교육은 우리나라의 모든 교육체계, 즉 평생교육부터 학교교육, 사회교육, 가정교육에 이르기까지 교육의 이념으로 설정되어 있는 것이다.

지금은 보다 많은 국민들이 정치에 참여하는, 즉 참여민주주의가 활성화되고 있는 시대이다. 특히 정보화 시대에 접어들면서 소셜미디어를 통해 국민들은 자신의 고유 직업과는 별도로 공적인 생활에 대한 관심 표명과 참여를 확대시켜 가고 있다. 물론 이와 상반되는 현상, 즉 정치적 무관심도 증대하고 있다. 그런데 이때의 정치적 무관심도 국가 차원의 정치, 정당과 직업 정치인들에 의한 정치에 대한 무관심이지, 또 다른 정치에 대한 관심이 사라지고 있다고 생각되지는 않는다. 이렇게 해서 미시적 의미의 생활정치는 끊임없이 생성되어 표면으로 떠오르고, 그런 흐름들이 융합과 합류를 통해 이 사회정치의 성격에 영향을 주고 동시에 새로운 흐름을 형성하는 것으로 보인다. 우리가 아는 국가의 공직을 맡고 있는 대표자들에 의한 정치공간 외에도 이렇게 드넓은 공간에서 시도 때도 없이 국민들의 광의의 정치행위가 이루어지는 것이다. 국민들 각자가 민주시민이 가져야 할 기초소양과 능력개발이 꼭 필요한 이유이다.

9.2. 헌법상 대의제의 원리

9.2.1. 대의제의 헌법규정과 판례

제40조 입법권은 국회에 속한다.
제41조 ① 국회는 국민의 보통·평등·직접·비밀선거에 의하여 선출된 국회의원으로 구성한다.
  ② 국회의원의 수는 법률로 정하되, 200인 이상으로 한다.
제66조 ④ 행정권은 대통령을 수반으로 하는 정부에 속한다.
제67조 ① 대통령은 국민의 보통·평등·직접·비밀선거에 의하여 선출한다.
  ② 제1항의 선거에 있어서 최고득표자가 2인 이상인 때에는 국회의 재적의원 과반수가 출석한 공개회의에서 다수표를 얻은 자를 당선자로 한다.
제101조 ① 사법권은 법관으로 구성된 법원에 속한다.
  ② 법원은 최고법원인 대법원과 각급법원으로 조직된다.

현행 헌법은 제40조, 제66조, 제101조를 통하여 본래 주권자인 국민의 주요 권력인 입법권, 행정권, 사법권을 각각 국회, 정부, 법원에 두는 것으로 규정하였다. 또한 현행 헌법은 제41조(국회의원의 선출), 제67조(대통령의 선출)를 통해 국민에 의해 선출된 대표기관을 통해 통치하는 대의제가 통치의 근간임을 밝히고 있다. 한편 사법권의 경우에는 선출에 의하지 않은 법관에 의하여 행사되고 있다(헌법 제101

조 제1항·제3항). 국가의 입법권과 행정권을 선출된 대표기관이 독자적인 판단과 자기 책임 아래 수행하도록 함으로써 정책결정과 정책집행의 방식을 대의제로 규정하고 있는 것이다. 게다가 헌법 제7조 제1항("공무원은 국민 전체에 대한 봉사자이며, 국민에 대하여 책임을 진다")과 제46조 제2항("국회의원은 국가이익을 우선하여 양심에 따라 직무를 행한다")은 대의제의 핵심이라고 할 수 있는 자유위임의 원칙을 간접적으로 밝히고 있다. 이러한 대의제(대표민주제)를 위하여 국민에게는 선거권(헌법 제24조)과 공무담임권(헌법 제25조)이 보장되어 있다.

헌법재판소도 "헌법의 기본원리인 대의제민주주의하에서 국회의원 선거권이란 것은 국회의원을 보통·평등·직접·비밀선거에 의하여 국민의 대표자인 국회의원을 선출하는 권리에 그치고, 개별 유권자 혹은 집단으로서의 국민의 의사를 선출된 국회의원이 그대로 대리하여 줄 것을 요구할 수 있는 권리까지 포함하는 것은 아니다. 또한 대의제도에 있어서 국민과 국회의원은 명령적 위임관계에 있는 것이 아니라 자유위임관계에 있기 때문에 일단 선출된 후에는 국회의원은 국민의 의사와 관계없이 독자적인 양식과 판단에 따라 정책결정에 임할 수 있다"[49]고 하고, 대법원도 "의회대표제하에서 의회의원과 주민은 엄연히 다른 지위를 지니는 것으로서 의원과는 달리 정치적, 법적으로 아무런 책임을 지지 아니하는 주민이 본회의 또는 위원회의 안건심의 도중 안건에 관하여 발언한다는 것은 현행법상 선거제도를 통한 대표제원리에 정면으로 위반되는 것으로서 허용될 수 없다고 보아야 할 것이고, 다만 간접민주제를 보완하기 위하여 의

---

49) 헌재 1998. 10. 29. 96헌마186

회대표제의 본질을 해하지 않고 의회의 기능수행을 저해하지 아니하는 범위 내에서 주민이 의회의 기능수행에 참여하는 것—예컨대 공청회에서 발언하거나 또는 본회의, 위원회에서 참고인, 증인, 청원인 등의 자격으로 발언하는 것—은 허용된다"고 하였다.[50]

9.2.2. 대의제의 의의와 기능

1) 대의제의 의의

대의제란 주권자인 국민이 국가의사나 국가정책을 직접 결정하지 아니하고 대표자를 선출하여 그들로 하여금 국가의사나 국가정책을 결정하게 하는 통치구조의 구성원리를 말한다. 국민주권의 원리를 실현하는 이상적인 방법은 자기동일성의 원리에 충실한 직접민주제적 방법이지만 정치의 단위가 대규모화됨에 따라 직접민주제적 방식에 의존할 수 없는 현실 사정을 고려하여 간접민주제인 대의제를 취하게 된다.

대의제는 통치자와 주권자의 개념적 분리에 기초하고 있다. 즉, 국민에 의해 선출된 국민의 대표자인 통치자와 통치자를 선출하는 국민인 주권자가 구별되는 것이다. 그래서 주권자인 국민은 통치자를 선출하는 기관구성권과 함께 기관을 통제하는 권한을 갖는 반면, 통치자는 정책결정권과 함께 주권자에 대하여 책임을 진다.

대표자가 주권자에 대하여 책임을 진다는 의미는 명령적 기속을 의미하는 것이 아니다. 종래 대표자는 직무를 수행함에 있어서 구체적 존재로서의 국민 개개인의 지시나 명령에 구속되는 것이 아니라

---

50) 대법원 1993. 2. 26. 92추109

스스로 국민 전체의 이익을 위하여 행동하는 것으로 관념해 왔다. 따라서 대의기관의 정책결정이 설령 주권자의 의사에 반한다고 할지라도 선거에서 정치적 책임을 묻는 것 외에 주권자의 의사에 부합하는 정책결정을 법적으로 강제하는 방법은 부인해 왔다. 그러나 의회해산제의 도입, 공무원이 아닌 사람을 포함하는 위원회체제, 여론정치의 발달 등으로 인해 자유위임의 원리를 실질적으로 제약하려는 시도가 점차 늘어나고 있다.

2) 대의제의 기능

대의제는 대의기관으로 하여금 책임정치에 충실하도록 요구한다. 비록 직접민주제적 강제장치가 결여되어 있지만 스스로의 책임에 기초하여 정책을 결정하고 집행하는 정치를 실현하게 한다. 대의제는 직접민주제에 비해 민주적 정당성에서 약점을 가지고 있는 만큼 권력통제의 메커니즘과 선거제도 등의 민주적 정당화 절차를 필수적으로 요구한다. 그러므로 대의제는 권력통제장치와 선거제도 등의 절차를 발달시킨다.

대의제의 독특한 가치는 그 자체의 속성으로 인해 전문가정치를 강화하고 제한정치의 실현에 이바지한다는 점이다. 대의제는 필연적으로 기관구성과 정책결정이 분리되기 때문에 정책결정을 위한 전문기관을 별도로 설치하는 것을 본질로 한다. 현대의 고도산업사회에서 전문가의 역할은 점점 커지고 있기 때문에 이러한 사회적 요구에 부합하는 전문가정치를 가능하게 하는 측면이 있다. 동시에 대의제는 대의기관의 권능을 한시적인 것으로 간주하는 시스템이기 때문에 대의기관의 권능을 시기와 내용에 있어 제한하는 제한정치를 실현한다. 대의기관들이 합의제를 통해 주권자의 의사를 추정해

가는 구조가 구현된다면 대의제는 소수의 이익도 반영하는 사회통합적 기능을 수행할 수도 있다.

9.2.3. 대의제 구현의 전제조건

1) 세 가지 조건

이와 같은 의회주의의 원리를 구현하기 위해서는 일정한 사회적·정치적 전제조건이 충족되어야 한다. 의회주의는 그런 전제와 조건 위에서만 성립하고 성공할 수 있다. 20세기를 의회주의의 쇠퇴기라고 하는 것도 의회주의가 본래 예정한 조건과 기대한 기능을 상실하였기 때문이다.

(1) 대표관계의 정당한 구성

의회가 국민의 대표자로 구성되는 합의체로서 국가의사를 결정하는 중추기관이라면, 의회의 구성원과 국민 간에는 정당한 대표관계가 성립하여야 한다. 정당한 대표관계는 자유롭고 공정한 선거를 통해서만 구성될 수 있다. 그러나 선거의 공정이 확보되는 것만으로는 불충분하다. 국민의 감시와 통제가 의회의 활동에 항상 미칠 수 있어야 한다. 루소(J. J. Rousseau)가 지적하고 있듯이, 국민이 선거일에만 주권자가 되는 데 그치고 선거와 선거 사이의 기간에는 의회에 의한 절대정이 행해진다면 선거가 이상적으로 실시된다고 하더라도 의회제는 지배를 위한 조작의 도구가 되고 말 것이기 때문이다.

(2) 공개성과 이성적 토론 및 다수결의 원리

의회주의는 공개된 장소에서 대립된 의견의 소유자가 토론과 반론이라는 변증적 과정에서 타협에 의하여 국가의사를 결정하는 정치방식이다. 의회정치를 '공개와 토론'의 정치라고 하는 것도 그 때문이다.

의회주의는 첫째, 국가의사가 공개적 방식으로 결정되어야 한다. 둘째, 국가의사는 다수결에 따라 결정되어야 한다. 다수결의 본질은 단순한 수의 지배 또는 힘의 지배가 아니라 '논리의 지배'라는 데에 있다. 셋째, 의회에서의 국가의사의 결정은 다수결로, 그리고 다수결은 이성적 토론을 전제로 하는 것이라야 한다. 이성적 토론은 '소수의견의 존중'과 '반대의견에 대한 설득'이 전제될 때에만 가능하다. 의회주의의 가치는 국민 중의 다원적 이해관계, 다양한 의견, 대립된 이데올로기를 토론의 장으로 끌어들여 그곳에서 조정과 통합을 꾀하는 데 있다.

(3) 정권교체의 가능성

의회주의의 구현을 위해서는 상술한 두 가지 조건 외에 의회 내에서 세력분포의 교체가 가능해야 한다. 여기서 교체가능성 또는 교체의 원리(principle of rotation)란 소수의견과 다수의견의 위치교체의 가능성을 말한다.

의원내각제를 채택하는 곳에서 교체가능성이란 원내에서의 의석분포와 내각이 교체되는 기회를 의미한다. 어떤 시기의 소수의견이 조만간 다수의견이 되어 정책결정의 주도권을 장악할 수 있는 전망이 전혀 없다면 의회제는 실질적으로 고정된 일당독재체제와 다를 것이 없다. 선거가 독재제를 정당화시키는 하나의 의식으로 전락하지 않고, 가변적 여론을 반영하여 평화적인 방법으로 정권을 교체시킨다는 점이 민주적인 의회가 기능을 발휘할 수 있는 조건이다.

2) 평가

과거 군부정권 시대의 경우에는 앞에서 언급한 세 가지 조건이 전혀 충족되지 않았다. 즉, 대의제는 우리에게 그림의 떡이었던 것이다. 그러나 현행 헌법 이후 20여 년이 지난 오늘날 우리나라는 적어도 형식적 요건은 갖추고 있다고 판단된다. 그만큼 변화가 있었던 것이다. 지금은 이 세 가지 조건의 내용, 즉 실질적 충족을 점검해야 한다.

첫째 조건은 주로 선거법, 정당법 등 정치관계법의 공정성에 관한 문제가 될 것이다. 선거가 단순히 투표에만 있는 것이 아니라 후보자와 유권자 사이에 공감을 불러일으키는 기간이라고 한다면, 선거기간에는 공론장을 열어야 한다. 예컨대 과거에는 선거과열로 인하여 선거운동을 지나칠 정도로 제한할 수밖에 없었다면, 이제는 선거운동의 자유를 훨씬 확대하는 방향으로 개정되어야 한다. 그리고 공무원과 교사의 피선거권 차별도 해결되어야 할 요소이다. 정당의 후보자 선정과정도 국민과의 교감 속에서 이루어지려면 상향식 도입 등 좀 더 민주적인 선출과정이 되어야 할 것이다.

둘째 조건은 실질적 민주주의에 관한 문제이다. 우리나라의 민주주의는 상당 수준으로 발전했다. 영국의 『이코노미스트(Economist)』지는 매년 민주주의 지수를 평가하는데, 한국은 20위권 내외에 있다. 과거에 비하면 놀랄 만큼의 발전 수준이다. 하지만 우리가 10위권 이내로 진입하기 위해서는 실질적 민주주의를 훈련하고 정착시켜야 한다. 단순히 토론의 장을 열고 누구에게나 발언권과 표결권을 부여하는 데 그치지 않고, 마음속 깊이 있는 자신의 의사를 표현할 수 있는 사회적 분위기가 조성되어야 한다. 국가, 법정, 가정, 학교, 직장, 동창회 등등 어디서든지 실질적인 표현의 자유 보장과 의견교환, 토론, 그리고 그에 따른 표결이 이루어지도록 해야 한다. 여기에 숙의민주주의(deliberative democracy)가 좋은 모델이 될 것이라고 본다.

셋째 조건은 우리나라에서 여야 간의 정권교체가 대통령선거에서나 국회의원선거에서 이루어진 바 있기는 하다. 또한 사법부(헌법재판소 포함)에서 소수의견의 다수의견화도 법원에서의 정권교체의 의미를 가진다. 간통죄가 합헌에서 위헌으로 바뀐 것처럼 양심적 병역거부나 공무원·교사의 정당가입금지 등 정치적 기본권 제한이 위헌이 되는 날을 기대해 본다. 그러나 사회가 아직도 진보와 보수, 반공과 반북주의로 편협성을 탈피하지 못하고 있기 때문에 유연한 정책과 이념을 가진 정당의 입지가 좁다. 진보적인 정책을 지향하는 정당은 아직 갈 길이 요원한 것이다. 최근의 정당해산심판은 우리 사회의 개방성에 찬물을 끼얹었다. 사회는 선진국형으로 다양해졌는데, 정당은 불신받는 양당체제를 벗어나지 못하고 있다. 다당제 속의 합의제 정부가 꼭 필요한 훈련과제라고 할 수 있다. 이념이 다르더라도 서로 연합정부를 만들어 타협적인 정치를 해 나갈 수 있는 사회가 요청된다.

9.3. 대의제의 기반으로서 직접민주제

9.3.1. 직접민주제의 의의와 기능

국민의 자치가 이상적으로 이루어지기 위해서는 가능한 한 전체 국민이 직접 참가하여 국가의사를 결정하는 방식이 바람직하다. 그러나 대부분의 국가에서는 전 국민이 일시에 한자리에 회집하여 국정을 다룬다는 것이 기술적으로 불가능하다. 인구의 증가, 생활영역의 확대, 사회생활의 복잡화 같은 사정 때문에 부득이 대의제민주주의(간접민주제)를 채택하지 않을 수 없다.

다만, 의회민주제를 원칙으로 하는 경우에도 민주주의의 실현을 위해서 직접민주제를 채택하는 것이 이론상 가능할 뿐만 아니라 실제로 각국에서 그렇게 하고 있다. 오히려 의회민주제의 결함이나 병폐가 여러 가지로 나타나고 있는'까닭에 적어도 최종적으로는 주권자인 국민이 직접 정치과정에 개입하여 혼란의 조정, 비위의 시정, 중요한 입법 등을 행할 필요가 있다.

9.3.2. 직접민주제의 정치적 가치

직접민주제의 긍정적 측면으로는 다음과 같은 점을 들 수 있다. 첫째, 직접민주제에서는 국민이 스스로 중요한 국가의사를 결정하므로 국민자치의 원칙이 고도로 실현된다. 둘째, 중요한 국가의사를 국민이 직접 결정하므로 의회의 부패와 무능이라는 결함을 시정·보완할 수 있다. 셋째, 국가기관 상호 간의 충돌로 말미암아 국가의사의 결정이 지연될 경우에 국민이 개입하여 이를 신속히 해결할 수 있다.

직접민주제의 부정적 측면으로는 다음을 들 수 있다. 첫째, 직접민주제에서는 다수결의 전제가 될 심의·설득·타협의 기회가 없기 때문에 다수결은 불합리한 것이 될 수도 있다. 둘째, 유권자에 대한 선동과 여론의 조작 등으로 쉽사리 다수의 지지를 획득할 수 있고, 또 그것이 권력체제를 정당화시키는 근거로 작용할 수 있기 때문에 독재정치의 합리화 수단으로 악용될 수 있다. 셋째, 유권자의 정치적 무관심으로 말미암아 기권율이 높을 경우에 투표결과를 가지고 전체 의사를 추정하는 것은 위험하다. 넷째, 매수·협박, 투·개표부정 등으로 투표결과가 조작될 가능성이 있다.

9.3.3. 제도화된 직접민주정치

현행 헌법은 대의제를 기본골격으로 하고, 예외적으로 직접민주제를 채택하고 있다. 헌법개정안에 대한 국민투표제(헌법 제130조 제2항)와 대통령이 부의한 국가안위에 관한 중요 정책에 대한 국민투표제(헌법 제72조)가 그것이다. 국민발안제와 국민소환제는 국가 차원에서 인정하고 있지 아니하다.

지방자치 차원에서는 직접민주제의 도입이 활성화되어 있다. 「지방자치법」 제14조 제1항은 "지방자치단체의 장은 주민에게 과도한 부담을 주거나 중대한 영향을 미치는 지방자치단체의 주요 결정사항 등에 대하여 주민투표에 부칠 수 있다"고 하고, 이를 위해 별도로 「주민투표법」을 제정하고 있다. 게다가 「지방자치법」 제20조 제1항은 비례대표 지방의회의원을 제외하고 지방자치단체의 장 및 지방의회의원에 대한 주민소환권을 보장하고, 이를 위해 「주민소환에 관한 법률」을 제정했다. 이외에도 다소 간접적이기는 하지만, 조례의 제정·개폐청구권(「지방자치법」 제15조), 주민감사청구권(동법 제16조), 감사청구한 사항과 관련하여 주민소송제도(동법 제17조)를 두고 있다.

9.3.4. 제도화되지 않은 직접민주정치

1) 이익집단

제도화된 직접민주주의는 헌법 혹은 법률에서 제도로써 운영하는 것이고, 그 외의 다양한 방법으로 국민들은 개별적으로 혹은 집단적으로 직접민주정치를 행하고 있다. "주권자인 국민들은 선거할 때만 주권자이고, 선거가 끝나고 나면 노예가 된다"고 한 루소의 말은 현대에는 타당하지 않다. 국민들은 선거 외에도 여러 가지 방법으로 자신의 목표를 대표자를 통해서 반영시키려는 노력을 기울이고 있다.

제일 먼저 예로 들 수 있는 것은 이익집단(interest group) 혹은 압력단체(pressure group)에 의한 실현이다. 이익집단은 정치질서 내에서 국가의사결정(예컨대 임금정책, 중소기업정책, 대기업정책, 국방정책 등)에 영향력을 미치려고 하는 2차집단적인 조직이나 단체를 일컫는다.[51] 사회학에서 말하는 2차집단이기 때문에 1차집단, 즉 문중조직, 동창회, 향우회, 재향군인회 등은 이에 해당하지 않는다. 물론 우리나라의 정치현상으로 보면 이들 1차집단까지 정치성향을 강하게 띠면서 2차집단화하는 모습마저 보인다. 또한 직업상의 전문직단체가 있다. 약사회, 의사회, 변호사회 등이 이에 해당한다. 그리고 전국경제인연합회, 중소기업인연합회 같은 경제인단체가 있으며, 농민단체와 노동조합도 있다. 이익집단은 이익표출을 통하여 국가의사결정에 반영하는 기능을 수행하고 있다.

이익집단은 국가의사결정에 영향력을 미치기 위하여 로비(lobby)라는 방법을 쓴다. 그러나 우리나라는 로비가 공식화되어 있지 않기 때문에 이들 이익집단은 집단적인 청원, 서명, 시위 등을 하거나, 관계 기관과 공청회 등을 공동으로 개최하기도 한다. 이익집단은 다원주의(pluralism) 민주주의의 토대를 형성하게 된다. 그래서 이익집단의 정치적 수준과 경향이 그 나라의 민주주의의 성격을 규정짓는 데 큰 역할을 한다. 다원주의는 다음과 같은 문제점을 극복해야 한다.

첫째, 이익집단으로 활동하는 조직이나 단체의 비민주주의적 조

---

51) 최대권, 『헌법학강의』, 박영사, 1998, 152쪽 이하.

직과 운영방식이다. 대표적으로 정당의 당내 민주주의, 노동조합의 조합민주주의가 요구되듯이, 모든 조직은 내부의 조직과 운영에서 자유와 민주주의가 관철되어야 한다. 그렇지 않을 때 그 조직은 과정에서는 물론 결과에서도 비민주적인 효과를 사회에 끼치기 때문이다.

둘째, 다원주의는 이익집단에 참여하는 개인이 최대한 합리적으로 행동하리라는 예측 속에 서 있다. 그러나 현실은 그에 미치지 못하는 경우가 많다. 님비(nimby; not in my back yard), 핌피(pimfy; please in my front yard)현상이 난무하면 사회의 공공질서는 기대할 수 없게 된다.

셋째, 이익집단 간의 조직력이나 자금력에서 차이가 나기 때문에 기회균등의 문제가 야기될 수 있다. 대기업을 대표하는 전경련이나 상공회의소, 무역협회와 같은 조직들은 음으로 양으로 정부입법, 정책에 크게 영향을 미친다. 반면에 중소기업, 벤처기업의 이익집단들은 그와 같지 못하기에 영향력에서 비대칭성과 불균형이 생기게 된다.

넷째, 이익집단은 단순히 다원주의 사회의 구성체를 넘어서 국가의 성격 자체를 결정짓는 측면이 있다. 대기업 위주의 국가정책, 군산복합체로서의 정부, 대토지 농산업자들의 수출정책에 대한 압력 등은 의회와 대통령 등의 선출과정부터 정책결정까지 강한 영향력을 미친다. 국가는 자본가의 지배수단이라는 자본주의의 적나라한 측면이 비판받을 수 있는 것이다. 중립자로서의 국가를 견지할 때 국민 전체에 사회정의를 실현하는 입헌국가로서의 신뢰와 권위를 지킬 수 있다.[52]

다원주의의 문제를 해소하기 위한 방법이 조합주의(corporatism)이

---

52) 위의 책, 156쪽.

다. 조합주의는 국가가 개입한 통제적·권위주의적 모델이다. 미국 헌법의 기초자 매디슨(James Madison)은 파벌(faction)에 관하여 "전체의 다수이건 소수이건 다른 시민의 권리 또는 지역사회의 영국적이며 전체적인 이익에 역행하는 어떤 공통된 열정 또는 관심의 충동으로 단결되어 행동하는 사람들"이라고 해석하였다. 그리고 이 파벌정신이 정부에 대한 불신과 공공행정을 더럽혔다고 보았다. 매디슨은 파벌의 원인을 없애는 방법이 두 가지 있지만, 자유를 희생하면서까지 파벌을 없애는 것은 더 어리석은 짓이라고 하였다. 결국 그는 파벌, 즉 이익단체들 스스로 견제와 균형을 통해서 악영향을 최소화시키는 방안을 모색하였다. 파벌을 없애는 한 방법은 작은 사회로부터 큰 사회로 정치의 규모를 바꾸는 데 있고, 미국 연방정부는 주와 지방보다는 훨씬 파당적 악영향으로부터 해방될 것이라고 보았다.

다른 한편 토크빌은 미국의 수많은 자유로운 결사체(association)에서 미국 민주주의의 희망을 보았다.

이익집단의 다원주의에 대한 해결책을 퍼트남(Putnam)이 제시하였다. 그의 '사회적 자본(social capital)' 이론은 "구성원들 사이에 네트워크, 상호 호혜의 규범, 신뢰 등으로 구성되는 사회적 자본이 축적되어 있을 경우, 협력 및 집합행동이 훨씬 수월하며 결사체 민주주의의 가능성 또한 높아진다"는 내용이다.[53]

이하에서 프랑스인 토크빌이 미국을 여행한 후 유럽과 신생국가 미국의 차이점에 관해 저술한 1835년의 글을 살펴본다. 여기서 강조되는 것은 이익집단에 국한된 것이 아니라 일반결사체(association)가 갖는 민주주의에서의 중요성이다.

---

53) 김의영 외, 『미국의 결사체 민주주의』, 아르케, 2006.

• 아메리카합중국에 존재하는 정치적인 결사는 그 나라에 있는 무수한 결사의 집단 가운데 오직 하나의 유형에 불과하다. 아메리카인들은 끊임없이 결사를 조직한다. 모든 사람이 참가할 수 있는 상공단체가 있을 뿐만 아니라, 수천 가지의 단체, 즉 종교단체, 도덕단체, 진지한 단체, 쓸데없는 단체, 포괄적인 단체, 제한적인 단체, 큰 단체, 작은 단체 등이 있다. 아메리카인들은 오락을 제공하기 위해서, 책을 배포하기 위해서, 다른 나라에 선교사를 파견하기 위해서 결사를 구성한다. 이와 같은 방법으로 그들은 병원이라든지, 교도소라든지, 학교를 건설한다. 어떤 새로운 사업을 시작할 때 프랑스에서는 정부기관을, 영국에서는 귀족을 보게 되는 데 반해 아메리카합중국에서는 어떤 단체를 틀림없이 발견하게 된다. … 아메리카합중국 주민 중의 몇 사람이 만약 그들이 이 세상에서 발전시키고 싶을 만한 어떤 견해나 감정을 갖게 되면, 그들은 곧 상호 지원을 위한 방법을 모색하게 된다. 그 순간부터 그들은 고립된 인간이 아니고 멀리서도 볼 수 있는 하나의 세력이 되며, 그들의 행동은 본보기가 되며, 그들이 하는 말은 경청된다. (예컨대 금주모임을 하는 아메리카인들) … 아메리카인들에게는 정치단체 못지않게 일반단체들도 꼭 필요하며, 때로는 그 이상으로 중요할 경우도 인정하지 않을 수 없다. 민주국가에서 단체에 관한 학문은 어머니이며, 그 이외의 학문의 발전은 단체에 관한 학문이 이룩해 놓은 발전에 달려 있다. 인간사회를 지배하는 법칙 가운데는 다른 어떤 것보다 더 엄격하고 분명한 것이 한 가지 있다. 만약 인간이 문명화되고 싶어 하거나 또는 문명상태에서 머무르고자 하면, 사회의 평등화가 이루어지는 것과 비례해서 단체구성의 기술이 성장 발전해야 한다.

알렉시스 토크빌, 박지동 옮김, 『미국의 민주주의』, 한길사, 1983, 506~510쪽.

2) 노동조합

노동자가 단결하는 것은 헌법상 권리이다. 헌법이 인정해서가 아니라 천부인권으로 이해되는 권리이다. 노동조합은 스스로 자유의 사로써 결집한 자주적·자치적인 결사체이다. 국가는 이 단결체에 대해서 간섭을 할 수 없으며, 오히려 보호해야 한다. 노동조합은 노동자의 이익을 위한 노동자 동맹이다. 사회적 자치를 기반으로 성장한 것이며, 국가에 의해서 발생한 것이 아니라 국민들 내부로부터 형제동맹체(Verbrüderungen)로 발생한 것이다. 개인이 대항세력에 의해 위협당하고 거기에 독립적으로 맞서기에는 너무나도 스스로가 무력함을 느꼈을 때 시작된 상호부조의 충동이 동맹 창조의 원동력이다.54) 사회적·자주적 자치가 강했던 서양의 전통에서는 더욱 확연한 데 비해, 우리 사회에서는 노동자라는 개념부터가 생소했기 때문에 국가 내적 권리로 이해하는 것이 습관이 되어 있다. 그러나 대학의 자치, 지방자치, 가정의 자치 등과 마찬가지로 우리는 노동의 단결권도 국가 이전의 권리로 이해하는 인식의 전환이 필요하다. 이와 같은 자주적인 고유영역에도 헌법의 원리는 작동하지만, 자주와 자치의 원리가 곧 헌법의 핵심적 원리라는 것을 생각하면 불필요한 국가권력과 중앙정부의 간섭은 자제되어야 한다.

발달된 자본주의 사회에서 가장 많은 수를 차지하는 국민은 노동자이다. 여기서 기업의 민주주의가 한 나라의 민주주의에 지대한 영향을 미친다는 것을 상상할 수 있다. 노동자의 일반적 자유권(표현의 자유, 정치적 자유 등)과 사회권(고용안정, 임금, 휴가, 고용과 해고, 퇴직 등)의 보장이 우리 헌법의 발달에 절대적으로 긴요한 사항임을 인식하지 않을 수 없다.

노동조합의 영향력은 노조 조직률, 노조 집중성과 집권성, 단체교섭의 수준과 단체협약의 적용범위, 단체협약 적용률, 파업빈도 등을 이용하여 측정한다. 첫째, 현재 한국의 노동조합 조직률은 12.5%

---

54) 이상의 설명은 후고 진쯔하이머, 이원희 옮김, 『노동법원리』, 관악사, 2004, 59~60쪽. 이 책은 1927년에 발간된 노동법의 고전이다.

(2016)이며, 단체협약 적용률은 12%(2010)로 노동3권의 사각지대가 광범위하다. 특히 비정규직은 노동3권의 사각지대에 놓여 있다. 둘째, 근로자 수가 많은 중소 영세사업장일수록 조직률이 낮은 것도 노동3권 사각지대를 만드는 요인이다. 셋째, OECD와 ILO 통계에서도 한국의 노동조합은 영향력이 취약한 것으로 나타난다. 이 같은 특징이 사내하도급의 확산을 가능하게 하는 요인이다.[55]

특히 사회복지국가의 발달에는 그 동력으로서 노동자와 노동조합의 역할이 중요하다. 투표권자로서의 노동자, 노동조합의 정당에 대한 조직적 지지, 그 결과 사회복지를 지향하는 정부의 출현이 필요한 것이다. 이것이 유럽의 조정시장경제(coordinated market economy)의 성공 모델이다. 정부와 재벌, 노동조합 간의 신뢰를 바탕으로 한 파트너십이 성립된 것이다. 우리나라의 경우 최근 20여 년 동안 노사정이라는 삼자협상제를 통한 시도가 계속되고 있지만, 대기업 재벌과 노동조합 간의 현저한 불균형으로 타협점이 이루어지고 있지 못하다. 노조 조직률도 낮지만, 노조의 대표성 역시 문제이다. 산별노조 방식으로 협상창구가 일원화되어 노조의 대표성을 강화해야 하는데, 현재 산별노조와 지역노조가 경합하기 때문에 기업과의 협상에서 난항을 겪을 가능성이 높다. 노동자의 경영참가제도도 시행되어야 할 주요 과제이다.

3) 시민사회와 시민운동

홉스, 루소, 로크와 같은 사회계약론자들은 강제력을 독점하는 조직체인 '국가'와 자유롭고 평등한 개인들로 이루어진 결사체인 '시

---

55) 은수미, 「이중적 노동시장을 넘어」, 『어떤 복지국가인가?』, 한울, 2013, 233쪽 이하.

민사회'를 분리하였다. 시민사회는 개인이나 가족들로 이루어진 사적 영역과 이들 사이의 상호작용을 통해 나타나는 공공영역으로 구분된다. 공공영역에서 공개적으로 활동하는 사적 결사체와 언론기관은 시민사회의 중요한 행위자이다. 시민사회 내의 공공영역의 활성화는 시민들의 이익을 반영하고 국가의 행위를 감시, 평가함으로써 민주주의 발전에 중요한 역할을 담당하게 된다.

시민의 능동적인 참여로 이루어지는 운동이 곧 시민운동이다. 시민운동은 노동운동으로 대표되는 기존의 '구사회운동'에 대비되는 '신사회운동'으로 명명되고 있다. 이것은 1970~1980년대에 서유럽과 북아메리카에서 새롭게 등장한 환경, 평화, 여성, 소비자, 지방자치, 교육, 동성애, 반핵, 녹색당 운동 같은 새로운 산업사회의 운동이라 할 수 있다. 시민운동은 주로 NGO(nongovernmental organization: 비정부조직)로 불리는 시민단체를 통하여 이루어지는데, NGO는 크게세 가지 역할을 하고 있다. 첫째, 정부와 협력해 복지서비스 제공을 확대하는 역할, 둘째, 국가권력과 경제권력을 견제하고 시민의 일상권리를 보호하는 역할, 셋째, 국제정치에서 국가의 역할을 보완하거나 국가이기주의를 견제하여 국제사회의 공동문제를 해결하는 역할이다.

시민단체는 자발적으로 이루어진 풀뿌리 네트워크 조직을 선호하고, 교육프로그램에 이르기까지 직접행동을 주요 전략으로 채택하기 때문에 기존 대의제민주주의를 보완하고 대체할 수 있는 '강한 참여민주주의'로 인식되고 있다.[56]

---

56) 김호기, 「시민사회와 시민운동」, 『청소년을 위한 시민사회』, 아르케, 2004, 13~36쪽.

4) 웹(web) 2.0과 집단지성

많은 사람들이 21세기 현대사회를 가리켜 '지식 기반의 정보사회 (knowledge-based information society)'라고 일컫는다. 정보사회란 정보혁명 또는 커뮤니케이션혁명으로부터 파생된 사회로서 정보기술의 혁신에 의해 정치, 경제, 사회, 문화 등 사회구조 전반에 걸쳐 정보와 지식의 가치가 높아지는 사회라고 할 수 있다. 정보사회는 지식과 정보가 재화로서의 가치가 높아지고 사회적 중요성이 커진다는 점에서 산업사회나 후기산업사회와 구별된다.[57] 정보사회를 대표하는 것이 디지털의 발달이다. 1990년대 이후 인터넷의 등장과 함께 집단지성(collective intelligence)과 네트워크 사회의 관계에 대한 논의가 활발하게 이루어지고 있다. 인터넷의 발달은 웹 2.0 시대를 열었는데, 이것은 가상공간에서의 '개방, 참여, 공유'를 그 정신으로 하고 있다. 블로그 출현 이후 SNS(social networking service)의 확산은 집단지성의 측면에서 더욱더 긍정적으로 작용하고 있다. '연결된 공론장(networked public sphere)'을 통하여 자유의 확대를 폭발적으로 가져왔고 동시에 대중의 민주주의 시대가 활짝 열렸다. "아이디어는 타인들과 나눌 때 비로소 움직인다. 아이디어는 표현되고, 검토되고, 다듬어지고, 차용되고, 수정되고, 개작되고, 확장되면서 성장한다. 이런 활동은 한 사람의 머릿속에서 이루어지는 경우는 드물고, 대개 다양한 관점과 안목을 가진 수많은 사람들을 거치면서 이루어진다. 웹은 그러한 기회를 준다."[58]

---

57) 설진아, 『소셜미디어와 사회변동』, 커뮤니케이션북스, 2011, 21쪽 이하, 41~45쪽.
58) 찰스 리드비터, 이순희 옮김, 『집단지성이란 무엇인가』, 21세기북스, 2009.

9.4. 실질적 민주주의

9.4.1. 집단지성

집단지성(collective intelligence)이란 다수의 개체가 서로 협력하거나 경쟁하는 과정을 통하여 얻게 된 집단적 능력을 의미하는 것으로 평범한 다수 사람들의 판단이 모이면 전문가보다 더 나은 가치판단을 할 수 있다는 전제에서 출발한다. 집단지성은 1910년대 하버드 대학 교수이자 곤충학자인 윌리엄 모턴 휠러(William M. Wheeler)가 개미의 사회적 행동을 관찰하면서 처음 제시하였다.[59] 휠러는 개체로는 미미한 개미가 공동체로서 협업하여 거대한 개미집을 만들어 내는 것을 근거로 개미는 개체로서는 미미하지만 군집하면 높은 지능체계를 형성한다고 설명하였다. 이후 피터 러셀(Peter Russell), 톰 애틀리(Tom Atlee), 하워드 블룸(Howard Bloom) 등에 의해 연구가 이루어졌으며, 제임스 서로위키(James Surowiecki)는 실험 결과를 토대로 "특정 조건에서 집단은 집단 내부의 가장 우수한 개체보다 지능적"이라고 주장하였다. 사회학자 피에르 레비(Pierre Levy)가 사이버 공간에서의 집단지성 개념을 정리하면서 집단지성의 개념은 본격적으로 확산되었다.[60] 집단지성은 정치, 경제, 사회, 과학 등 다양한 분야에서 발현될 수 있으며, 온라인의 발달과 더불어 점차 우리 삶에 깊숙이 개입하고 있다. 집단지성의 대표적 예로는 위키피디아,[61] 오

---

59) William M. Wheeler, *Ants: Their Structure, Development, and Behavior*, Rediff Books, 1910.

60) 피에르 레비, 권수경 옮김, 『집단지성: 사이버 공간의 인류학을 위하여』, 문학과지성사, 2002.

61) 여러 사람이 자유롭게 열람하고 확실하지 않거나 잘못된 정보는 누구나 수정 및 삭제

픈소스,[62] 네이버 지식IN,[63] 블로그, 트위터, 페이스북 등이 있다.

집단지성과 관련된 논의들은 '네트워크 사회'의 도래를 전제로 하고 있다. 1990년대 이후 인터넷의 등장과 함께 집단지성과 네트워크 사회의 관계에 대한 논의가 활발하게 이루어지고 있다는 사실이 이를 입증해 준다.

레비는 인간사회에서 '관심' 또는 '의식'이라는 개념이 집단지성의 출발점이 된다고 보았으며, 관심은 다양한 아이디어를 창출하는 첫걸음이 된다고 주장하였다. 그는 '누스페어(noo-sphere)'의 개념을 차용하여 집단지성의 내적 작동원리를 설명하고 있다.[64] 그 의미는 '정신적 영역'(의식 등)이 인간의 유대관계 속에서 상호교류가 활발해짐으로써 더욱 확장되고 나아가 인류사회를 변화시키는 단계에 우리가 살고 있다는 것이다.

또한 레비는 집단지성은 '관계'를 중시한다고 하였다. 이미 인류는 오랜 기간 씨족 또는 부족의 공동체의 일원으로서 살아왔다. 그는 '호혜적 관계성' 또는 '함께'하는 존재로서의 인간의 모습을 설명하면서 집단지성은 개인들이 '함께'하는 것을 전제로 한다고 보았다. 집단지성 연구자들은 여러 종교로부터 이와 같은 관계망의 의미에 관한 단초를 발견하였다. 예컨대 기독교에서의 타인(이방인)에 대한 '환대', 불교 특히 〈화엄경〉의 '인드라 망'의 개념, 노자(老子)의 '무위(無爲)와 자연' 사상들은 '총체성(wholeness)'과 '상호연결성

할 수 있는 형태의 자료열람 사이트

62) 무상으로 공개된 소스코드 또는 소프트웨어

63) 네이버 사용자 사이의 지식교류 서비스로 사용자가 올린 질문이나 궁금한 내용, 고민에 대해 다른 사용자가 답을 다는 형태로 지식을 공유한다.

64) 피에르 레비, 김동윤·손주경·조준형 옮김, 『누스페어: 새로운 철학, 새로운 문명, 새로운 세계』, 생각의나무, 2003.

(interconnectedness)'의 개념을 강조한 공통점이 있다고 본다.

집단지성과 관련된 외부적 요인으로는 '자유'와 '기술'을 꼽을 수 있다. 여기서 '자유'란 표현 및 창작과 관련된 자유를 의미하며, '기술'이란 하드웨어적인 것과 소프트웨어적인 것을 모두 포함한 커뮤니케이션 기술을 의미한다. 정치·사회 및 기술적 성숙의 정도에 따라 집단지성이 다르게 나타난다. 정치적 자유가 발달한 사회에서 집단지성의 효과가 훨씬 큰 것은 물론이다. 이와 더불어 인터넷과 디지털 기술의 발달이 집단지성을 획기적으로 부각시켜 놓았다. 집단지성은 창작성과 혁신성을 가져온다. 그리고 공유(commons), 협업(collaboration)을 통해 호혜적 유대관계 및 활발한 상호교류를 증가시킨다. 또한 카스텔(M. Castells)은 지구촌의 수평적·인터렉티브 커뮤니케이션 체제의 등장은 정체성의 혁명 및 정보화주의 등과 함께 사회변동을 주도하고 있다고 주장하였다. 그는 노드(node)로 연결된 사회가 등장함으로써 수직적 사회구조가 급속히 와해되고 있는데, 그 이유는 과거와 같이 엘리트 집단이 소수의 미디어를 동원하여 여론을 관리하던 방식이 더 이상 작동하기 힘들어졌기 때문이라고 한다. 전통적인 매스미디어가 아직도 엘리트 집단의 수중에 있다 하더라도 새로운 정보의 흐름을 주도하는 블로그, 트위터 같은 소셜네트워크 미디어의 등장은 기존 엘리트 집단에게 커다란 위협이 되고 있는 것이 사실이다. 이는 우리 사회가 획일주의의 시대에서 다원주의의 시대로 넘어가고 있음을 보여 준다고 할 수 있다. 구성원들 간에 '수평적 연결성'이 형성됨으로써 종전의 사회와 현저한 차이가 생긴다. 누구든지 생산자이자 소비자를 겸하는 생비자, 즉 프로슈머(prosumer)가 되는 사회로 변화하고 있는 것이다. 종전에는 신문사만이 기사를 생산했다면, 지금은 누구든지 자신의 PC를 통해서 기사를 생산하는 시대가 온 것이다.

이러한 정신은 '오픈 소스'운동을 탄생시키기도 했으며, 크라우드 소싱도 이와 같은 맥락에서 이해될 수 있다. 이는 자본주의의 주요 징표 중 하나인 '사적 소유'의 개념과 배치되는 것이기도 하지만 네트워크 사회에서는 지식과 정보의 확산이 거의 실시간으로 이루어지고 있기 때문에 '공유'를 통해 '기여'를 이끌어 낼 수 있는 체제로의 전환이 무엇보다 강조될 수밖에 없다. 정부, 기업, 언론 또한 마찬가지이다. 앞에서 이야기한 대화형 저널리즘은 바로 이와 관련이 있다고 하겠다. 즉, 오늘날에는 수용자와 언론사가 생각을 공유하는 저널리즘의 탄생이 요구된다. 앤더슨과 그의 동료들이 동관 모델(conduit model)의 한계를 인정하고 대화형 모델로 넘어갈 것을 주장하는 이유가 바로 여기에 있다.[65] 이렇듯 집단지성은 탈엘리트주의와 개인의 부상을 불러일으키고 있다.[66]

9.4.2. 숙의민주주의

1) 개념

대의제민주주의의 한계를 넘어서서 실질적인 국민주권을 강화하기 위한 노력은 숙의민주주의(deliberative democracy)까지 도달하였다. 숙의민주주의는 심의민주주의, 토의민주주의로 번역되기도 한다. 숙의 모델은 자유주의(대의제민주주의) 모델의 '약한 민주주의'와

---

65) 롭 앤더슨·로버트 다덴·조지 킬렌버그, 차재영 옮김, 『저널리즘은 어떻게 민주주의를 만드는가?』, 커뮤니케이션북스, 2006.

66) 집단지성의 이론과 현황에 대한 설명은 설진아, 『소셜미디어와 사회변동』, 한국방송통신대학교출판부, 2011, 97~100쪽.

공동체주의 모델의 '획일적 정치'를 모두 거부한다. 숙의론자들은 자유주의자들과 달리 민주주의란 공통의 관심사에 관한 민주적 대화와 토론을 통하여 사적 개인들을 적극적인 시민으로 전환시키는 것과 긴밀히 연관된다는 점을 강조한다. 또 공동체주의자들과는 달리 민주적 대화란 이미 존재하는 공동선 혹은 공통의 이익을 발견하는 과정이 아니라 상호 이해와 합의를 통하여 그것을 만들어 가는 과정으로 이해한다. 숙의 모델에서 민주적 정당성은 시민들 사이의 공적 심의로부터 도출된다. 숙의 모델은 모든 사람의 이익을 동등하게 고려해야 한다는 원리가 자유주의자들처럼 의사결정 담당자의 시민들에 대한 책임감 속에서 이루어진다고 보지 않고 시민들의 숙의과정 자체에서 실현된다고 본다. 그런 점에서 절차주의적 민주주의 모델이다.

우리 사회에서 민주주의의 기본형식은 많이 도입되었지만, 그 실질(내용)의 측면에서 보면 많이 부족한 상태이다. 우리가 형식적 민주주의를 넘어 실질적 민주주의 사회로 가기 위해 꼭 습득해야 할 것이 '숙의민주주의'라고 할 수 있다. 절차와 내용에서 참여자들의 숙의성(deliberation)을 회복시키자는 말이다.

민주주의는 구성원들의 대화와 토론을 통해 합의에 이르는 정치방식이다. 합의에 이르지 못하면 일단 표결에 의하는데 이때 다수결 방식이 사용된다. 우리 사회는 과거 독재사회에서 벗어나 지금은 대체로 구성원들에게 기본적인 발언권, 투표권 정도는 인정하게 되었다. 그런데 그 이상으로 진전되지 않았다는 데에 문제가 있다. 지금은 발언을 해도 정말 속마음을 이야기하느냐를 점검해야 한다. 형식적인 발언, 겉도는 발언에 기초를 둔 토의는 하나마나이다. 그리고 대충 짤막한 토론시간을 준 뒤 합의가 이루어지지 않으므로 표결에 들어가서 다수결로 결정짓는 방식은 형식만 남은 민주주의라 할 수 있다. 우리 사회가 이렇게 겉도는 형식적 민주주의에서 더 발전하지 못했기 때문에 민주주의의 비효율에 대한 불신이 팽배해진 측면이 있다. 실질적인 민주주의를 통하여 민주주의의 위력을 사람들이 경험해야만 한다. 이를 위해 구성원들 모두가 자신의 속마음을 표현할 수 있는 그런 사회를 만들어야 한다. 또한 우리 각자 그렇게 마음자세를 바꿔야 한다.

이렇듯 숙의민주주의는 학자들마다 조금씩의 편차는 있지만, 기존의 절차적 민주주의가 형식적이고 획일적인 다수결주의로 변질되는 것을 경계하는 민주주 갱생 프로젝트라고 할 수 있다. 즉, 민주주의의 정체(停滯)와 퇴행에 대응하기 위한 세계적 차원의 '민주화 이후의 민주주의' 제안이라고 할 수 있다. 숙의민주주의는 기존의 '대의제민주주의'가 과두주의적인 폐쇄적 지배체제로 흐르는 것에 맞서 민주주의의 근본 이상을 지키기 위한 것이라고 할 수 있다. 숙의민주주의는 구성원들의 고유성과 개별성을 회복하고 모든 주체의 관여 속에서 끊임없는 시행착오와 교정을 밟는 과정으로서의 민주주의를 회복하고 공동체를 회복하자는 것이다.

2) 숙의민주주의의 예

숙의민주주의에서 '숙의'는 배심원들의 평의과정에서 착안한 것이다. 배심원들은 해당 사건과 직접적인 이해관계가 없지만 한 명의 시민으로서 공동체의 중대한 사건에 대하여 공적인 책임감을 갖고 독립적으로 최선의 판단을 하게 된다. 그리고 배심원들의 평결은 만장일치제를 채택함으로써 상호 설득과 진지한 토론을 거치고, 이를 통하여 자신의 기존 생각을 철저히 검증하고 객관화하는 과정을 겪

게 된다. 그와 같은 과정을 거치면서 스스로 시민의 자격과 공적 존재
감을 확인하고, 평의라는 공론장을 통하여 이 사회가 서로의 존재에
의하여 지지되고 지속되고 있음을 실감하고 체득하게 되는 것이다.

위르겐 하버마스에 따르면, 공통의 관심사에 관한 시민들 사이의
숙의가 일어나는 사회적 공간이 바로 공론장(public sphere)이다. 공
론장은 시민들이 서로 평등한 주체로 만나서, 공통의 관심사에 대하
여 합리적이고 이성적인 토론을 벌이고 합의를 도모하며, 대중적 여
론을 형성하는 자본과 국가로부터 독립된 사회적 공간을 가리킨다.
공론장이 제대로 발전하기 위해서는 몇 가지 규범적 조건이 충족되
어야 하는데, '국가와 자본으로부터의 자율성 확보', '도덕적·실천
적 주장의 비판적 교환', '성찰성', '역지사지의 태도', '진실성', '동
등한 참여', '개방성과 평등성' 등의 원리가 포함된다.[67] 또한 공감
능력을 기르고, 상대방에 대한 경청의 자세를 통하여[68] 상호 존중과
배려 속에서 토의와 숙고가 진행되어야 한다.

이와 같은 숙의민주주의는 우리의 일상사와 국가생활(국회, 정부,
법원 모두에 해당), 기업생활, 단체생활 등 모든 곳에서 두루두루 쓰여
야 한다. 우리가 매일 심각한 토론과 회의만 할 수는 없다. 그러나
어떤 집단이든 간에 좀 더 진지하고 심도 깊은 이야기를 나눌 필요는
존재한다. 2007년 「형사소송법」의 개정으로 도입된 공판중심주의에
의한 형사재판은 판사와 피고인(그리고 대리인인 변호사), 원고(검사),

---

67) 정준영 외, 『정보사회와 디지털문화』, 한국방송통신대학교출판부, 2009, 80~83쪽; 서
  울대학교 정치학과 교수 공저, 『정치학의 이해』, 박영사, 2010, 74~77쪽.
68) 경청하는 자세는 민주주의에서 아주 중요하다. 경청이 단지 주의 깊게 듣는다는 의미
  의 '傾聽(attentive listening)'에 머물지 않고 상대방을 존경하면서까지 들어주는 '敬
  聽(respectful listening)'에 이르도록 해야 한다는 성공회대 박성준 선생의 표현은 아주
  귀중한 것이다.

중인 등이 법정에 모여서 충분히 토론하는 가운데 진실과 법을 찾아가는 방식으로 바뀌었다.[69] 법이 판사나 검사나 권력자와 전문가들에 의해 독점되고 있다는 생각에서 벗어나야 한다.

전문가들은 일반인들보다 더 많은 지식을 가지고 있기 때문에 판단력도 올바를 가능성이 높다. 하지만 꼭 그러한 것은 아니다. 전문가들은 한편으로 전문지식의 논리로써 일반인들을 미혹에 빠뜨리는 마술사(bewilderer)이기도 하다. 그래서 모든 토론장은 일반인들과 다른 전문가들까지 볼 수 있도록 공개와 참여가 보장되어야 한다. 이것은 일반인과 전문가 모두를 위해서 유익한 일이다.

> • '숙의(deliberation)'란 … 사회적 협동에 대한 일정한 태도와 관련된 것으로서, 이것은 곧 자신의 주장과 마찬가지로 타인이 주장과 관련하여 제시되는 근거 있는 이유들에 의해 설득될 수 있는 개방적 태도이다. 숙의의 매체는 … 참여자들이 그들 자신의 각각의 중요한 이해관계에 대해 스스로 이해한 바에 대한 표명들을 포함한 … 신의에 입각한 각자 의견들의 교환이다. … 여기서 어떤 안이 택하여지든 간에 그 안은 결집된 판단들을 대표한다.[70]
>
> 위르겐 하버마스, 황태연 옮김, 『이질성의 포용』, 나남출판, 2000, 285쪽.

9.5. 남는 문제

이상에서 시대적 변화를 감안해서 우리가 시급히 개선해야 할 실질적 민주주의의 내용으로 웹 2.0의 정신과 집단지성의 중요성, 숙의민주주의의 실천을 강조하였다. 그러나 이들의 내부사정을 들여

---

69) 최정학·오병두, 『형사소송법』, 한국방송통신대학교출판문화원, 2016, 194쪽.
70) 여기서 F. I. Michelman의 말을 인용하고 있다.

다보면 여기에도 각각의 문제점이 발견되고, 그 한계가 존재하는 것이 사실이다.[71] 그러나 미디어학자들과 사회학자들이 전하는 한계의 지적에도 불구하고, 우리가 당면한 사회 현실에서는 이와 같은 실질적 민주주의의 방식들을 적극적으로 도입해서 활성화시키고 확산시킬 이유가 분명히 존재한다. 그러므로 벌써 30년 동안이나 형식적 민주주의에서 헤어나지 못하고 있는 우리 사회를 지금과는 현저하게 차이나는 실질적 민주주의 사회로 한 단계 상승시켜야 한다고 본다.

또한 2016년 가을부터 시작된 대규모 국민의 촛불시위와 대통령에 대한 탄핵정국과 함께 직접민주제에 대한 요구가 강화된 것이 사실이다. 이는 국민에 의한 직접적 개입과 통제가 없이는 대의제의 문제점을 해소할 수 없다는 절박한 심정에서 나타나는 요구라 할 수 있다. 국민투표와 국민발안, 국민소환과 같은 직접민주제를 적극적으로 도입하자고 한다.[72] 물론 발달된 전자민주주의를 잘 활용할 수만 있다면 이런 요구를 외면할 필요는 없다고 본다. 하지만 여전히 그런 수준의 전자민주주의 토대가 확보된 것이 아니라면 그런 요구는 또 다른 문제를 초래하는 성급한 것이라 하지 않을 수 없다. 그래서 국민들이 편안하기 위해서는 국민의 의사를 충분히 반영할 수 있는 안정된 대의제라 할 수 있다.

민주주의를 대의제와 직접민주주의로 엄격히 분리시키는 것은 금물이다. 국민들은 평소 생활에서, 즉 직장과 각종 회합을 통해 사적 행복을 추구하는 한편 공적 의무를 수행할 수 있다는 것을 알아야 한

---

71) 임혁백 외 15인 공저, 『한국사회의 소통위기』, 커뮤니케이션북스, 2011.

72) 이기우, 『이제는 직접민주주의다』, 미래를 소유한 사람들, 2016.

다. 이와 같은 공화국 시민으로서의 덕성이 커질 때 사회 저변으로
부터 헌법적 기반이 튼튼해지고, 따라서 상부의 국가권력구조도 보
다 입헌주의에 부합해 갈 것이라고 믿는다.

2

부록 2
역대 대한민국헌법 전문

1. 대한민국임시헌장 선포문(1919. 4. 11.)

신인(神人)일치로 중외(中外)협응(協應)하야 한성에 기의(起義)한 지 30유일에 평화적 독립을 3백여 주에 광복하고 국민의 신임으로 완전히 다시 조직한 임시정부는 항구완전한 자주독립의 복리로 아 자손(子孫)여민(黎民)에 세전(世傳)키 위하야 임시의정원의 결의로 임시헌장을 선포하노라.

2. 대한민국임시헌법 전문(임시헌장의 제1차 개헌)(1919. 9. 11.)

아(我) 대한인민은 아국이 독립국임과 아민족이 자유민임을 선언하도다. 차(此)로써 세계만방에 고하야 인류평등의 대의를 극명(克明)하였으며 차로써 자손만대에 고(誥)하야 민족자존의 정권(正權)을 영유(永有)케 하였도다. 반만년 역사의 권위를 대(代)하야 2천만 민족의 성충을 합하야 민족의 항구여일한 자유 발전을 위하야 조직된 대한민국의 인민을 대표한 임시의정원은 민의를 체(體)하야 원년 (1919) 4월 11일에 발포한 10개조(介條)의 임시헌장을 기본삼아 본 임시헌법을 제정하야 써 공리(公理)를 창명(唱明)하며 공익을 증진하며 국방 급(及) 내치를 주비하며 정부의 기초를 공고하는 보장이 되게 하노라.

3. 대한민국임시헌장 전문(제5차 개헌)(1944. 4. 22.)

우리 민족은 우수한 전통을 가지고 스스로 개척한 강토(疆土)에서 유구한 역사를 통하여 국가생활을 하면서 인류의 문명과 진보에 위대한 공헌을 하여 왔다. 우리 국가가 강도 일본에게 패망한 뒤에 전

민족은 오매(寤寐)에도 국가의 독립을 갈망하였고 무수한 선열들은 피와 눈물로서 민족자유의 회복에 노력하여 3·1대혁명에 이르러 전 민족의 요구와 시대의 추향에 순응하여 정치, 경제, 문화, 기타 일체 제도에 자유 평등 및 진보를 기본정신으로 한 새로운 대한민국과 임 시의정원과 임시정부가 건립되었고 아울러 임시헌장이 제정되었다. 이에 본원은 25년의 경험을 적(積)하여 제36회 의회에서 대한민국임 시헌장을 범(凡) 7장 공(共) 62조로 개수(改修)하였다.

4. 건국헌법 전문(시행 1948. 7. 17.)[헌법 제1호, 1948. 7. 17. 제정]

유구한 역사와 전통에 빛나는 우리들 대한국민은 기미 삼일운동 으로 대한민국을 건립하여 세계에 선포한 위대한 독립정신을 계승 하여 이제 민주독립국가를 재건함에 있어서 정의인도와 동포애로써 민족의 단결을 공고히 하며 모든 사회적 폐습을 타파하고 민주주의 제 제도를 수립하여 정치, 경제, 사회, 문화의 모든 영역에 있어서 각 인의 기회를 균등히 하고 능력을 최고도로 발휘케 하며 각인의 책임 과 의무를 완수케 하여 안으로는 국민생활의 균등한 향상을 기하고 밖으로는 항구적인 국제평화의 유지에 노력하여 우리들과 우리들의 자손의 안전과 자유와 행복을 영원히 확보할 것을 결의하고 우리들 의 정당 또 자유로이 선거된 대표로써 구성된 국회에서 단기 4281년 7월 12일 이 헌법을 제정한다.

5. 제5차 개헌 전문(시행 1963. 12. 17.)[헌법 제6호, 1962. 12. 26. 전 부개정]

유구한 역사와 전통에 빛나는 우리 대한국민은 3·1운동의 숭고한 독립정신을 계승하고 4·19의거와 5·16혁명의 이념에 입각하여 새로운 민주공화국을 건설함에 있어서, 정의·인도와 동포애로써 민족의 단결을 공고히 하며 모든 사회적 폐습을 타파하고 민주주의 제 제도를 확립하여 정치·경제·사회·문화의 모든 영역에 있어서 각인의 기회를 균등히 하고 의무를 완수하게 하여, 안으로는 국민생활의 균등한 향상을 기하고 밖으로는 항구적인 세계평화에 이바지함으로써 우리들과 우리들의 자손의 안전과 자유와 행복을 영원히 확보할 것을 다짐하여, 1948년 7월 12일에 제정된 헌법을 이제 국민투표에 의하여 개정한다.

6. 제7차 개헌 전문(시행 1972. 12. 27.)[헌법 제8호, 1972. 12. 27. 전부개정]

유구한 역사와 전통에 빛나는 우리 대한국민은 3·1운동의 숭고한 독립정신과 4·19의거 및 5·16혁명의 이념을 계승하고 조국의 평화적 통일의 역사적 사명에 입각하여 자유민주적 기본질서를 더욱 공고히 하는 새로운 민주공화국을 건설함에 있어서, 정치·경제·사회·문화의 모든 영역에 있어서 각인의 기회를 균등히 하고 능력을 최고도로 발휘하게 하며 책임과 의무를 완수하게 하여, 안으로는 국민생활의 균등한 향상을 기하고 밖으로는 항구적인 세계평화에 이바지함으로써 우리들과 우리들의 자손의 안전과 자유와 행복을 영원히 확보할 것을 다짐하면서, 1948년 7월 12일에 제정되고 1962년 12월 26일에 개정된 헌법을 이제 국민투표에 의하여 개정한다.

7. 제8차 개헌 전문(시행 1980. 10. 27.)[헌법 제9호, 1980. 10. 27. 전부개정]

유구한 민족사, 빛나는 문화, 그리고 평화애호의 전통을 자랑하는 우리 대한국민은 3·1운동의 숭고한 독립정신을 계승하고 조국의 평화적 통일과 민족중흥의 역사적 사명에 입각한 제5민주공화국의 출발에 즈음하여 정의·인도와 동포애로써 민족의 단결을 공고히 하고, 모든 사회적 폐습과 불의를 타파하며, 자유민주적 기본질서를 더욱 확고히 하여 정치·경제·사회·문화의 모든 영역에 있어서 각인의 기회를 균등히 하고, 능력을 최고도로 발휘하게 하며, 자유와 권리에 따르는 책임과 의무를 완수하게 하여, 안으로는 국민생활의 균등한 향상을 기하고 밖으로는 항구적인 세계평화와 인류공영에 이바지함으로써 우리들과 우리들의 자손의 안전과 자유와 행복을 영원히 확보하는 새로운 역사를 창조할 것을 다짐하면서 1948년 7월 12일에 제정되고 1960년 6월 15일, 1962년 12월 26일과 1972년 12월 27일에 개정된 헌법을 이제 국민투표에 의하여 개정한다.

8. 제9차 개헌 전문(시행 1988. 2. 25.)[헌법 제10호, 1987. 10. 29. 전부개정]

유구한 역사와 전통에 빛나는 우리 대한국민은 3·1운동으로 건립된 대한민국임시정부의 법통과 불의에 항거한 4·19민주이념을 계승하고, 조국의 민주개혁과 평화적 통일의 사명에 입각하여 정의·인도와 동포애로써 민족의 단결을 공고히 하고, 모든 사회적 폐습과 불의를 타파하며, 자율과 조화를 바탕으로 자유민주적 기본질서를 더욱 확고히 하여 정치·경제·사회·문화의 모든 영역에 있어서 각인의 기회를 균등히 하고, 능력을 최고도로 발휘하게 하며, 자유와 권리에 따르는 책임과 의무를 완수하게 하여, 안으로는 국민생활의 균등한 향상을 기하고 밖으로는 항구적인 세계평화와 인류공영에 이바지함으로써 우리들과 우리들의 자손의 안전과 자유와 행복을 영원히 확보할 것을 다짐하면서 1948년 7월 12일에 제정되고 8차에 걸쳐 개정된 헌법을 이제 국회의 의결을 거쳐 국민투표에 의하여 개정한다.

3

부록 3
세계 각국의
헌법 전문

마그나 카르타(1215)

신의 은총에 의해 잉글랜드의 국왕, 아일랜드의 군주, 노르망디 및 아키텐공 앙주백작인 존은 여러 대주교, 주교, 교구장, 백작, 남작, 판관, 엽림관, 주장, 현령, 관리 및 모든 대관과 아울러 충성된 백성들에게 인사를 드린다. 삼가 신의 계시를 받들어 짐과 짐의 모든 선조 및 자손의 영혼구제를 위하고 신의 영광과 신성한 교회의 번영을 위하며 또 짐의 왕국의 개혁을 위하여 존경하는 여러 사부, 즉 캔터베리 대승정, 전 잉글랜드 수좌 대승정, 신성로마교회 추기경 스테판, 더블린대주교 헨리, 런던주교 윌리엄, 윈체스터주교 피터, 배르 및 글래스턴베리주교 조슬린, 링컨주교 휴, 워체스터주교 월터, 코번트리주교 윌리엄, 로체스터주교 베네딕트, 우리 주 교황의 부사제이며 교황청의 일원인 팬덜프, 잉글랜드의 템플 기사단장 에이메릭 및 여러 귀한 신분을 가진 분들, 즉 펨브로크백작 윌리엄 마샬, 솔즈베리백작 윌리엄, 워렌백작 윌리엄, 애런델백작 윌리엄, 스코틀랜드 성주 제로웨이의 알렌, 제럴드의 아들 워렌, 허버트의 아들 피터, 푸아투의 집사 허버트, 네빌의 휴, 허버트의 아들 매튜, 토머스 바셋, 앨런 바셋, 오뷔니의 필립, 롭슬리의 로버트, 존 마셜, 휴의 아들 존 및 기타 짐의 충성된 인민의 충언에 의하여,

미국(아메리카합중국) 헌법(1787)

우리 미국(the United States) 국민은 더욱 완벽한 연방(Union)의 형성과 정의의 확립, 국내의 안녕을 보장, 공동의 방위를 도모하고, 국민의 복지를 증진하며 우리들과 후대에게 자유의 축복을 보장할 목적으로 미국(the United States of America)을 위하여 이 헌법을 제정한다.

프랑스 헌법

프랑스 인민은 1789년의 인권선언에서 규정되고, 1946년 헌법 전문에서 재차 확정되고 보완된 인권과 국민주권의 권리, 그리고 2004년 환경헌장에 규정된 권리와 의무에 구속됨을 엄숙히 선언한다.

상기된 원리와 국민들의 자유로운 자기결정에 입각하여, 프랑스 공화국은 이를 따르기를 희망하는 해외 주들에게 자유·평등·박애의 보편적 이념에 입각하고, 이들의 민주적 발전을 목적으로 구상된 새로운 체제를 제공한다.

바이마르공화국 헌법(1919)

독일 국민은 그 소속 민족들이 합심하여 그리고 국가를 자유와 정의 속에서 쇄신하고 공고히 하며 국내외의 평화에 기여하고 사회적 진보를 촉진하려는 충만한 의지로, 이 헌법을 제정한다.

독일연방공화국 기본법

독일 국민은 신과 인간에 대한 책임을 의식하고 통일 유럽에서 동등한 권리를 가진 구성원으로서 세계평화에 이바지할 것을 다짐하며 헌법제정권력에 의하여 이 기본법을 제정하였다. 바덴뷔르템베르크, 바이에른, 베를린, 브란덴부르크, 브레멘, 함부르크, 헤센, 메클렌부르크포어포메른, 니더작센, 노르트라인베스트팔렌, 라인란트팔츠, 자를란트, 작센, 작센안할트, 슐레스비히홀슈타인과 튀링겐 주(州)의 독일인은 자유롭게 자기결정권을 가지며 독일의 통일과 자유를 성취하였다. 이로써 이 기본법은 모든 독일 국민에게 적용된다.

아일랜드 헌법

모든 권한의 원천이자 우리의 최종 목적으로서 인간과 국가들의 모든 행위가 의지해야 할 가장 거룩하신 삼위일체의 이름으로,

에이레(Éire)의 국민인 우리들은

우리 선조들로 하여금 수세기의 시련을 견디게 하신 성스러운 주 예수 그리스도에 대한 우리의 모든 의무를 겸손히 인정하며,

우리 국가의 정당한 독립을 회복하기 위한 선조들의 용맹스럽고 부단한 노력을 감사한 마음으로 상기하며,

개인의 존엄과 자유의 보장, 진정한 사회질서의 확립, 국가 통일의 회복, 다른 국가들과의 조화를 이루기 위해 사려분별, 정의 및 자애를 마땅히 준수하고 공익의 촉진을 모색하면서,

이와 같이 채택하고 제정한 헌법을 준수하고자 한다.

러시아연방 헌법

우리는 러시아연방의 다민족이며, 우리 영토에 관한 단일한 운명으로 묶여 있고, 개인의 권리와 자유 그리고 국민의 평화와 합의를 확립하고, 역사적으로 확립된 국가적 일체성을 보존하면서, 평등과 민족자결이라는 보편적 원칙으로부터 출발하여 조국에 대한 사랑 그리고 선과 정의에 대한 믿음을 우리에게 전해 준 선조들을 기리며, 러시아의 주권국가체제를 부흥시키고 견고한 민주적 기반을 확립하고, 러시아의 안녕과 번영을 보장할 수 있도록 노력하면서, 현재와 미래의 세대 앞에 조국에 대한 책임감을 가지고, 우리가 세계사회의 일원임을 자각하며, 이에 따라 러시아연방의 헌법을 채택한다.

폴란드공화국 헌법

1989년에 자신의 운명을 자주, 민주적으로 결정할 가능성을 회복한 우리 조국의 현재와 미래를 바라보면서, 진리와 정의, 선과 미의 근원으로서 하나님을 믿는, 그리고 그러한 신앙을 공유하고 있지 않아도 다른 근원에서 도출되는 보편적 가치들을 존중하는 우리 폴란드 국민은 공공선(公共善), 즉 폴란드를 향한 권리와 의무에 있어서 평등하고, 위대한 희생을 통하여 달성한 독립 및 민족의 기독교적 유산과 보편적 인간의 가치에 뿌리내린 우리의 문화를 위한 우리 조상들의 노력과 투쟁에 힘입어, 제1공화국과 제2공화국의 훌륭한 전통을 돌아보고, 천년이 넘는 우리의 유산 중 가치 있는 모든 것들을 미래 세대에게 물려 줄 의무를 지며, 전 세계에 흩어져 있는 우리의 동포들과 하나가 되어 가족으로서 인류의 가치를 위해 모든 국가들과 협력할 필요를 인식하되, 기본적인 자유와 인권이 우리 조국에서 짓밟혔던 쓰라린 경험을 잊지 않고, 국민의 권리를 영원히 보장하고, 공공조직의 업무에서 근면과 효율을 확보하기를 희망하며, 하나님 또는 우리 자신의 양심 앞에서 우리의 책임을 인식하면서, 이에 따라 자유와 정의, 공권력 상호 간의 협력 및 사회적 소통을 존중하고, 국민과 그들의 공동체의 권력을 강화함에 있어서 보충성의 원칙에 입각한 국가의 기본법으로서 이 폴란드공화국 헌법을 제정한다. 우리는 제3공화국의 공익을 위하여 상기(본) 헌법을 적용하는 모든 이들에게 개인의 고유한 존엄성, 자유권, 다른 사람과 연대할 의무, 그리고 폴란드공화국의 확고부동한 기초로서 이들 원리를 존중하면서 이 헌법을 적용할 것을 촉구한다.

이라크 헌법

가장 자비롭고 가장 큰 은혜를 베푸시는 신의 이름으로
우리는 아담의 자손을 존경하여 왔다.

우리는 메소포타미아인으로서 사도와 예언자들의 조국이며, 덕망 높은 지도자들의 안식처이자 문명의 선구자이며, 서체의 창안자이자 숫자의 요람에 사는 국민이다. 우리 땅에서 인간이 만든 최초의 법률이 통과되었고, 고국의 정책을 위해 가장 유서 깊고 공정한 계약이 새겨졌으며, 우리 땅에서 예언자의 동반자와 성인들이 기도하였고, 철학자와 과학자들이 이론을 세웠으며, 작가와 시인들이 뛰어난 솜씨를 발휘하였다.

우리를 주재하시는 신의 섭리를 인정하고, 우리 조국과 국민의 소명을 이행하며, 종교적·국가적 지도자의 부름과 우리의 위대한 (종교적) 권위자와 지도자, 개혁자의 결단에 응하고, 우리 친구들과 우리를 사랑하는 자들의 국제적 지원 속에서 사상 최초로 2005년 1월 30일 수백만 명의 남녀노소 국민이 투표소로 행진하였으니, 독재 일당이 자행하고 이라크의 순교자, 시아파와 수니파, 아랍족과 쿠르드족, 투르크멘족, 기타 민족의 비극이 불러온 교파 간 박해의 고통을 상기하고, 사야바니야 봉기 당시 성도(聖都)와 남부의 참상과, 공동묘지, 늪지, 두자일 등지에서 고난의 불길에 탄 어두운 과거를 회상하며, 할라뱌, 바르잔, 안팔, 페일리 쿠르드의 대학살, 바시르 투르크멘족의 시련, 그 밖의 이라크 지역에서 지도자, 상징적 인물, 원로의 암살과 전문인력의 이주 및 문화적·지적 우물의 고갈로 고통받은 서부민 등과 같은 민족 탄압의 수난을 똑똑히 기억하기에, 손에 손을 맞잡고 어깨를 나란히 하여 우리의 새로운 이라크, 즉 종파심, 인종

차별주의, 지역적 열등감, 차별과 배척이 없는 미래의 이라크를 창조하려고 노력하였다.

이단자라는 비난과 테러도 우리가 법치국가 건설을 향해 행진하는 것을 막지 못했다. 파벌주의와 인종차별주의도 우리가 국민통합을 강화하고, 평화적 정권교체의 길을 따르고, 공정한 자원분배 과정을 채택하고, 모든 국민에게 평등한 기회를 제공하기 위해 함께 나아가는 것을 막지 못했다.

지난날의 과오를 딛고 막 일어서서 공화, 연방, 민주, 복수정당제도를 통해 미래를 당당하게 바라보는 우리 이라크 국민은 남녀노소가 합심하여 법치주의를 존중하고, 정의와 평등을 실현하여 폭압장치를 타파하고, 여성, 노인, 아동을 배려하고 문화의 다양성을 확산시키고 테러를 근절하기로 결의하였다.

우리 이라크 각계각층의 국민은 우리의 미래를 통합하고 내일을 위해 어제의 교훈을 취하고, 천상의 메시지의 가치와 이상, 과학 발명, 인간의 문명을 통해 이 영원한 헌법을 고안하기 위해 자유롭게 결정하고 선택하는 일을 맡았다. 이 헌법을 준수하여 이라크의 자유 통합, 국민, 영토, 주권을 보호한다.

인도 헌법

우리 인도 국민은 인도를 주권적, 사회주의적, 세속적 민주주의 공화국으로 건설할 것과, 인도의 모든 시민들에게 사회, 경제, 정치적 정의의 보장과 사상과 표현, 신앙과 종교, 경배의 자유의 보장과, 신분과 기회의 평등을 보장함과 아울러, 개인의 존엄과 국가의 통일과 완전한 통합을 보장하는 우애를 전 국민들 간에 증진시킬 것을 엄숙히 결의하는 바이다. 1949년 11월 26일 헌법제정의회에서 이를 채택하고 시행에 옮긴다.

일본국 헌법

일본 국민은 정당한 선거로 선출된 국회의 대표자를 통하여 행동하고, 우리와 우리 자손을 위하여 세계 제 국민과의 화합에 따른 성과와 우리나라 전역에 자유가 가져올 혜택을 확보하며, 다시는 정부의 행위에 의하여 전쟁의 참화가 일어나지 않도록 할 것을 결의하고, 이에 주권이 국민에게 존재함을 선언하며 이 헌법을 확정한다. 무릇 국정은 국민의 엄숙한 신탁에 의한 것으로서 그 권위는 국민으로부터 유래하고, 그 권력은 국민의 대표자가 행사하며, 그 복리는 국민이 향유한다. 이는 인류보편의 원리이며 이 헌법은 이러한 원리에 기초한 것이다. 우리는 이에 반하는 일체의 헌법·법령 및 조칙(詔勅)을 배제한다.

일본 국민은 항구적인 평화를 염원하고 인간 상호관계를 지배하는 숭고한 이상을 깊이 자각하는 바이므로, 평화를 사랑하는 세계 제 국민의 공정과 신의를 신뢰함으로써 우리의 안전과 생존을 지켜 나갈 것을 결의하였다. 우리는 평화를 유지하고 전제와 예종(隷從), 압박과 편협을 지상에서 영원히 제거하고자 노력하고 있는 국제사회의 명예로운 일원이 되고자 한다. 우리는 전 세계의 국민이 균등하게 공포와 결핍에서 벗어나 평화롭게 생존할 권리를 가짐을 확인한다.

우리는 어떠한 국가도 자국의 이익에만 몰두하여 타국을 무시하여서는 아니 되고, 정치도덕의 법칙은 보편적인 것으로서 이 법칙에

따르는 것은 자국의 주권을 유지하고 타국과 대등한 관계에 서고자
하는 각국의 책무임을 믿는다.

일본 국민은 국가의 명예를 걸고 전력을 다하여 숭고한 이상과 목
적을 달성할 것을 맹세한다.

2004년 중화인민공화국 헌법

중국은 세계에서 가장 유구한 역사를 가진 나라의 하나이다. 중국
의 각 민족 인민들은 함께 빛나는 문화를 이룩하였으며 훌륭한 혁명
의 전통을 가지고 있다. 1840년 이후 봉건적인 중국은 점차 반식민
지·반봉건적 국가로 변화했다. 중국 인민은 국가의 독립과 민족의
해방, 민주주의와 자유를 위하여 헌신적으로 용감무쌍한 투쟁을 계
속하여 왔다.

20세기에 들어와 중국에는 천지개벽의 위대한 역사적 변혁이 일
어났다. 1911년 손중산(孫中山) 선생이 지도한 신해혁명은 봉건적 군
주제를 폐지하고 중화민국을 창건하였다. 그러나 제국주의와 봉건
주의에 대항하는 중국 인민의 역사적 임무는 아직 달성되지 않았다.

1949년 중국공산당은 모택동(毛澤東) 주석을 중심으로 중국의 여
러 민족 인민을 이끌고 오랜 기간에 걸친 험난하고 곡절 많은 무장투
쟁 및 기타 형태의 투쟁을 거쳐 드디어 제국주의·봉건주의 및 관료
자본주의의 지배를 물리치고 신민주주의혁명의 위대한 승리를 쟁취
하여 중화인민공화국을 창건하였다. 이때부터 중국 인민은 국가의
권력을 장악하고 국가의 주인이 되었다.

중화인민공화국이 창건된 후 우리나라는 신민주주의로부터 사회
주의 사회로의 이행을 점차 실현해 나갔다. 이미 생산수단의 사적

소유에 대한 사회주의적 개조가 달성되었고 사람이 사람을 착취하는 제도는 소멸하였으며 사회주의 제도가 확립되었다. 노동계급이 지도하는 노농연맹(勞農聯盟)을 기초로 한 인민민주주의 독재, 즉 실질상의 무산계급 독재가 강고해지고 발전하였다. 중국 인민 및 중국 인민 해방군은 제국주의와 패권주의의 침략 파괴 및 무력 도발을 물리치고 국가의 독립과 안전을 지키고 국방을 강화하였다. 경제건설에서도 큰 성취를 이루어 독립적이고 비교적 완전한 사회주의 공업체계가 거의 달성되었고 농업생산도 크게 향상되었다. 교육, 과학, 문화 등 사업은 커다란 발전을 이루었고 사회주의 사상교육에서는 현저한 성과를 거두었으며 광범한 인민의 생활이 상당히 개선되었다.

중국에 있어서 신민주주의혁명의 승리와 사회주의 사업의 성과는 모두가 중국공산당이 영도한 중국의 여러 민족 인민이 마르크스 레닌주의와 모택동사상의 지도 아래 진리를 견지하고 잘못을 시정하며 많은 곤란과 장애를 극복하여 획득한 것이다. 우리나라는 장기간 사회주의 초급단계에 놓여 있게 될 것이다. 국가의 근본 과업은 중국 특색의 사회주의를 건설하는 길을 따라 전력을 다하여 사회주의 현대화 건설에 박차를 가하는 것이다. 중국의 여러 민족 인민은 계속하여 중국공산당의 영도를 받들고 마르크스 레닌주의와 모택동사상의 지도 아래 마르크스 레닌주의와 모택동사상과 등소평이론 및 '세 가지 대표'의 중요 사상의 인도 아래 인민민주주의 독재 및 사회주의의 길을 견지하고 개혁개방을 견지하며 사회주의의 각종 제도를 끊임없이 개선하며 사회주의 시장경제를 발전시키고 사회주의적 민주주의를 발전시키고 사회주의 법제를 건전화하며 자력갱생·간고분투하여 공업, 농업, 국방 및 과학기술의 현대화를 점차적으로 실현하며 물질문명과 정치문명, 정신문명의 조화로운 발전을 추진함으로써 우리나라를 부강하고 민주적이며 문명화된 사회주의 국가로 만들어 나갈 것이다.

우리나라에서 착취계급은 계급으로서는 이미 소멸하였지만 아직 일정한 범위에서 계급투쟁은 장기에 걸쳐 존재하고 있다. 중국 인민은 우리나라 사회주의 제도를 적대시하고 파괴하는 국내외 적대세력 및 적대분자와 투쟁하여야 한다.

대만은 중화인민공화국의 신성한 영토의 일부이다. 조국통일의 대업을 성취하는 것은 대만 동포를 포함하는 전 중국 인민의 신성한 의무이다.

사회주의 건설사업에는 노동자·농민·지식분자에 의거하여 일체의 가능한 모든 역량을 결집하여야 한다. 장기에 걸친 혁명과 건설의 과정에서 중국공산당이 영도하는 각 민주당파 및 인민단체가 참가하는 모든 사회주의의 노동자·사회주의 사업의 건설자·사회주의를 옹호하는 애국자·조국통일을 옹호하는 애국자들을 망라한 광범위한 애국통일전선이 이미 결성되었으며 이 통일전선은 계속하여 강고해지고 발전하게 될 것이다. 중국 인민정치협상회의는 광범한 대표성을 갖는 통일전선조직으로서 과거에는 중요한 역사적 역할을 해 왔지만 이후에는 국가의 정치·사회생활 및 대외우호활동에서 사회주의의 현대화 건설을 추진하고 국가의 통일과 단결을 지키는 투쟁에 있어 그 중요한 역할을 더욱 발휘할 것이다. 중국공산당이 이끄는 다당합작과 정치협상제도는 앞으로도 장기간 유지·발전될 것이다.

중국인민공화국은 전국의 여러 민족 인민이 공동으로 창건한 통일된 다민족국가이다. 평등·단결·상호원조의 사회주의 민족관계는 이미 확립되어 있고 계속하여 강화될 것이다. 민족의 단결을 지키는 투쟁 중에서 대민족주의 특히 대한족주의(大漢族主義)를 반대하고 또 지방민족주의도 반대하여야 한다. 국가는 전력을 다하여 전국 각 민족 공동의 번영을 촉진한다.

중국의 혁명과 건설의 성과는 세계 인민의 지지와 분리될 수 없다. 중국의 전도는 세계의 전도와 긴밀히 연결되어 있다. 중국은 독립·자주의 대외정책을 견지하고 주권과 영토보전의 상호존중·상호불가침·상호내정불간섭·평등호혜·평화공존이라는 원칙을 견지하며 여러 국가와의 외교관계 및 경제·문화교류를 발전시킨다. 반제국주의·반패권주의·반식민지주의를 견지하며 세계 여러 나라 인민들과 단결을 강화하고 피억압민족과 개발도상국의 민족독립의 획득·유지 및 민족경제 발전을 위한 정의의 투쟁을 지지하며 세계 평화를 확보하여 인류의 진보를 촉진하기 위해서 노력한다.

이 헌법은 중국 각 민족 인민이 분투한 성과를 법의 형식으로 확인하고 국가의 기본이 되는 제도 및 임무를 정한 것이며 국가의 근본법인 동시에 최고 효력을 갖는다. 전국의 여러 민족 인민 및 모든 국가기관, 무장세력, 정당, 사회단체와 기업 사업체는 모두 헌법의 존엄을 지키고 헌법의 실시를 보장하는 책무를 져야 한다.

참고문헌

- 강경선, 『헌법의 기초』, 한국방송통신대학교출판문화원, 2017.
- ＿＿＿, 『인도헌법의 형성사』, 에피스테메, 2014.
- 강경선·서경석, 『헌법의 기초』, 한국방송통신대학교출판문화원, 2016.
- 강상규, 『19세기 동아시아의 패러다임 변환과 제국 일본』, 논형, 2007.
- ＿＿＿, 『19세기 동아시아의 패러다임 변환과 한반도』, 논형, 2008.
- ＿＿＿, 『조선정치사의 발견』, 창비, 2013.
- 강상중 외, 『동아시아와의 인터뷰』, 서해문집, 2013.
- 강상중·현무암, 이목 옮김, 『기시 노부스케와 박정희』, 책과함께, 2010.
- 강준식, 『혈농어수－몽양 여운형 일대기』, 아름다운책, 2005.
- 강철규, 『강한 나라는 어떻게 만들어지는가』, 사회평론, 2016.
- 고병익, 『동아시아의 전통과 변용』, 문학과지성사, 1996.
- 곽준혁, 『경계와 편견을 넘어서』, 한길사, 2010.
- 국립제주박물관 편, 『한국의 세계유산』, 서경, 2007.
- 국순옥, 『민주주의 헌법론』, 아카넷, 2015.
- 국회도서관, 『세계의 헌법 Ⅰ~Ⅱ』, 2013.
- ＿＿＿, 『헌법제정회의록』, 헌정사자료 제1집~제6집, 1967.
- 권영민, 『1896~1945 한국현대문학사』, 민음사, 2014.
- 권영성, 『한국적 헌법문화』, 법문사, 1999.
- ＿＿＿, 『헌법학원론』, 법문사, 2010.
- 권홍우, 『부의 역사』, 인물과사상사, 2008.
- 김경일, 『나는 오랑캐가 그립다』, 바다출판사, 2001.
- 김기승, 『조소앙이 꿈꾼 세계』, 지영사, 2003.

- 김기원, 『한국경제의 이해』, 한국방송통신대학교출판부, 2009.
- _____, 『한국의 진보를 비판한다』, 창비, 2012.
- 김기원 추모사업회 엮음, 『개혁적 진보의 메아리』, 창비, 2015.
- 김도균, 『권리의 문법』, 박영사, 2008.
- 김동인, 『망국인기(亡國人記)』, 학원출판공사, 1988.
- _____, 『운현궁의 봄』, 학원출판공사, 1988.
- 김민배, 『전투적 민주주의와 국가보안법』, 인하대학교출판부, 2004.
- 김방, 『이동휘』, 역사공간, 2013.
- 김삼웅, 『'독부' 이승만 평전』, 책보세, 2012.
- 김상철·김상구, 『범재 김규흥과 3·1혁명』, 이담북스, 2010.
- 김상환·박영선 엮음, 『분류와 합류』, 이학사, 2014.
- 김승대, 『한반도 헌법국가의 주요문제』, 법문사, 2017.
- 김승옥, 『무진기행』, 문학동네, 2010.
- _____, 『서울, 1964년 겨울』, 맑은소리, 2010.
- 김엘림, 『성차별 관련 판례와 결정례 연구』, 에피스테메, 2013.
- 김연명 외, 『대한민국복지, 7가지 거짓과 진실』, 두리미디어, 2011.
- 김열규, 『한국인의 신화』, 일조각, 2005.
- _____, 『한국인의 에로스』, 궁리, 2011.
- 김영란, 『판결을 다시 생각한다』, 창비, 2015.
- 김영수, 『대한민국 임시정부헌법론』, 삼영사, 1980.
- 김용담, 『판결 마지막 이야기』, 누름돌, 2009.
- 김우창, 『김우창 전집 1, 2, 3, 4』, 민음사, 2012.
- 김욱동, 『근대의 세 번역가: 서재필·최남선·김억』, 소명출판, 2011.
- 김윤태, 『복지국가의 변화와 빈곤정책』, 집문당, 2015.
- _____, 『한국의 재벌과 발전국가』, 한울아카데미, 2012.
- 김의영 외, 『미국의 결사체 민주주의』, 아르케, 2006.
- 김종인, 『지금 왜 경제민주화인가』, 동화출판사, 2012.

- 김종일, 『빈민법의 겉과 속』, 울력, 2016.
- 김철수, 『법과 사회정의』, 서울대학교출판부, 1983.
- _____, 『비교헌법론(상)』, 박영사, 1980.
- 김학성, 『헌법학원론』, 피엔씨미디어, 2014.
- 김홍우, 『법과 정치』, 인간사랑, 2012.
- 김홍우 감수, 『독립신문, 다시 읽기』, 푸른역사, 2004.
- 김효순, 『간도특설대』, 서해문집, 2014.
- _____, 『조국이 버린 사람들』, 서해문집, 2015.
- 김효전, 『헌법』, 한국개념사총서 3, 소화, 2010.
- 김희곤 등, 『대한민국임시정부의 좌우합작운동』, 한울아카데미, 1995.
- 도시환 외, 『일본 아베정권의 역사인식과 한일관계』, 동북아역사재단, 2014.
- 도회근, 『남북한관계와 헌법』, 울산대학교출판부, 2009.
- 문소영, 『못난 조선』, 나남, 2015.
- 문정인·김명섭 외, 『동아시아의 전쟁과 평화』, 연세대학교출판부, 2006.
- 민변 국가보안법 연구모임 편저, 『2008~2010 국가보안법 보고서』, 2011.
- 박동천, 『깨어 있는 시민을 위한 정치학특강』, 모티브북, 2010.
- 박병호, 『한국의 전통사회와 법』, 서울대학교출판부, 1985.
- 박상섭, 『국가·주권』, 소화, 2008.
- 박상훈, 『한국의 지역주의, 무엇이 문제이고, 무엇이 문제가 아닌가』, 후마니타스, 2010.
- 박설호, 『라스카사스의 혀를 빌려 고백하다』, 울력, 2008.
- 박세일, 『선진통일전략』, 21세기북스, 2014.
- 박유하, 『제국의 위안부』, 뿌리와이파리, 2013.

- 박찬국, 『하이데거의 「존재와 시간」 강독』, 그린비, 2014.
- 박찬승, 『대한민국은 민주공화국이다』, 돌베개, 2013.
- 박찬승 편, 『한국 근현대사를 읽는다』, 경인문화사, 2014.
- 박형준, 『한국사회 무엇을 어떻게 바꿀 것인가』, 메디치, 2014.
- 박홍규, 『마르틴 부버』, 홍성사, 2012.
- 법제처, 『헌법주석서 Ⅰ』(제2판), 2010.
- 보성문화원·서울대학교 사회발전연구소 편, 『호남지역사와 문화연구』 (보성문화원·서울대학교 사회발전연구소 공동 학술심포지엄 자료집), 2012.
- 서병훈 외, 『왜 대의민주주의인가』, 이학사, 2011.
- 서울대학교 국제문제연구소 편, 『이승만과 제1공화국』, 논형, 2007.
- 서울대학교 정치학과 교수 공저, 『정치학의 이해』, 박영사, 2010.
- 서중석, 『이승만과 제1공화국』, 역사비평사, 2015.
- 서희경, 『대한민국 헌법의 탄생』, 창비, 2012.
- 선대인, 『빅픽처』, 웅진지식하우스, 2015.
- _____, 『프리라이더』, 더팩트, 2011.
- 설진아, 『글로벌 미디어』, 한국방송통신대학교출판부, 2007.
- _____, 『소셜미디어와 사회변동』, 커뮤니케이션북스, 2011.
- _____, 『소셜미디어와 사회변동』, 한국방송통신대학교출판부, 2011.
- 성낙인, 『헌법학』(제16판), 법문사, 2016.
- 소광희, 『하이데거 「존재와 시간」 강의』, 문예출판사, 2013.
- 송병기 역, 『국역 윤치호 일기 1』, 연세대학교출판부, 2011.
- 송석윤, 『위기시대의 헌법학』, 정우사, 2002.
- _____, 『헌법과 미래』, 인간사랑, 2007.
- _____, 『헌법과 사회변동』, 경인문화사, 2007.
- 송찬섭, 『한국사의 이해』, 한국방송통신대학교출판부, 2009.
- 송호근, 『복지국가의 태동』, 나남출판, 2008.

- _____, 『시장과 복지정치』, 나남출판, 1999.
- 신경림, 『시인을 찾아서 1, 2』, 우리교육, 2002.
- 신광영, 『한국사회 불평등 연구』, 후마니타스, 2013.
- 신용하, 『독립협회연구』 상, 하, 일조각, 2006.
- 신우철, 『비교헌법사론』, 법문사, 2013.
- 신주백, 『이시영』, 역사공간, 2014.
- 안병영, 『왜 오스트리아 모델인가』, 문학과지성사, 2013.
- 안병직, 『신채호』, 한길사, 1983.
- 안중근, 『동양평화론』, 범우사, 2012.
- 안진, 『미군정과 한국의 민주주의』, 한울아카데미, 2005.
- 여경수, 『내게 힘이 되는 생활헌법』, 좋은땅, 2012.
- 유범상, 『사회복지개론』, 한국방송통신대학교출판부, 2014.
- _____, 『필링의 인문학』, 논형, 2014.
- 유종일 외, 『MB의 비용』, 알마, 2015.
- 유진오, 『헌법기초회고록』, 일조각, 1980.
- _____, 『헌법해의』, 채문사, 1952.
- 유홍준, 『나의 문화유산 답사기』, 창작과비평사, 1994.
- 윤성우, 『폴 리쾨르의 철학』, 철학과현실사, 2004.
- 윤여준, 『대통령의 자격』, 메디치, 2011.
- 윤영관, 『외교의 시대』, 미지북스, 2015.
- 윤치호, 김상태 편역, 『물 수 없다면 짖지도 마라』, 산처럼, 2014.
- 윤평중, 『푸코와 하버마스를 넘어서』, 교보문고, 1990.
- 이덕일, 『사도세자가 꿈꾼 나라』, 역사의아침, 2013.
- 이문구, 『관촌수필』, 문학과지성사, 1998.
- 이범선, 『오발탄』, 학원출판공사, 1988.
- 이삼성, 『동아시아의 전쟁과 평화』 1, 2, 한길사, 2012.
- 이상영·이재승, 『법사상사』, 한국방송통신대학교출판문화원, 2016.

- 이상우, 『북한정치 변천』, 도서출판 오름, 2015.
- 이상이 외, 『복지국가동맹』, 밈, 2011.
- 이상이 편, 『역동적 복지국가의 논리와 전략』, 밈, 2010.
- 이영록, 『우리 헌법의 탄생』, 서해문집, 2006.
- 이재승, 『국가범죄』, 앨피, 2010.
- 이종오 외, 『어떤 복지국가인가?』, 한울, 2013.
- 이주명 편역, 『원문 사료로 읽는 한국 근대사』, 필맥, 2014.
- 이준구, 『재정학』, 다산출판사, 2014.
- 이준일, 『헌법과 사회복지법제』, 세창출판사, 2010.
- 이현희, 『대한민국 임시정부사』, 집문당, 1983.
- 이효원, 『통일헌법의 이해』, 박영사, 2016.
- 임마누엘페스트 라이쉬, 『한국인만 모르는 다른 대한민국』, 21세기북스, 2013.
- 임혁백 외 15인 공저, 『한국사회의 소통위기』, 커뮤니케이션북스, 2011.
- 임현진·정영철, 『21세기 통일한국을 위한 모색』, 서울대학교출판부, 2008.
- 임희완, 『영국혁명의 수평파운동』, 민음사, 1988.
- 정동영·지승호, 『10년 후 통일』, 살림터, 2013.
- 정병석, 『조선은 왜 무너졌는가』, 시공사, 2016.
- 정세현, 『정세현의 통일토크』, 서해문집, 2013.
- 정약용, 박석무 편역, 『유배지에서 보낸 편지』, 창비, 2010.
- 정운찬, 『동반성장』, 21세기북스, 2013.
- 정종섭, 『한국헌법사문류』, 박영사, 2002.
- _____, 『헌법연구 4』, 박영사, 2003.
- 정준영 외, 『정보사회와 디지털문화』, 한국방송통신대학교출판부, 2009.
- 정찬주, 『천강에 비친 달』, 작가정신, 2014.

- 정태욱, 『자유주의 법철학』, 한울아카데미, 2007.
- _____, 『한반도평화와 북한인권』, 한울, 2009.
- 조세희, 『난장이가 쏘아올린 작은 공』, 이성과힘, 2015.
- 조지형, 『미국헌법의 탄생』, 서해문집, 2012.
- _____, 『역사의 진실을 찾아서』, 김영사, 2012.
- _____, 『헌법에 비친 역사』, 푸른역사, 2009.
- 주경철, 『크리스토퍼 콜럼버스』, 서울대학교출판문화원, 2015.
- 주성수, 『사회민주주의와 경제민주주의』, 인간사랑, 1992.
- 채진원, 『무엇이 우리 정치를 위협하는가』, 인물과사상사, 2016.
- 최대권, 『법치주의와 민주주의』, 서울대학교출판문화원, 2012.
- _____, 『헌법학강의』, 박영사, 1998.
- 최봉철, 『현대법철학』, 법문사, 2007.
- 최인훈, 『광장』, 문학과지성사, 2006.
- 최자영, 『고대 그리스 법제사』, 아카넷, 2007.
- 최정학·오병두, 『형사소송법』, 한국방송통신대학교출판문화원, 2016.
- 최태욱, 『복지 한국 만들기』, 후마니타스, 2013.
- _____, 『한국형 합의제 민주주의를 말하다』, 책세상, 2014.
- 학민사 편집부, 『4월 혁명재판』, 학민사, 1985.
- 한국공법학회, 『선진국가를 위한 공법적 과제』, 2014년 공법학자대회, 2014.
- 한국방송통신대학교 문화교양학과 편, 『성, 사랑, 사회』, 한국방송통신대학교출판부, 2011.
- 한국언론학회 엮음, 『한국사회의 소통위기』, 커뮤니케이션북스, 2011.
- 한면희, 『제3정치 콘서트』, 늘품플러스, 2012.
- 한상범, 『살아 있는 우리 헌법 이야기』, 삼인, 2005.
- 한형조 외, 『500년 공동체를 움직인 유교의 힘』, 글항아리, 2013.
- 한홍구, 『대한민국 史 1~4』, 한겨레출판, 2013.

- 함석헌, 『뜻으로 본 한국역사』, 한길사, 1984.
- 허구생, 『빈곤의 역사, 복지의 역사』, 한울아카데미, 2016.
- 홍성방, 『헌법소송법』, 박영사, 2015.
- _____, 『헌법학』 상, 중, 하, 박영사, 2010.
- 황경식, 『사회정의의 철학적 기초』, 철학과현실사, 2013.
- 황경식 외, 『정의론과 사회윤리』, 철학과현실사, 2012.
- 황석영, 『객지』, 창비, 2010.

- 가노 마사나오, 이애숙·하종문 옮김, 『근대일본의 사상가들』, 삼천 리, 2012.
- 게오르그 옐리네크·에밀 부뜨미, 김효전 옮김, 『인권선언논쟁』, 법 문사, 1991.
- 그레고리 맨큐, 김경환·김종석 옮김, 『맨큐의 경제학』(제5판), Cengage Learning, 2011.
- 닐 길버트, 김영화 외 옮김, 『복지국가에서 능력개발국가로』, 한울아 카데미, 2001.
- 데이비드 로즈, 이종철 옮김, 『헤겔의 법철학 입문』, 서광사, 2007.
- 레너드 케스터·사이먼 정, 『미국을 발칵 뒤집은 판결 31』, 현암사, 2013.
- 로널드 드워킨, 박경신 옮김, 『정의론』, 2015.
- _____, 장영민 옮김, 『법의 제국』, 아카넷, 2004.
- 로버트 니스벳·C. B. 맥퍼슨, 강정인·김상우 옮김, 『에드먼드 버크 와 보수주의』, 문학과지성사, 1997.
- 로버트 달, 박상훈 외 옮김, 『미국헌법과 민주주의』, 후마니타스, 2004.
- _____, 배관표 옮김, 『경제민주주의에 관하여』, 후마니타스, 2011.
- 로베르트 웅거, 이재승 옮김, 『주체의 각성』, 앨피, 2012.

- 롭 앤더슨·로버트 다넨·조지 킬렌버그, 차재영 옮김, 『저널리즘은 어떻게 민주주의를 만드는가?』, 커뮤니케이션북스, 2006.
- 루이스 매넌드, 정주연 옮김, 『메타피지컬 클럽』, 민음사, 2006.
- 마이클 샌델, 이창신 옮김, 『정의란 무엇인가』, 김영사, 2010.
- 모리스 뒤베르제, 김학준·진석용 옮김, 『서구민주주의의 두 얼굴』, 문학과지성사, 1983.
- 벤자민 퀄스, 조성훈 외 옮김, 『미국흑인사』, 백산서당, 2002.
- 쇠렌 키에르케고르, 임규정 옮김, 『죽음에 이르는 병』, 한길사, 2014.
- 아마르티아 센, 이상환·김지현 옮김, 『정체성과 폭력』, 바이북스, 2010.
- 아사다 미노루, 이하준 옮김, 『동인도회사』, 파피에, 2001.
- 악셀 호네트, 문성훈·이현재 옮김, 『인정투쟁』, 동녘, 1996.
- 알렉산더 해밀턴·제임스 메디슨·존 제이, 김동영 옮김, 『페더랄리스트 페이퍼』, 한울아카데미, 1995.
- 알렉시스 토크빌, 박지동 옮김, 『미국의 민주주의』, 한길사, 1983.
- 알버트 다이시, 안경환·김종철 옮김, 『헌법학입문』, 경세원, 1993.
- 알베르토 알레시나·에드워드 글레이저, 전용범 옮김, 『복지국가의 정치학』, 생각의힘, 2015.
- 앙드레 모루아, 신용석 옮김, 『영국사』, 기린원, 1997.
- 앤서니 기든스, 홍욱희 옮김, 『기후변화의 정치학』, 에코리브르, 2009.
- _____, 배은경·황정미 옮김, 『현대사회의 성, 사랑, 에로티시즘』, 새물결, 1996.
- 앨런 브링클리, 황혜성 외 옮김, 『(있는 그대로의) 미국사』 1~3, 휴머니스트, 2005.
- 에드먼드 S. 모건, 황혜성 옮김, 『미국의 노예제도와 미국의 자유』, 비봉출판사, 1998.
- 에릭 메택시스, 김은홍 옮김, 『어메이징 그레이스』, 국제제자훈련원,

2007.

• 에릭 윌리엄스, 김성균 옮김, 『자본주의와 노예제도』, 우물이있는집, 2014.

• 에릭 홉스봄, 이용우 옮김, 『극단의 시대: 20세기 역사』 상·하, 까치, 2012.

• 엔뉘 안데르손, 박형준 옮김, 『경제성장과 사회보장 사이에서』, 책세상, 2014.

• 요셉 이슨제, 이승우 옮김, 『국가와 헌법』, 세창출판사, 2001.

• 위르겐 하버마스, 한상진·박영도 공역, 『사실성과 타당성』, 나남출판, 2000.

• _____, 황태연 옮김, 『이질성의 포용』, 나남출판, 2000.

• 유발 하라리, 조현욱 옮김, 『사피엔스』, 김영사, 2016.

• 장 보댕, 임승휘 옮김, 『국가론』, 책세상, 2013.

• 장 이뽈리뜨, 이종철·김상환 옮김, 『헤겔의 정신현상학』 I, II, 문예출판사, 2009.

• 장 클로드 카리에르, 이세욱 옮김, 『바야돌리드 논쟁』, 샘터, 2005.

• 재레드 다이아몬드, 김진준 옮김, 『총, 균, 쇠』, 문학사상사, 2014.

• 제프리 투빈, 강건우 옮김, 『The Nine』, 라이프맵, 2010.

• 제프 자비스, 이진원 옮김, 『구글노믹스』, 21세기북스, 2010.

• 존 김, 한석주·이단아 옮김, 『공개와 연대: 위키리크스와 페이스북의 정치학』, 커뮤니케이션북스, 2011.

• 존 듀이, 김성숙·이귀학 옮김, 『민주주의와 교육』, 동서문화사, 2009.

• 존 롤즈, 황경식 옮김, 『사회정의론』, 서광사, 2013.

• 존 제러드 러기, 이상수 옮김, 『기업과 인권』, 필맥, 2014.

• 지그문트 바우만, 정일준 옮김, 『현대성과 홀로코스트』, 새물결, 2013.

- 찰스 리드비터, 이순희 옮김, 『집단지성이란 무엇인가』, 21세기북스, 2009.
- 카, 박상규 옮김, 『새로운 사회』, 서문당, 1972.
- 칼 폴라니, 홍기빈 옮김, 『거대한 전환』, 길, 2013.
- 콘라드 헤세, 계희열 옮김, 『헌법의 기초이론』, 박영사, 2001.
- 크리스토퍼 콜럼버스, 이종훈 옮김, 『콜럼버스 항해록』, 서해문집, 2007.
- 토마스 프리드먼, 『세계는 평평하다』, 21세기북스, 2013.
- 토마 피케티, 『21세기 자본』, 글항아리, 2014.
- 톰 빙험, 김기창 옮김, 『법의 지배』, 이음, 2013.
- 폴 리꾀르, 양명수 옮김, 『해석의 갈등』, 한길사, 2012.
- 플라톤, 김인곤 옮김, 『고르기아스』, 이제이북스, 2011.
- 피에르 레비, 권수경 옮김, 『집단지성: 사이버 공간의 인류학을 위하여』, 문학과지성사, 2002.
- _____, 김동윤·손주경·조준형 옮김, 『누스페어: 새로운 철학, 새로운 문명, 새로운 세계』, 생각의나무, 2003.
- 피터 라인보우, 정남영 옮김, 『마그나카르타 선언』, 갈무리, 2012.
- 피터 윈치, 박동천 옮김, 『사회과학의 빈곤』, 모티브북, 2011.
- 한나 아렌트, 이진우·박미애 옮김, 『전체주의의 기원』 1, 2, 한길사, 2006.
- 해롤드 버만, 김철 옮김, 『법과 혁명』 I, II, 한국학술정보, 2013.
- 헐버트, 신복룡 옮김, 『대한제국멸망사』, 집문당, 2015.
- 헤겔, 임석진 옮김, 『법철학』, 한길사, 2014.
- _____, 임석진 옮김, 『정신현상학』 I, II, 한길사, 2014.
- 후고 진쓰하이머, 이원희 옮김, 『노동법원리』, 관악사, 2004.

- 강경선, 「남북한 헌법이념의 비교: 남북한 헌법이념의 궁극적 지향

점」, 『한국방송통신대학교 논문집』 17, 한국방송통신대학교, 1993.

• _____, 「노예제 폐지과정에서 나타난 주권적 인간」, 『민주법학』 제58호, 민주주의법학연구회, 2015. 7.

• _____, 「노예제 폐지에 관한 연구: 영국의 경우」, 『민주법학』 제52호, 민주주의법학연구회, 2013. 7.

• _____, 「동인도회사와 인도의 근대법제 형성과정」, 『전략지역심층연구 논문집』 1, 대외경제정책연구원, 2011.

• _____, 「헌법과 민주시민교육의 방향」, 『민주법학』 제50호, 민주주의법학연구회, 2012.

• _____, 「헌법사항에 관한 소고」, 『한국방송통신대학교 논문집』, 1986.

• _____, 「헌법 전문을 통해 본 대한민국의 과거와 미래」, 『역사비평』 제96호, 역사문제연구소, 2011.

• 강남훈, 「기본소득 도입 모델과 경제적 효과」, 『진보평론』 2010년 가을(제45호), 2010.

• 강상규, 「1870~1880년대 고종의 대외관과 자주의식에 관한 연구」, 『통합인문학연구』 제2권 1호, 한국방송통신대학교 통합인문학연구소, 2010. 2.

• 국순옥, 「대안헌법이론 2」(연속강연 제3회), 『민주법학』 제27호, 민주주의법학연구회, 2005.

• _____, 「자유민주적 기본질서란 무엇인가」, 『민주주의 헌법론』, 아카넷, 2015.

• 김관덕, 「1946년 이북지역 토지개혁의 사유지 무상몰수·무상분배 조치에 대한 헌법적 평가」, 『인권법연구』, 한국방송통신대학교 법학과, 2017.

• 김수갑, 「헌법상 문화국가 원리에 관한 연구」, 고려대학교 박사학위논문, 1993.

• 김은표, 「기본소득 도입 논의 및 시사점」, 『이슈와 논점』 제1148호,

국회입법조사처, 2016.

- 김종서, 「국가보안법의 적용논리 비판」, 『민주법학』 제16호, 민주주의법학연구회, 1999.

- 김종서 옮김, 「정당의 금지와 해산 및 유사조치에 관한 베니스위원회 지침」, 『민주법학』 제54호, 민주주의법학연구회, 2014. 3.

- 김창록, 「'법적 관점에서 본 대한민국의 정체성'에 관한 메모」, 임시정부수립 98주년 기념 국제학술회의 발제문, 2017.

- 김호기, 「시민사회와 시민운동」, 『청소년을 위한 시민사회』, 아르케, 2004.

- 김희곤, 「대한민국 건립과 임시정부 수립」, 임시정부수립 98주년 기념 국제학술회의 발제문, 2017.

- 문진영, 「자본주의 사회빈곤의 원인, 측정 그리고 대책」, 민족미래연구소 발표문, 2015.

- 박동욱, 「경제민주화를 위한 국민연금의 헌법적 의무」, 한국방송통신대학교 대학원 법학과 석사학위논문, 2017.

- 박병섭, 「사회국가 원리의 역사적 전개와 법적 의미」, 『민주법학』 제54호, 민주주의법학연구회, 2014. 3.

- 박석삼, 「기본소득을 둘러싼 쟁점과 비판」, 『노동사회과학』 제3호, 노동사회과학연구소, 2010.

- 박홍규, 「기본소득 연구」, 『민주법학』 제36호, 민주주의법학연구회, 2008. 3.

- _____, 「1948년 헌법과 조봉암」, 『민주법학』 제41호, 민주주의법학연구회, 2009. 11.

- 브랜든 팔머(Brandon Palmer), 「세계적 관점에서 본 독립의 기념」, 임시정부수립 98주년 기념 국제학술회의 발제문, 2017.

- 설진아, 「'스마트미디어 시대' 미디어주권에 대한 고찰」, 『언론과 법』 제12권 제1호, 한국언론법학회, 2013. 6.

- _____, 「이집트 민주화 혁명에서 SNS와 소셜 저널리즘」, 『한국언론 정보학보』(통권 58호), 한국언론정보학회, 2012.
- 소영환, 「범죄피해자의 인권보장에 관한 연구」, 『인권법연구』 제1권, 한국방송통신대학교 법학과, 2015.
- 손동빈, 「정치적 이타주의로서의 연대를 위한 시민교육연구: 중등 사회과 교육과정을 중심으로」, 서울대학교 박사학위논문, 2009.
- 송기춘, 「국가의 기본권보장의무에 관한 연구」, 서울대학교 박사학 위논문, 1999.
- 신광영, 「복지국가는 도덕적 해이를 가져올까」, 『대한민국복지: 7가 지 거짓과 진실』, 두리미디어, 2011.
- 신옥주, 「리사본조약 이후 유럽연합의 문화에 관한 법정책 변화 고찰」, 『유럽헌법연구』 제13호, 유럽헌법학회, 2013. 6.
- 안민영, 「마이클 샌델의 정의론에 대한 비판적 고찰」, 『인권법연구』 (제2호), 한국방송통신대학교 법학과, 2016.
- 여경수, 「조소앙의 삼균주의와 헌법사상」, 『민주법학』 제48호, 민주 주의법학연구회, 2012. 3.
- 오동석, 「사회민주주의와 대한민국헌법」, 국회헌정기념관 발표문, 2011. 7. 17.
- 우기택, 「인권기본법 제정의 필요성과 과제에 관한 연구」, 울산대학 교 대학원 박사학위논문, 2016.
- 윤홍식, 「보편적 복지는 무책임한 퍼주기일까」, 『대한민국복지: 7가 지 거짓과 진실』, 두리미디어, 2011.
- 은수미, 「이중적 노동시장을 넘어」, 『어떤 복지국가인가?』, 한울, 2013.
- 이강식, 「한국에서의 기본소득 도입을 위한 법적 기반에 관한 연구」, 『인권법연구』 제3호, 한국방송통신대학교 법학과, 2017.
- 이경주, 「개헌사와 평화주의」, 『민주법학』 제31호, 민주주의법학연

구회, 2006.

- _____, 「평화적 생존권의 헌법실천적 의의」, 『민주법학』 제41호, 민주주의법학연구회, 2009. 11.

- 이계수, 「공무원의 복종의무의 내용 및 한계에 대한 규범적, 행정법사회학적 연구」, 『민주법학』 제40호, 민주주의법학연구회, 2009. 7.

- _____, 「법치국가의 정치적 대가」, 『민주법학』 제20호, 민주주의법학연구회, 2001.

- 이유정, 「민간인 학살사건과 국가의 배상책임」, 『민주법학』 제40호, 민주주의법학연구회, 2009. 7.

- 이인복, 「헌법재판제도의 연혁과 전개」, 『헌법재판제도의 이해』, 법원도서관, 재판자료 제92집, 2001.

- 이재승, 「웅거의 사회변혁이론」, 『민주법학』 제51호, 민주주의법학연구회, 2013. 3.

- _____, 「집단살해에서 소멸시효와 신의칙」, 『민주법학』 제53호, 민주주의법학연구회, 2013. 11.

- _____, 「화해의 문법: 시민정치의 관점에서」, 『민주법학』 제46호, 민주주의법학연구회, 2011.

- 이정우, 「포용적 성장, 복지국가와 사회적 대화」, 『어떤 복지국가인가?』, 한울아카데미, 2013.

- 이정환, 「반론보도청구권의 헌법적 연구」, 『인권법연구』, 한국방송통신대학교 법학과, 2017.

- 이창호, 「최근 국가보안법 남용사례와 형사법적 대응」, 『민주법학』 제43호, 민주주의법학연구회, 2010. 7.

- 이흥재, 「이익균점권의 보장과 우촌 전진한의 사상 및 역할」, 『법학』 (서울대학교) 제46권 제1호, 2005.

- 임호풍, 「단순파업에 대한 위력업무방해죄 적용의 위헌성」, 『인권법연구』 제1권, 한국방송통신대학교 법학과, 2015.

- 장영수, 「헌법 전문」, 『헌법주석서 I』(제2판), 법제처, 2010.
- 전진희, 「국제법상 발전권의 재정립」, 전남대학교 대학원 법학과 박사학위논문, 2016.
- 정태욱, 「국가보안법과 한반도의 평화」, 『민주법학』 제16호, 민주주의법학연구회, 1999.
- _____, 「서해 북방한계선(NLL) 재론」, 『민주법학』 제45호, 민주주의법학연구회, 2011. 3.
- 주정수, 「평등권에 비추어 본 장애인 고용차별금지」, 『인권법연구』 제2권, 한국방송통신대학교 법학과, 2016.
- 최대권, 「민족주의와 헌법」, 『헌법학』, 박영사, 1989.
- _____, 「헌법의 연속성과 변화에 관한 담론: 전통과 사회적 폐습을 중심으로」, 『법학』(서울대학교) 제44권 제1호, 2003.
- 최철영, 「국제법상 평화조약과 한반도평화협정」, 『민주법학』 제35호, 민주주의법학연구회, 2007. 12.
- 최현, 「지구화와 인권 및 시민권」, 『세계의 정치와 경제』, 한국방송통신대학교출판부, 2011.
- 한상희, 「위헌정당해산심판제도, 그 의미와 문제점: 통합진보당 사건과 관련하여」, 『민주법학』 제54호, 민주주의법학연구회, 2014. 3.

- 곽노현, "근로자이사제, 경제민주화의 새 모델", 허핑턴포스트, 2016. 6. 7.
- 정연택, "'문화민주화' 시대를 향해", 허핑턴포스트, 2016. 3. 7.
- 정희상, "의병가문은 어떻게 간첩단이 되었나", 『시사인』, 2012. 9. 8.
- 하승수, "'베짱이'에게 왜 국가가 돈을 주는가", 『한겨레21』 제994호, 2014.

- Christopher Berry Gray, *The Philosophy of Law: An Encyclopedia*, Garland Publishing, Inc., 1999.
- Darien A. McWhirter, *The Legal 100*, A Citadel Press Book, 1998.
- *Fundamental Rights and Private Law In the European Union(1), Introduction*, Cambridge Univ. Press, 2010.
- George Athan Billias, *American Constitutionalism Heard Round the World, 1776~1989*, New York Univ. Press, 2009.
- G. M. Trevelyan, *A Shortened History of England*, Penguin Books, 1962.
- Hyug Baeg Im & Jae H. Ku, *Mongering North Korean Democracy For Inter-Korean Peace*, Korea Univ. Press, 2015.
- James Walvin, *A short History of Slavery*, Penguin Books, 2007.
- Jeffrey Goldsworthy(ed.), *Interpreting Constitutions*, Oxford Univ. Press, 2008.
- J. G. Coffin, *Western Civilization*, W. W. Norton & Company, 2002.
- John Stuart Mill, *On Liberty*, Penguin Classics, 1985.
- Kermit L. Hall, *Magic Mirror*, Oxford Univ. Press, 1989.
- Laurence H. Tribe, *The Invisible Constitution*, Oxford Univ. Press, 2008.
- Martin Lipset(eds.), *The Encyclopedia of Democracy*, Routledge, 1995.
- P. Hayden, *The Philosophy of Human Rights*, Paragon House, 2001.
- Philippe Nonet & Philip Selznick, *Law and Society in Transition: Toward Responsive Law*, Harper and Row Publisher, 1978.
- P. J. Marshall, *British Empire*, Cambridge University Press, 2006.
- R. M. B. Antoine, *Caribbean Law and Legal Systems*, Cavendish Publishing Lim., 1999.

- Stephen Farrell(ed.), *The British Slave Trade: Abolition, Parliament and People*, Edinburgh University Press, 2007.
- Stephen M. Feldman, *American Legal Thought from Premodernism to Postmodernism*, Oxford Univ. Press, 2000.
- Susan Buck Morss, *Hegel, Haiti, and Universal History*, University of Pittsburgh Press, 2009.
- *The Encyclopedia of Democracy*, Routledge, 1995.
- *The Encyclopedia of Ethics*, Wiley-Blackwell, 2013.
- Theodore M. Trevelyan, *Slavery throughout the History*, U.X.L., 1999.
- *The Oxford Handbook of Ethical Theory*, Oxford, 2006.
- *The Oxford History of the British Empire*, Oxford Univ. Press, 1998.
- *The Philosophy of Law: An Encyclopedia*, Garland Publishing, Inc., 1999.
- Tindall and Shi, *America*, W. W. Norton & Company, Inc., 2000.
- William M. Wheeler, *Ants: Their Structure, Development, and Behavior*, Rediff Books, 1910.

- Cass R. Sunstein, "Dred Scott v. Sandford and Its Legacy", Robert P. George(eds.), *Great Cases in Constitutional Law*, Princetion Univ. Press, 2000.
- Haywood W. Burns, "Law and Race in America", *The Politics of Law: A Progressive Critique*, Pantheon Books, 1982.

찾아보기

기타

지은이

강경선

1972년 서울대학교 법과대학에 입학하였다. 올바른 법이 무엇인가를 알기 위해 1976년 대학원을 찾았고 법학박사 학위까지 받게 되었다. 1985년 방송대 교수로 임용되어 금년으로 32년째 재직 중이다. 최근 몇 년 동안에 연구성과가 많았다. 『인도 헌법의 형성사』(에피스테메, 2014)를 펴냈고, 『사회복지국가 헌법의 기초』(에피스테메, 2017)를 완성하였다. 또한 비교헌법 연구를 바탕으로 영국과 미국의 노예제 폐지과정에 관한 삼부작 논문을 마쳤다.

노예제 폐지과정에 관한 연구를 통해, 헌법의 발전과정에 있어서 훌륭한 공직자의 역할 이상으로 주권자적 인간의 역할이 중요함을 발견하였다. 시민의 헌법적 각성이 대의제민주주의의 발달을 견인한다는 것이다. 그래서 헌법을 통한 민주시민교육에 대한 열정을 갖게 되었다. 현재의 연구와 활동에서는 우리나라가 하루빨리 사회복지국가로의 본격적 진입을 하고 풍요롭고 성숙한 민주국가가 되어 세계평화와 인류공영에 이바지할 수 있게 되기를 꿈꾸고 있다.